JN201535

霧が丘遺跡の陥し穴群

尾根上の陥し穴分布

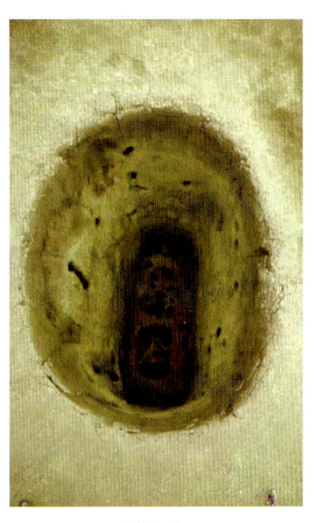

陥し穴

口絵 1　発見直後の霧が丘遺跡の陥し穴群

　陥し穴は 1970〜71 年の横浜市霧が丘遺跡の発掘によるものが初期の発見例であった。調査の目を集落の外に広く向けさせたという点で画期的な発見だったといえる。

〔113 頁参照〕

I

口絵2　道訓前遺跡出土の焼町土器（写真提供：渋川市教育委員会）
中部日本の中期には力強い立体的造形の土器型式群が競い立った。　〔60頁参照〕

口絵3　津金御所前遺跡出土の顔面把手付深鉢（出産文土器）（写真提供：北杜市教育委員会）
　土器を母親の体に見立て，側面に誕生しつつある子供の顔をつけたこの土器は，子供の誕生が待
望され祈念される出来事であったことを物語る。

〔200頁参照〕

口絵4　中ッ原遺跡出土の土偶（写真提供：茅野市尖石縄文考古館）〔97 頁参照〕

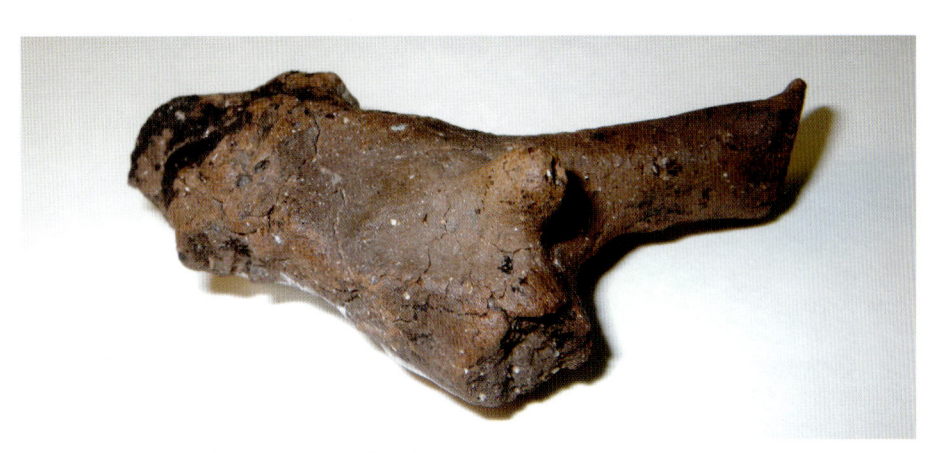

口絵5　高橋遺跡出土の男性土偶（写真提供：楢葉町教育委員会）〔98・200 頁参照〕

　上の「仮面の女神」と呼ばれる土偶のように，土偶は性別が判定できるもののほとんどが女性である。2015 年，福島県の高橋遺跡から下のような男性をかたどった縄文時代後期の土偶が出土した。

口絵6　神子柴遺跡出土の石器（写真提供：伊那市創造館）
　縄文時代の先駆けとなった土器出現期には長野県の神子柴遺跡に代表されるような，多数の完全な石器を意識的に配置した「デポ」と呼ばれる，特殊な遺跡が見られる。　　　　　　　〔38頁参照〕

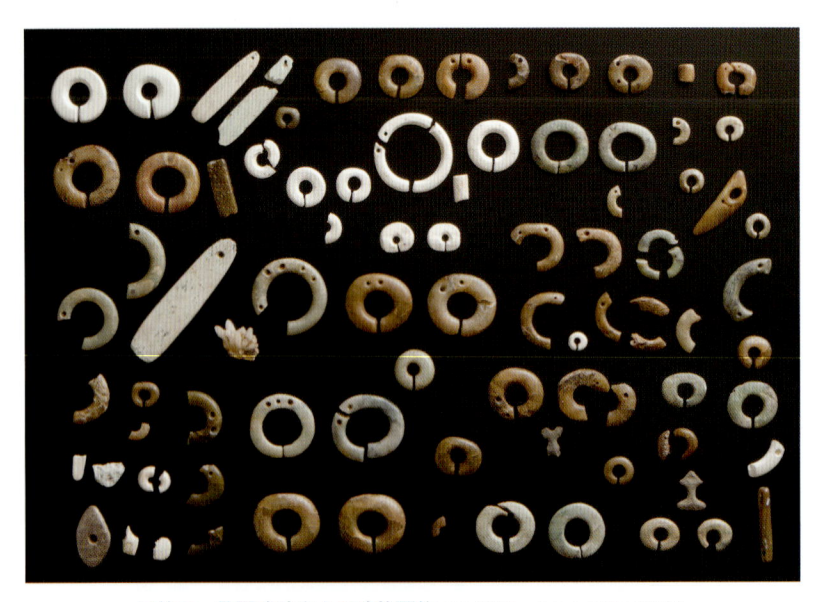

口絵7　桑野遺跡出土の玦状耳飾（写真提供：あわら市郷土資料館）
　縄文時代の代表的な装飾品。福井県の桑野遺跡の墓壙からは縄文時代早期末の石製の玦状耳飾などが多数発見された。　　　　　　　〔91頁参照〕

考古調査ハンドブック 17

縄文文化

－入門から展望へ－

今村啓爾

（帝京大学文学部）

ニューサイエンス社

まえがき

氷河時代という今とは大きく異なる自然環境が終息に向かい，現在とほぼ同じ気候条件を迎えつつあったときに誕生し，原初の日本列島の自然の中で1万年以上の長さにわたって縄文文化は開花した。その文化が列島外と交流を持ったことは確かだが，だからといってその交流で大きく変えられることのなかった独自の文化で，平等・平和を基調とする生活文化の時代でもあった。

次の弥生時代には稲作が生業の中心として採用され，それがあらゆる面で大きな変化をもたらすことになった。歴史現象の中心は生活の変化よりも生産と発展に，そして統治にかかわる儀礼と政治形態に移っていった。戦争が起こり，その結果としての政治的統合は日本国の原型を生み出し，大陸国家との交渉を不可欠なものにした。それどころか次の古墳時代の前期と中期の狭間の4世紀末には，海を越えて兵を送り，大陸国家との戦争まで引き起こした。

本書では縄文時代について多方面からの具体的な記述が続くことになるが，それが上記した縄文に続く時代とは根本的な違いの中にあったことを念頭に置いて本書を読み進められたい。

考古学の資料はほとんどが土の中から発掘された遺構と遺物である。とくに1万年以上にわたって続いた縄文時代は資料が多く，変化に富み，さらに建設工事に伴う事前調査によってその量は急速に増え続けている。1，2例をあげるなら，陥し穴は1970〜71年の横浜市霧が丘遺跡の発掘によるものが初期の発見例であったが，その後の東京都多摩ニュータウン造成地のみで1万5千という発見数をもとに推測すると，現在では北海道から九州に至る日本全体で10万穴を超えていることであろう。

いわゆる大型住居は，1973年に富山県不動堂遺跡で最初に発見されたときには，非常に特殊なもので特別な機能を負った施設と想定されたが，その後発掘例が相次ぎ，発見数は現在では千軒を大きく超えているし，その機能も特殊なものというより，多くが長屋のような共同居住施設であることもわかってきた。

巨大な集落の相次ぐ発掘，低湿地遺跡におけるさまざまな有機質遺物の検出など，情報の増加が縄文文化観を変え続けてきた，発見された資料の後を研究が追いかけてきたというのが，この50年の縄文研究の実態であったと言ってもよいのではないだろうか。もちろん資料の急増は縄文時代研究の可能性を広げてきた。とくに土器資料の増加は著しく，全国にわたり詳細な編年が組まれただけでなく，集団の移動や往還といった人間の活動の形について，土器を通して生き生きと理解できる可能性を提供してきた。

　豊かになったデータをもとに，たとえば同成社『縄文時代の考古学』全12巻（2007〜10年），雄山閣『縄文集落の多様性』全5巻（2009〜14年）といった大きな企画のもと，多数の執筆者の分担協力によって現在までの縄文時代の知識と理解を集約する努力が払われた。それは意義深い共同作業であり，本書の執筆にあたっても多く参照させていただいた。縄文時代に限らずに現在の日本考古学全体の到達点を描こうとした青木書店『講座日本の考古学』の中で，私は泉拓良と「縄文時代」上・下巻（2013, 14年）を編集したが，これもまた両冊で1400頁に近く，初学者に対しこれを通読して縄文時代とはどのような時代なのか理解せよと言っても無理な話であろう。

　世の中には「縄文時代」を冠した本が何百とあるが，ほとんどが縄文時代のうちの限られたテーマを扱ったもので，縄文時代のアウトラインを見るのには必ずしも適していない。拙著『縄文の実像を求めて』（1999年吉川弘文館），『縄文の豊かさと限界』（2002年山川出版）はどちらも初学者に向くボリュームで，縄文時代の本質を描くことを主眼としたものであるが，たとえば大学に入り考古学を専攻することになった学生が，縄文時代の基礎的知識を一通り獲得するのに充分とは言えないであろう。

　本書はこのような現状を考慮し，とくに私が普段接している学生たちを念頭に置き，卒業論文のテーマを決めかねているかれらに，縄文時代とはどのような時代で，どのような要素からなっているのか，全体としてどのような問題が提示され議論されているのかなど，できるだけ容易にまた広く把握できるように構想したものである。上記の大きなシリーズが，多数の執筆者の分担によるために，個別的な記述に陥りがちだったことにも鑑み，総合的な

記述をめざした。しかし増え続けるデータの利用と研究細分化によって深化をめざしている学界の動きにどこまでついていけたか，心もとないところでもある。

　本書の記述には学史と私自身の研究の中心である土器の記述が少ない。学史については『講座日本の考古学』上巻の中でエッセンスをまとめたことがあるが，そのようなものを本書に入れると，同じ遺跡の話など記述の重複が多くなる恐れがあるので控えた。土器研究は縄文時代研究の基礎としてきわめて重要であるが，土器の説明と情報の解析には過度に専門的な用語・概念が多くなり，多くの図が必要となる。すでに枚挙にいとまないほど大部な図録・事典類が出版され，私自身土器研究の目的と方法について1書（『異系統土器の出会い』同成社 2011 年）を編み，別の1書で土器の動きを通して縄文人の生態を理解する方法を提示したこともあるので（『土器から見る縄文人の生態』同成社 2010 年），本書では必要最低限にとどめることにした。深い理解を求める読者にはぜひ一読をお勧めしたい。

2017 年 10 月

今村啓爾

目　次

表紙写真

表：多摩ニュータウン№72遺跡　　187号住居跡出土　　仮面状土製品
　　　　　　　　　　　　　　　　　　　　　　　　（東京都教育委員会所蔵）

裏：千歳市キウス4遺跡(後期後葉)の周堤墓群と盛土・住居址群・
　　　両地区をつなぐ道跡

　（出典：北海道埋蔵文化財センター2003『北海道埋蔵文化財センター
　調査報告書第180集『キウス4遺跡（9)』）

Ⅰ．縄文時代とは何か

① 縄文文化の範囲

「縄文」が縄を使って土器の表面につけられた装飾であることは専門でない人たちの間にもよく知られている（縄というとどうしても藁縄のような太いものを想像しがちであるが，実際に使われたのは太さ数ミリ程度の「撚り紐」または「撚り糸」と呼ぶべきものである）。そこから生まれた，「縄文時代とは，そのような文様の土器が使われた時代のことだ。」という常識的理解も世の中では普通である。しかしそれは必ずしも正しくない，ということから本書を書き始めなければならない。なぜなら「縄文土器」の中には表面に縄文の加えられていないものも多くあるし，九州のように長期にわたって縄文のつけられていない土器が用いられた地域，沖縄のように縄文時代はあるのに，縄文をつけられた土器がまったく用いられなかった地域もある（鹿児島県奄美大島宇宿小学校内遺跡の，前・中期の縄目のある土器が南限とみられる）[註1]。

それ以上に一般の人たちにとって意外なのは，東日本の弥生土器の中には縄文を用いたものがごく普通に存在するという事実であろう。明治時代に東京文京区の弥生町で発見され，「弥生式土器・弥生時代」命名のもとになった弥生式土器第1号[註2]（図1）にも肩の部分にまがうことのない縄文がつけられているし，北海道では本州の古墳時代後期に相

図1 東京都文京区向ヶ岡弥生町貝塚で発見された弥生土器第1号
口辺部を欠損しているが，肩部に縄文が付けられている。

当する北大式という土器にまで縄文が用いられていた（図2）。

確かに「縄文」は「縄文時代」名称のもとになったが、「縄文の付けられた土器が使われた時代」がイコール「縄文時代」といえるほど単純ではない。ではどのような基準で縄文時代であるかないかを決めているのであろうか。「縄文時代」の定義を吟味し、それに従って縄文時代の輪郭を年代的にまた地理的に把握する作業に進みたい。

「縄文時代・縄文文化」と呼ばれるものは、つまるところ現代の人たち（主に研究者）が、歴史の認識のために、過去の文化の一定部分を区切って他の文化と区別するために設定し、その名前をつけたまとまりである。

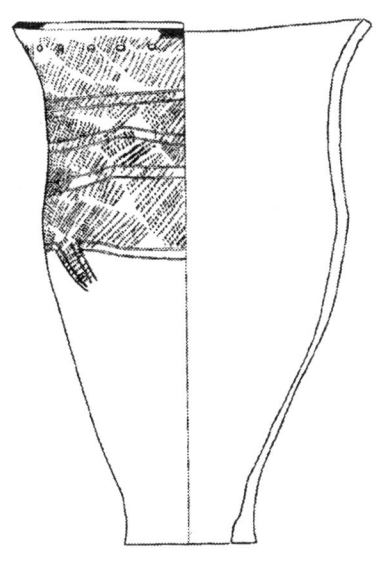

図2 縄文のつけられた最後の土器
北海道大学キャンパスで最初に発見されたため「北大式」と呼ばれる。（石狩町教育委員会 1975『Wakkaoi』）

従って何を縄文時代の指標とするかによって、年代の範囲も、地理的な範囲も違ってくる。

的確な縄文文化概念を作り上げるために自由な議論が必要であるとしても、同じ「縄文時代・縄文文化」という言葉を人ごとに違う指標、違う意味で用いたら混乱は避けられない。従って、できるだけ簡単明瞭に他と区別でき、皆が賛成でき、同時に歴史の発展段階をうまくとらえることができる指標で「縄文時代・縄文文化」をとらえることが必要になる。もちろんこの基礎となる定義の上にさまざまな縄文文化の特徴が書き加えられるわけであるが、それは本書全体を通しての作業でもある。

岡山大学教授であった近藤義郎は、「日本列島に土器が出現してから弥生時代の稲作文化が始まるまでを縄文時代と呼ぶ」と定義した[註3]。この時代に属する土器が縄文土器で、「縄文のつけられた土器」が必ずしも縄文土器の範囲と一致するわけではない。端的に言うと時代設定が先にあり、その

① コラム

「縄文」か「縄紋」か

　縄文文化について勉強し始められたばかりの初学者には，看板とも言うべき時代名の表記に「縄文」と「縄紋」が混在することに当惑された方も多いであろう。そこで，このようになってしまったいきさつについてふれておきたい。

　縄文に相当する用語を最初に使ったのは大森貝塚を発掘したエドワード＝モースで，1879 年の同遺跡の発掘報告書で，出土した土器の記載に cord mark の語を使った。それは縄文の 1 本 1 本が撚り紐に似ているからで，撚り紐の原体を転がしてつけたものだとは思っていなかった。同年，矢田部良吉が和訳した『大森貝墟古物編』ではこれを「索紋」とした。

　1886 年白井光太郎は「縄紋」の語を使い，1888 年に神田孝平は「縄文」を用いた。研究初期から「紋」と「文」が混在したことになる。戦前は「縄紋」が優勢であったが，戦時中の日本古代文化学会による統一方針により「縄文」が一般的になったという（大村裕 2008『日本先史考古学史の基礎研究』）。1931 年，山内清男は「斜行縄紋」が縄原体の回転押捺によって再現できることを発見し，「縄紋原体」と施文方法を解明していった。彼の研究が学位請求論文としてまとめられたのは 1961 年，出版は死後の 1979 年になったが，山内は一貫して「縄紋」，「縄紋時代」であった。ところが「縄紋」の解明と並ぶ大きな業績である「文様帯系統論」において，彼は意識的に「紋様」ではなく「文様」の語を使った。つまり物を押し付けた跡である「紋様」と脳裏に描かれた図形を土器表面に描いた「文様」の表記を使い分けたらしいのである。

　しかしこの使い分けは紛らわしく，山内自身が書いたものにおいても完全に使い分けられているわけではない。これは編集者が山内の意に反して「文」に統一してしまったものが多いようであるが，山内自身の校正漏れも多少はあるらしい。「文」と「紋」の使い分けは正当な主張といえるが，それは相当に神経を使う使い分けの指示であり，考古学という，専門家以外にも多くの一般の人たちがかかわる分野での用語をそこまで厳密に区別する必要があるとは思われない。それで本書では，「縄文」で統一しているが，上記のようなこだわりが，山内を尊敬する研究者たちのかたくなな「紋」の使用につながっているのである。私が縄文文化の勉強を始めた 1960 年代頃，「縄紋」を使う人は山内のほか，山内の弟子で私の指導教官の佐藤達夫くらいであったと思うが，彼も以前は「縄文」であった。1980 年代，佐原真という影響力の大きい考古学者が「縄文」から「縄紋」に切り替えたが（1975 年にはまだ「縄文」だった），このころから「縄紋」が一定程度復活してきたように感じている。

時代の土器全体を縄文土器と呼ぶのである。彼は，歴史の段階を分けるための指標が，たとえば道具を作る材料と技術といった同じレベルのものである[註4]必要はなく，土器の製作という技術的指標 → 稲作の開始という経済的指標 → 権力の統合を体現する前方後円墳という政治的指標へと，時代を進むにつれてより高次の指標に移行することによって，歴史の根本的な発展過程が的確にとらえられると論じた。私もこの縄文時代の定義に従っている。すなわち縄文時代は，日本列島に土器が出現してから，稲作という生業—後の歴史時代にも日本の文化・社会の基礎として続く新しく重要な生業—が開始された弥生時代の前までである。そしてこの時代に使われた土器が縄文文様の有無にかかわらず縄文土器と呼ばれる。縄文土器には縄文をつけられたものが多いのでとりあえずこの名前が付けられたことは確かだが，縄文土器の範囲を厳密に規定でき，歴史学的に意味のある定義としては上のように決めざるをえないのである。

〔註〕

1) 文化庁編 2003 『発掘された日本列島 2003』
2) 坪井正五郎 1988 「帝国大学の隣地に貝塚の跟跡あり」『東洋学芸雑誌』91：もとは弥生式土器と呼ばれたが，次第に弥生土器・縄文土器と呼ばれるようになり，編年的に細分した単位である○○式と「式」の使い方が区別されるようになった。
3) 近藤義郎 1986 「総論—変化・画期・時代区分」『岩波講座日本考古学』6 巻（変化と画期）岩波書店
4) 打製石器・磨製石器・青銅器・鉄器をもって旧石器時代・新石器時代・青銅器時代・鉄器時代に区分するヨーロッパで始まった時代区分がその代表であったが，その後の研究の進展にもとづき各時代の定義も修正されている。たとえば新石器時代は農耕・牧畜の始まった時代とされる。

② 縄文時代の中の大きな区分

　長く続いた縄文時代は「草創期」「早期」「前期」「中期」「後期」「晩期」の6つの大別時期に分けられ，各大別の中，地域ごとに10前後の土器型式が配列され，集落の変遷や土器型式の移動などについての詳細な分析のために，各土器型式がさらに細分されることもある入れ子状の組織になっている。

　細分型式→型式→大別の順で包括する範囲が広がるのである。現在多くの研究者の協力によって提示されている土器編年表は，地域別にも年代別にも多くの型式が並び，初めて見る人は当惑するほど煩瑣なものになっているが，そのような事態が起こって縄文時代研究の妨げになることを心配した山内清男は，1937年に大別の枠組みを用意した[註5]（表1）。本書でも記述が過度に煩雑になることを避けるため，基本的に大別を用い，詳細な記述に必要な場合などに型式名を用いることにする。細別型式名はできるだけ用いないつもりである。

　表1の1937年の山内の大別は，それまでの土器研究の学史の重視とともに，各大別内に同じくらいの数の型式が配列されるように配慮したものであ

表1　山内清男が1937年に示した縄文土器型式の大別と細別

	渡 島	陸 奥	陸 前	関 東	信 濃	東 海	畿 内	吉 備	九 州
早 期	住吉	(+)	槻木 1 〃　 2	三戸・田戸下 子母口・田戸上 茅山	曾根？× (+)	ひじ山 粕 畑		黒　島×	轟場ケ谷×
前 期	石川野× (+)	円筒土器 下層式 （4型式以上）	室浜 大木 1 〃　 2a,b 〃　 3─5 〃　 6	蓮田式{花積下/関山/黒浜} 諸磯 a,b 十三坊台	(+) (+) (+) 踊場	鉾ノ木×	国府北白川 1 大歳山	磯ノ森 里木 1	轟？
中 期	(+) (+)	円筒上 a 〃　 b (+) (+)	大木 7a 〃　 7b 〃　 8a,b 〃　 9,10	五領台 阿玉台・勝坂 加曾利E 〃　（新）	(+) (+) (+) (+)			里 木 2	曾畑/阿高/出水 }?
後 期	青柳町× (+) (+) (+)	(+) (+) (+) (+)	(+) (+) (+) (+)	堀之内 加曾利B 〃 安行 1,2	(+) (+) (+) (+)	西尾×	北白川 2×	津雲上層	御手洗 西 平
晩 期	(+)	亀ケ岡式{(+)/(+)/(+)/(+)}	大洞B 〃　 B─C 〃　 C1,2 〃　 A,A'	安行 2─3 〃　 3	(+) (+) (+) 佐野×	吉胡× 〃　 × 保美×	宮滝× 日下・竹ノ内× 宮滝	津雲下層	御 領

註記　1. この表は仮製のものであって、後日訂正増補する筈です。
　　　2. (＋)印は相当する式があるが型式の名が付いて居ないもの。
　　　3. (×)印は型式名でなく、他地方の特定の型式と関聯する土器を出した遺跡名。

② コラム

縄文についての基礎的用語

　縄文という文様にはその原体の作り方と土器表面に押し付けるときの方法の違いによって多くの種類がある。使われる種類は時期と地域によって決まっていたので，縄文の種類の区別は縄文時代研究者にとって必須の知識となる。基本文献はその全体から細部までを克明に解明した山内清男『日本先史土器の縄紋』(先史考古学会 1979 年) であるが，彼自身によってコンパクトにまとめられた写真と文章が『日本原始美術』第 1 巻 (講談社 1964 年) にあり，佐原真が『縄文土器大成』第 3 巻 (講談社 1981 年) に載せた写真と解説はわかりやすいかもしれない。ここでは紙面の制約もあり，基本的用語についてだけ記すことになるが，詳しくは上記の諸文献を参照していただきたい。

　粘土面に縄を転がした普通の縄文を，他のものと区別するため，とくに「斜縄文」と呼ぶことがある。縄文の原体には縄そのものではなく，細い棒に縄を巻きつけたもの (「絡条体」と呼ぶ) もある。これを転がすと「撚糸文」がつく。1 本ずつの縄の圧痕の間に隙間があり，何本もの撚糸を平行に押し付けたように見えるからである。繊維の束を 0 段と言い，手を放すとひねりが戻ってしまうが，これを 2 本か 3 本撚り合わせると，ひねりがもとに戻らない安定した 1 段の縄になり，転がしたとき各条に粒のない無節の斜縄文がつく。一段の縄を 2，3 本撚り合わせると二段の縄になり，転がしたものが単節の斜縄文。もう一段上の三段を転がすと複節 (各節の中にさらに小さい節がある) の斜縄文となる。そのほか右撚り (R)，左撚り (L)，逆撚り，正反の合，異条，付加条，結束，結節など，分類のための基本的用語があるが，説明は上記の諸書に譲りたい。ただ草創期の押圧縄文について一言すると，指先に持った短い縄を転がさずに連続的に押し付けたもので，山内が縄文の起源ではないかとして注目したものである。

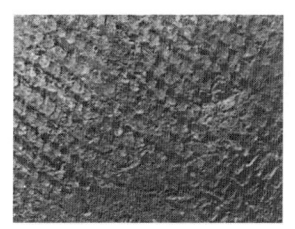
斜縄文

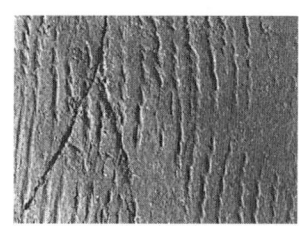
撚糸文

るという。たとえば「晩期」は，もともと東北地方で「亀ヶ岡式」と呼ばれた土器群を岩手県大船渡市大洞貝塚の地点別発掘資料で細分した諸型式 [註6]（大別内の型式名は大洞 B，BC，C1，C2，A，A' 式と呼ばれる。なぜわかりやすく A，B，C，D ……としなかったかというと，A，B，C はその型式が出た大洞貝塚内の地点名の表示だからである）を包括する時期で，それと時間的に並行する日本各地の土器型式（並行する弥生式は除かれる）も晩期とされる。

　1937 年の時点ではまだ 5 大別にとどまっており，その最初が「早期」であったが，戦後これに先行する土器型式が次々に発見されていき，初めの部分が長くなりすぎてしまったことから，山内は 1969 年にこれを「草創期」と「早期」に分けた [註7]。彼は，1937 年に早期の最古に位置づけた貝殻沈線文系の三戸式をそのまま「早期の初め」として維持し，それより前の時期を「草創期」としたのであるが，三戸式直前の撚糸文系土器型式群は，その後発見された遺跡数も非常に多く，竪穴住居址の発見も一般的で，貝塚も見られるなど，それより前の「草創期」部分とは文化全体の様子が大きく異なることから，小林達雄はこの撚糸文系土器群の部分まで「早期」に含めるべきと主張し，現在では多くの研究者がこれに従っている（表 2 参照）。

　縄文土器の編年表はその後何度も改定が加えられ，『縄文土器大成』第 5 巻（講談社 1982 年）などに掲載されているが，最新の最も詳しい編年表は，雑誌『縄文時代』10 号(1999 年)に折り込の付録としてつけられたものである。どれも大変大きな表であるため，本書への転載は断念した。

　各大別時期は，第Ⅱ部「年代差と地域差」で述べるように，その時代の文化全体のありかたのイメージを伴っている。しかし設定の過程からもわかる

表2　研究者ごとの縄文時代初期の大別の比較

	神子柴文化など	隆起線文・爪形文・押圧縄文・多縄文土器の時期	撚糸文系土器型式群	貝殻沈線文系土器型式群から後
山内清男		草創期		早期
小林達雄		草創期	早期	
谷口康浩	旧石器 - 縄文移行期		縄文早期	
本書	土器出現期	草創期	早期	

ように，必ずしも文化の大きな傾向にのっとって設定された区分ではない。むしろ縄文時代研究に堅固な骨組みを提供すべく，縄文土器編年を基礎にして日本全体を同じ時点で区切ることに細心の注意が向けられた。これはたとえば稲作農耕といった文化の要素に注目し，西から東に向かって伝播するのに要した時間的に傾斜する，縄文時代と弥生時代の区分線とは性質が異なるもので，編年という縦横に組まれた方眼の上に縄文時代と弥生時代の区分線が斜めに引かれるしくみになっている。政治的中心地が移転した時点に合わせて日本中の時代名が変わる日本史の時代区分と似ているといえるかもしれない。

〔註〕
5) 山内清男 1937「縄紋土器型式の細別と大別」『先史考古学』1 巻 1 号
6) 山内清男 1930「所謂亀ヶ岡式土器の分布と縄紋式土器の終末」『考古学』1 巻 3 号
7) 山内清男 1969「縄紋草創期の諸問題」『MUSEUM』224 号

③ 土器出現期(神子柴文化とその直後)の区分についての問題

　縄文時代の大別にかかわるもう一つの問題は，山内による「草創期」設定以後に知られることになった，さらに古い年代の土器を持つ文化をどう扱うかである。その部分はふつう「神子柴文化」（あるいは「長者久保[註8]・神子柴[註9]文化」）などと呼ばれ，かつては先土器時代[註10]の終末とみなされていたほど土器が少なく，土器の存在が確かめられた後にも土器に型式名はつけられず，出土遺跡名で，「○○遺跡の土器」と呼ばれているような存在である。文化の内容も縄文文化一般とは大きく違っている。石器では大型の石槍，刃部磨製の片刃石斧や丸鑿形石斧（刃先を前から見るとC字形に湾曲する），彫器と削器が合体したものなどが特徴的に見られるほか，

石器作りに石刃技法が盛んに用いられることは，先土器時代的である。「神子柴文化」の遺跡は，かなりの数発見されているが，石器の種類で認定されたもので（図3参照），ほんの一部の遺跡にごくわずかの土器が伴ったにすぎない。土器作りを知っていても実際に使われた土器の量がごく少ないのは，煮沸の主な対象になる植物性食料の

図3　青森県長者久保遺跡出土石器（東京国立博物館1969『日本考古展』）

利用がまだ多くなかったこと，移動性の高い生活では重く壊れやすい土器が便利なものとは思われなかったからであろう。次の時期（縄文草創期）に洞穴・岩陰遺跡(註11)が急増するのに，この時期にはそれがほとんど知られていない(註12)など，居住形態も先土器時代的であるらしい。このような違いから「草創期」とは区別する必要があると考える。

　もう一つ事態を複雑にしているのが，神奈川県月見野上野遺跡(註13)，同県寺尾遺跡(註14)など，草創期の隆起線文土器に先行する土器を持つ遺跡であるのに，石器が「神子柴文化」とは少し違っている遺跡があることである。このような遺跡の文化をどう区別するのかも考えなければならない。

　一般社会でも広く用いられる言葉になった「縄文時代」の定義はシンプルであることが求められる。だから土器の出現をもって縄文時代に入ったとみなすのがよいと考える。しかし確かに土器はあるが，第Ⅱ部でも述べるように，いろいろな点で「草創期」とは違いが大きい縄文最初期の部分は，区別したほうが文化の変遷がわかりやすいであろう。そこで，これまで私自身も用いてこなかった区分であるが，本書では隆起線文土器よりも前の時期を，隆起線文土器から始まる「草創期」と区別して「土器出現期」と呼びたいと思う（表2）。従来特別な石器を指標に呼ばれてきた「神子柴文化」は，そのままの指標と名称で「土器出現期」の中に含める。「土器出現期」の一部が「神子柴文化」ということになり，上野や寺尾も「土器出現期」である。「土器出現期」の土器は確かに非常に少ない。しかし時代を画する文化要素は，初めはわずかに出現し，時間の経過とともに一般化することが普通であるから，縄文時代はもう始まっているとみる。

　なお谷口康浩の意見では(註15)，科学的年代測定によると，土器が出現してから草創期の終わりに位置する多縄文土器群までは，世界の地質学でいう「更新世」（その終わりがいわゆる氷河期の終わりに相当する）に属し，気候も環境も次の「完新世」と大きく異なっていたと見られている（第Ⅶ部で詳しく述べる）。だから，これら全体を縄文時代の本体から外して「旧石器－縄文移行期」と呼ぶべきだという。私が「土器出現期」や「草創期」を縄文時代の枠内での区分に留めるのに対し，縄文時代の外に置こうという意見である。

　専門家でない，世の中の普通のひとたちも使う「縄文時代」という言葉の

定義は，わかりやすいことが求められる。はじめから地質学に寄りかかった定義は考古学の基本的語彙にふさわしくない[註16]と思うし，土器の出現ほどわかりやすい文化的指標はないことを重視したい。人間を取り巻いたこの時期の自然環境の問題は，日本周辺では考古学区分の出発点にできるほど確実に解明されているようには見えない（第Ⅰ部⑦章「縄文時代の自然環境」でふれる）。考古学としては文化変遷の認定を先行させ，しかる後にその背景としての自然環境の変化を科学者との協力のもとに追究すべきと考える。

〔註〕

8) 佐藤達夫 1966「青森県上北郡甲地村長者久保遺跡調査略報」『人類科学』17 集

9) 藤沢宗平・林茂樹 1961「神子柴遺跡 1 次発掘調査報告」『古代学』9巻 3 号

10) 縄文時代より前については「旧石器時代」と呼ぶことが現在の日本考古学の通例になっている。私がこれに従わず「先土器時代」とする理由は第Ⅶ部③章で述べる。

11) 日本考古学協会洞穴遺跡調査特別委員会 1967『日本の洞穴遺跡』平凡社

12) 新潟県小瀬ヶ沢洞穴は基本的に草創期の遺跡であるが，石器の中には神子柴文化に近いものがあり，この時期から始まっていた可能性がある。

13) 相田薫ほか 1986『月見野遺跡群上野遺跡第 1 地点』大和市教育委員会

14) 白石浩之・鈴木次郎 1980『寺尾遺跡』神奈川県教育委員会

15) 谷口康浩 2011『縄文文化起源論の再構築』同成社

16) 西アジアやヨーロッパでは「更新世」を以て「旧石器時代」を定義している。ところが日本では「土器以前」をもって「旧石器時代」とする人が普通なので，同じ「旧石器時代」という言葉が別の基準で，別の年代範囲に対して用いられている。

④ 縄文時代の終わり

　縄文時代の始まりと対になる問題は，縄文時代の終わり，つまり稲作の開始によって弥生時代に移行する時期の問題である。1970〜80年代，福岡市板付遺跡や唐津市菜畑遺跡で「縄文晩期後半」の水田が発見され，稲作が行われていたことが確認されたのは，考古学上の大事件であった。しかしこの稲作開始という大変革を遂げた時期は，その根本的変化ゆえに縄文時代から外され，佐原真らによって「弥生早期」（弥生先Ⅰ期）[註17]という名称が付けられ，「弥生前期（Ⅰ期）の前に繰り入れるべきという意見が強くなった。それまで「弥生前期」は稲作という生業とともに遠賀川系と呼ばれる土器の広がりによって認定されていたが[註18]，弥生早期の認定は，土器のありかたよりも生業に力点が置かれる区分という点で認定の基準がいささか異なった。

　これによって，それまで縄文晩期に入れられていた突帯文土器[註19]の時代が，稲作の存在ゆえに弥生時代に属する，と機械的に変更できることになったのか，そうではなく，西日本の突帯文土器の一部に稲作が伴うのであって，その部分だけが弥生時代になるのかという問題も生じた。

　この相次ぐ新発見の勢いに乗って，さらに古く，稲作は縄文後期から，極端な説では縄文前期まで遡って始まったと主張されたこともあるが，慎重な証拠の検討によって，そのような説はほぼ否定されたとみている[註20]。

　縄文と農耕の時代の区分に関する次の問題は，縄文時代における稲以外の植物の栽培が確かになったことであるが，これは縄文時代の中で起こったことで栽培の仕方も大きく異なったとみるので，第Ⅳ部③章「（縄文時代の）栽培と飼育」の節で取り上げる。稲作の開始は，古墳時代という「国家」といえる社会の段階[註21]であるかどうかが議論されている時代へ展開する道を開き，その後の日本の文化・社会の根幹をなした生業の始まりとして，縄文時代の中での栽培とは区別すべき特別な意味を有する（第Ⅶ部⑤章「縄文と弥生」参照）。

〔註〕
17) 佐原真 1983「弥生土器入門」『弥生土器Ⅰ』ニューサイエンス社

18）杉原荘介 1960「農業の発生と文化の変革」『世界考古学大系』2 巻
　平凡社；小林行雄 1932「吉田土器及び遠賀川土器とその伝播」『考古学』
　3 巻 5 号

19）古くは凸帯文と書かれた。

20）農耕開始が遡る証拠とされるものの信頼性の吟味は，個々の考古学
　者にとっては非常に難しい仕事である。農耕開始を古く遡らせたい
　と思う人は不確実な証拠でも確実だと主張するが，個々の研究者が
　穀物の遺存体や圧痕の信頼度を原資料に遡って検討することは物理
　的に不可能であろう。遺存体の同定が確かでも，後世のものが古い
　地層に混入したのではないのかという疑問は，発掘に携わらなかっ
　た人には判断できない。土器に穀物の確かな圧痕があればその時代
　における存在を認めることになる。この点で私も岡山県南溝手遺跡
　の後期福田KⅢ式の籾圧痕を認めてきた。しかし問題の土器片が他
　の破片と接合し，福田KⅢ式ではなく突帯文期の土器と訂正された。
　　私自身には遺存体の信頼度を検討する力がないことを認めざるを
　得ないので，結局どの研究者がもっとも慎重に資料を検討している
　らしいか，はた目で判断し，その人たちの言に従うことになる。中
　沢道彦 2009「縄文農耕論をめぐって—栽培種植物種子の検証を中心
　に—」（『弥生時代の考古学 5　食糧の獲得と生業』同成社），設楽博
　己 2009（「食料生産の本格化と食糧獲得技術の伝統」『弥生時代の考
　古学』5），安藤広道 2014「『水田中心史観批判の功罪』」（『国立歴史
　民俗博物館研究報告』185 集）などが信頼性の高いものと判断して
　いる。
　　近年土器に見られる圧痕を樹脂で転写して顕微鏡下で検討するレ
　プリカ法が広く行われるようになり信頼度の高いデータが増してい
　ることは喜ばしいが，これらはコメ，アワ，キビ，ムギなどの穀物
　の確実な証拠は突帯文土器期（弥生早期）までしか遡らないとする。
　　中部日本晩期末の浮線網状文土器期にアワ，キビ，オオムギ（山
　梨県中道遺跡）などの穀物圧痕が増えているが，年代的には西の突
　帯文期並行である。この時期には比較的多くのアワ，キビなどの畑
　作物の証拠があるが，弥生時代が進むほどにコメの証拠が主体とな
　るのは，日本の自然に適する農耕の形（第Ⅶ部⑤章 2「日本の自然
　への対照的な適応」参照）が選ばれていったからであろう。

21）都出比呂志 1991「日本古代国家形成論序説—前方後円墳体制論の
　提唱—」『日本史研究』343 号

⑤ 年代的範囲

　以上, 縄文時代を先土器時代や弥生時代と区別する原則について説明した。次に縄文時代が具体的に何年前から何年前までであるかを問題にしたい。

　年代については同時代とみられる器物を仲立ちにして年代記録が存在する地域に結び付けようとするクロス＝デイティング法と, 新たに開発されてきた物理学的年代測定法の対立[註22] があった。前者は確かに考古学の自主的な方法論であるが, 遺物の編年を継ぎ足していって, たとえばエジプトなど非常に遠方の, 古い年代記録がある地域に結び付けるのは極めて困難な作業になる。一方, 後者は地球上のどこでも共通する, 物理学的な原理を土台とするため, 地球上ならどの場所でも個別に年代が出せると主張する。

　縄文時代のように今から1万数千年以内を問題にする場合, さまざまな物理学的年代測定法のうちでも放射性炭素 (^{14}C) による年代測定法がもっとも適している。炭素は動植物の遺体にごく普通に含まれる物質であることも, 考古学にとって広く利用可能な理由となる。

　当初の放射性炭素年代測定法は「地球の大気中の炭酸ガスに含まれる放射性炭素の比率が過去数万年にわたって同じであったなら」という, とても成り立ちそうもない仮定に基づいている弱点があり, 資料中に超微量にしか含まれない放射性炭素に β 崩壊が起きるのを待って, 飛び出してくる β 線を数えるために, 相当量の資料が必要で, 1点の測定に長時間かかる大変な方法であったが, タンデム加速器質量分析装置を用いて同位元素 ^{12}C, ^{13}C, ^{14}C をふるい分ける分析方法が開発され, 超微量のサンプルを短い測定時間で次々に測定できるようになった。その結果, 大木の年輪を1枚ずつ切り分けて測定したり, 湖の底に1年に1枚ずつ形成される「年縞」を数えて, その間に挟まれる植物遺体の測定値と実際の年数（年輪や年縞の数と同じで, 暦年代ともいう。）の差を調整すること（図4, 専門的には「較正」と呼ぶ）により, 縄文時代開始期まで遡って, 実際に大気中に含まれていた放射線炭素濃度を復元することが可能になり, 信頼性が向上した。

　青森県大平山元遺跡[註23] の土器出現期の神子柴文化に伴った土器の付着炭化物の ^{14}C 年代測定値（較正前）は13000年前頃で（12700〜13800年前の

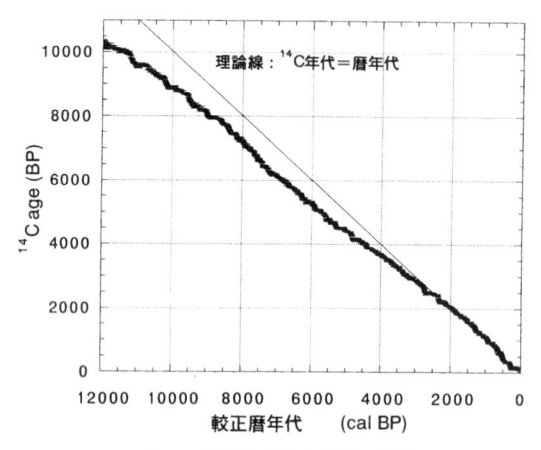

図4　放射性炭素年代較正曲線

　斜めの直線は空気中の ¹⁴C が長期にわたり一定であったと仮定したときの線で，左の縦軸目盛りがそれに従った年代。しかし実際は太く揺らぐ線のように空気中の ¹⁴C 含有量が変化したので，このグラフを利用して縦軸の測定された年代を下の横軸の年代（年輪などによる実際の暦年数）に較正する。たとえば縦軸の 8000 年前がグラフに当たったところで下の横軸に下ろすと約 9000 年前になり，これが実際の古さの年数に近いとされる。

幅のある年代値が測定されているがこれは遺跡の継続年代ではなく測定誤差のバラツキと見るべき），較正年代は 15500 年前頃になる [註24]。これは完新世を超え，更新世の中に大きく遡る年代である。

　北海道では草創期中頃まで確実な土器の存在は確認されていないが，本州の神子柴文化と共通する石器や，草創期の有茎（有舌）尖頭器が分布することは，本州の同時期文化とのつながりを示す。土器は無くても縄文文化の一翼を担うような文化が存在したことになり，縄文時代に含めるべきと考える。一方南の沖縄では縄文前期に並行する「南島爪形文」より前の土器文化の存在が確実でなかったが，近年その可能性が高い土器資料が指摘されている [註25]。それでも草創期の存否はわからない。

　ここで対になる問題は，縄文時代の終わりの年代で，これは弥生時代の始まりと同じことで，両者の間に隙間はない。

　弥生時代前期では，朝鮮から移入された青銅器など困難ながらも何とか中国古代の暦年代に結び付けられそうな遺物があるが，弥生時代早期にはそれがないため，前期の年代からかさ上げするようにして紀元前 4，5 世紀と推

定されていた（註26）。

　このあたりの年代については，較正の適用が困難な時期という特殊な問題があって（俗に2400年問題と呼ばれる），放射性炭素年代測定の利用は困難と思われていた。ところが上述の加速器質量分析装置によって土器に付着するススのような微量炭素の分析が行われるようになり，2003年，国立歴史民俗学博物館のグループは北九州における弥生時代の始まりは紀元前8〜9世紀（較正）になること，この年代なら較正の適用が可能な年代範囲に入り，信頼性の高い年代であると発表した（註27）。弥生時代の始まりすなわち北九州における縄文時代の終わりが，従来予想されたのより500年ほども古くなるという年代で，学界に衝撃を与えた。この年代については，遼寧式銅剣などの青銅器を仲介とする中国の暦年代との対比，土器型式継続年代に極端な長短が生じる問題，弥生人骨を資料とする測定年代はそれほど古くならないなどの理由から，これに反対する意見が表明され（註28），論争が続いている。

　東日本における弥生時代の始まりは九州より遅れるが，重要な定点として青森県砂沢遺跡の水田跡の年代が問題になる。弥生前期遠賀川系土器を伴った最古，最北の稲作遺跡である。山形県生石2遺跡の砂沢式の放射線炭素年代は2460〜2480BP（註29）で，「2400年問題」の時期に入ってしまう。これを小林謙一は「較正年代で前7〜5世紀」と表現する（註30）。較正を以てしてもピンポイントの年代は得られないということである。砂沢式を弥生前期後半と見ると，歴博グループの九州における年代と比較しても前7世紀は古すぎ，前5世紀が可能な上限となろうが，九州の年代自体がなお検討を必要としている。本州北端における縄文時代の終わり＝弥生時代の始まりは，おおむね紀元前5世紀頃とみるにとどめたい。

　北海道ではさらに縄文文化の続きである「続縄文文化」が続いた。北大式を続縄文に含めると，その終末は紀元後7世紀になる（註31）。この続縄文部分は普通縄文文化には含められないが，縄文や波状口縁を伴う土器の系統性や，生業のあり方においても，まさに縄文文化の続きであり，人種・民族的にもそうであっただろう。

〔註〕
22）山内清男・佐藤達夫 1962「縄紋土器の古さ」『科学読売 12 巻 13 号』

23) 三宅徹也ほか 1979『大平山元Ⅰ遺跡発掘調査報告書』青森県立郷土館

24) 谷口康浩・川口潤 2001「長者久保・神子柴文化期における土器出現の ^{14}C 年代・較正暦年代」『第四紀研究』40 巻 6 号

25) 南城市ティーラガマ遺跡で回収された土器に伴った貝殻によって較正 8000 〜 9000 年が得られている。南城市サキタリでも別種の土器が得られている（山崎真治ほか 2013「沖縄先史土器の起源と南下仮説」『九州考古学』第 17 号）。

26) 弥生早期の福岡県曲り田遺跡 16 号住居址出土（福岡県教育委員会 1983・1984『福岡県石崎曲り田遺跡』）の鉄器片は中国の戦国時代を遡るものではないため，この年代を支持する資料とみられていたが，歴博新年代ではこれを年代の降る鉄器の混入とみなすことになった。

27) 歴史民俗博物館 2003『弥生時代の開始年代—AMS 年代測定法の現状と可能性—』歴博特別講演会配布資料

28) 橋口達也 2003「炭素 14 年代測定法による弥生時代の年代論に関連して」『日本考古学』16 号；岩永省三 2005「弥生時代開始年代再考」『九州大学総合研究博物館研究報告』3 号；岩永省三 2011「弥生時代開始年代再考Ⅱ」『九州大学総合研究博物館研究報告』9 号

29) 小林謙一 2006「東日本における測定の成果」『新弥生時代の始まり』第 1 巻 雄山閣

30) 小林謙一 2009「近畿地方以東の地域への拡散」『新弥生時代の始まり』第 4 巻 雄山閣

31) 榊田朋広 2016『擦文土器の研究』北海道出版企画センター

6 地理的範囲と地域差について

1. 縄文文化は一体か

　地理的範囲については，範囲を判別する基準を何に求めるかという，年代的範囲の問題とは別の難しさがある。研究者によっては，表面に縄文がつけられた土器が縄文土器で，それを使った範囲が縄文文化，それを使わなかった範囲の九州や沖縄は縄文文化ではない，東日本の弥生土器は縄文を使ったから縄文土器だという乱暴な意見もある（註32）。「日本列島には草創期以来さまざまな文化系統が共存し，相互にまじりあったので，縄文文化などという一体の文化的実体はない。」とし，その連鎖は列島外にも及ぶことを示唆し，「連鎖する諸文化の日本列島内に分布する部分を孤立的に切り取ったものが縄文文化と呼ばれたにすぎない。」（註33）という趣旨の発言もある。

　しかし，縄文時代の各地方の文化はほとんどの場合緊密に関連・連動しており，しかも断絶があって列島外とはつながらないことが普通である。その断絶の内側にあるネットワーク全体を，多様性を内包する一つの大きな文化総体として掬いあげることが，丁寧な文化の把握になると私は考える。

　確かに縄文文化は内部に相当大きな地域差を含んでいる。それは南北に長く，気候的には冷温帯から亜熱帯までを含む日本列島の地理的条件への適応の違いが生み出したものであろう。このような変異のある範囲内の小異をくくり，それらと大きな違いをもつ外側との間に太い境界線を引くことが縄文文化の輪郭を描く作業になるが，その前に文化圏とは何かという原則について少し考えておきたい。

　文化をさまざまな要素の集合体ないし複合体としてとらえる見方がある。考古学の場合，言語や思想は直接見えないので，道具類から家屋・村落までを含めた物質文化の複合体としてとらえることになる。しかし縄文文化に必ず伴い，縄文以外の文化には伴わない指標をみつけることは相当に難しい。その候補となりうる竪穴住居や打製石鏃は，沖縄を含めて縄文文化とすべきもののほとんどの年代と地域に存在するけれども，同時に広く北ユーラシアのさまざまな文化にも伴うから，縄文文化だけの指標にはなりえない。打製石鏃は済州島の高山里遺跡，釜山市東三洞貝塚の黒曜石製石鏃などを除くと

韓国には少ない。石匙は韓国の少数例を除くと，北海道から沖縄まで地理的にほぼ縄文の範囲と重なっている。

　このようにすべての遺構や石器の分布を重ねあわせて地域差について論ずることは困難であるため，細かい変化がとらえやすく，発見が多いために地理的広がりがとらえやすい土器型式の分布を基本に，日本列島の地理的区分に重ねて論じるのが妥当な方法になる。たとえば貝塚の多い海岸部とそれが少ない内陸部にまたがって近似の土器型式が分布するのは普通のことであり，土器の分布は生業形態の違いを反映したものではないことを確認しておこう。

　言うまでもなく土器型式の分布（55 頁図 23 参照）は年代とともに変わった。草創期の隆起線文土器は，内部に若干の地域差を含むものの，この名称でくくられるような型式が広く青森から鹿児島まで分布したのに対し，たとえば中期の東日本では，型式圏が県単位の広がりより小さくなることもあった。しかし全体としては日本列島を 10 くらいに分けた地域に各型式が分布することが多かったのは，山脈に分断される日本列島の地理的環境が不変であったことにも関係があろう。

2. 土器型式と言語

　土器は粘土という可塑性の物質を材料とするだけに，製作者が意図した形を忠実に反映し，年代差・地域差を鋭敏に反映する。そして縄文文化の資料として圧倒的に量が多く，濃い密度で発見されるので，年代間，地域間の文化的つながりと違いを見るのにこれほどよい資料はない。「型式」は時間的な段階に区切られ，配列されているが，その変化の仕方をよく見ると，多くの場合はっきりした切れ目を見つけにくいほど連続的である。また一定地域内ではほとんど同じといってもよい外見的特徴を共有する「型式」が分布し，その分布圏が大きく変わらないまま次の型式に移行することが普通である。この変化にあたって隣接型式間で影響の授受が行われることも多い。

　縄文土器の，器形は別として，文様には実用的な意味はほとんどないであろう。伝統や皆が共有する好みによって決められ，維持されていたと言ってよい。なぜその文様でなければならないのか？おそらくその文様が自分たちの土器のしるしであり，それを共有することによって同朋意識，帰属意識を

保持したのであろう。

このような広域で均一に保たれるメカニズムや，時間的に途切れることなく変化を続ける土器の性質は，言語に似ている。隣接地域の型式差や，1型式とされているものの中に認められるさらに弱い地域差を方言になぞらえることもできるかもしれない。

もちろん土器型式を単純に言語に置き換えることはできない。縄文の各時期を通じて日本列島内で10前後に分かれる土器型式の分布を方言くらいの範囲と想定できるとしても，型式の変化が言語の変化よりずっと早いことは間違いない。土器型式は言語を小さく分けた単位のようなもので，音声という残らないものに代わって地域差・年代差を物質化して残したものと言えよう。

このように土器型式が連鎖し，結びつき，相互に影響を与えあっている範囲は，言語が類似し，相互の意志の疎通が可能で，仲間同士と認識しあえる範囲でもあったろう。縄文土器の各型式内部だけでなく，隣接型式間にもこのつながりは及んでいた。その連鎖全体を縄文文化の範囲と認めたい。石器などの実用的な道具は，便利であれば異なる集団間でも共有される可能性があるが，土器における，実用的意味のない文様の影響関係が維持されている範囲を，日常的接触によって人と文化の交流が維持された範囲として，その連鎖の体系全体を縄文文化の範囲と認めるのである。それは文化圏の認定において，言語がもっとも基礎的なものとして重視されるのとほぼ同じ意味をもつ。

このようにとらえた場合，縄文土器の地理的範囲は，北海道の北端と南千島に至るが[註34]，サハリンまで広がった証拠はない。資料の少ないころにはサハリンでもこれから見つかる可能性を留保する必要もあったが，近年の調査の増加にも拘わらず縄文土器を持つ遺跡が見つからない[註35]ということは，基本的にサハリンには縄文文化が及ばなかったと理解すべきであろう（続縄文土器はサハリンにもある）。南千島はほとんど戦前採集の資料になるが，現地の土器に縄文土器が伴うのではなく，縄文土器だけが存在する。南千島は縄文文化の範囲に属したのである。縄文土器の南限は沖縄本島に及ぶが，先島諸島（宮古，石垣，西表）に及んだ証拠はない。

大陸との関係では，朝鮮半島南岸部の東三洞貝塚などで縄文前期・中期・

後期の土器が個別的に存在するが，土着の土器に比べると微量で，朝鮮において型式としてまとまった存在であった様子はない。しばしば九州前期の轟式や曽畑式との関係が言われてきた韓国隆起文土器や櫛目文土器も，水ノ江和同によると^(註36)「文様のモチーフや施文順序，器形や器面調整などに厳密な意味での類似性はほとんど認められない」「視覚的に共通する要素は見出せても，視覚だけでは確認できない技術的な部分に共通性を見出すことはできず，つまり人の往き来はあっても相手方の文化に影響を与えるほどの交流ではなかった。」という。海峡の両側に結合式の釣り針が分布するが，結合の仕組みや材料が違っており，「結合式」という以上の一致は見られない^(註37)。

　朝鮮海峡に浮かぶ対馬のありかたは複雑で，縄文前期段階には越高など韓国隆起文土器を主として轟Ｂ式をわずかに伴う遺跡があるが，後期には佐賀・志多留など縄文土器を主体にし，韓国系土器を伴わない遺跡が多くなる^(註38)。

　対馬の時間的変化を除くと，宗谷海峡，沖縄本島の西側，朝鮮海峡の土器の境界線は明瞭であり，列島内の緩やかな土器の地域差とは比較にならない。

　今後縄文文化の各時期・各地域に対してネットワークの確認が綿密に進められる必要があるが，縄文文化の分布の輪郭はすでに見えている。その輪郭は現在の日本の国土とほぼ同じ範囲になる。そして第Ⅱ部⑧章の「弥生・続縄文・南島」で述べるように，前近代の歴史的「日本」の範囲よりもかなり広かった。

3. 縄文文化に特有なもの

　さて土器による連鎖と断絶の体系についていささか抽象的に述べたところで，縄文文化総体をうまく表現している物質的表象はないのかという話に戻りたい。山内清男は波状口縁（図5）や装飾としての把手の存在を，縄文土器に特徴的な要素として指摘した^(註39)。波状口縁は縄文草創期と早期の撚糸文系土器には認められないが，早期の貝殻沈線文系の田戸下層式（図5）以後は普遍的になり，北海道から，後に沖縄本島にまで至るもので，連鎖の体系としての縄文文化の範囲に一致する。山内は早くから北海道から沖縄までを縄文文化の範囲としている。そして重要なことに列島外のアジアの周辺

地域にこれらの特徴はほとんど見られないので，縄文土器の範囲の把握に適している。

　波状口縁や装飾把手は，土器の容器としての実用的使用にとってじゃまになりこそすれ，必要のないものである。それがあることは，縄文土器に通有の性格——美しく面白いものを作り，所有したい——のひとつの典型的な表れとして理解することができよう。

　なお縄文土器の語源になった縄文という特徴的な文様は，サハリンにはほとんどなく[註40]，北海道・南千島[註41]にあるので，縄文の北限に関してはうまく当てはまるが，西日本，とりわけ九州では縄文をもたない土器型式も多く，沖縄では縄文という文様はまったく使用されなかったので，残念ながら南限の認定に

図5　もっとも古い波状口縁：早期田戸下層式（千葉県城ノ台貝塚）（吉田格 1955「千葉県城ノ台貝塚」『石器時代』1号）

とっては役に立たない。山内も縄文を縄文土器の範囲に合致する特徴とみなしてはいない。年代的には縄文草創期の中で現れたあと，東日本では縄文時代の終末とは関係なく弥生時代の終わりまで続き，北海道ではさらに続縄文末期（本州では古墳時代末期）の7世紀頃の北大式まで続いた。

　これほど日本列島に長く続いた縄文であるが，世界的には，縄の原体の回転による縄文は日本列島以外にはほとんど存在せず，唯一中石器時代から近代のアフリカの一部に存在したにすぎない[註42]。まさに日本先史文化のマークのような存在で，人種という血のつながりをベースにした民族の伝統の表象にも関与したに違いない。

　なお中国や東南アジアで「縄紋」と呼んでいるものは，器壁を薄くのばし，器面調整のために縄を巻いた板で叩いた跡で，名前は同じでも縄文土器の縄文とはまったく異なるものである。

　縄文の土偶は，土製女性像として分類すれば世界通有のものということに

なるが，それでも草創期からほぼとぎれることなく存在し（いまのところ草創期・早期では断続的であるが），縄文から弥生への移行期に大きく性格を変えた。地理的に北海道には少なく，沖縄には知られていないが，土偶もまた縄文を表象する特別な器物の候補のひとつになろう。

〔註〕

32）岡本孝之 1990「縄文土器の範囲」『古代文化』42 巻 5 号

33）大塚達朗 2000『縄紋土器研究の新展開』同成社

34）野村崇・杉浦重信 1995「北限の縄文文化」『季刊考古学』50 号

35）杉浦重信 2001「北辺の縄文文化」『新北海道の古代』1　北海道新聞社

36）水ノ江和同 2012「東三洞貝塚出土九州系縄文土器の意義」『九州縄文文化の研究』雄山閣：私は何度か，理由をあげることなく縄文文化の範囲は韓国に及ぶことがないと書いてきたが，その背景をここに記しておきたい。1994 年度に韓国からの留学生が東大に提出した博士論文（「新石器時代における韓国南岸と九州地方の文化交流─土器群の分析を中心として」）を審査する任務を与えられ，自分自身この問題についてかかわることになった。その論文で主張された朝鮮隆起文土器と轟 B 式，瀛仙洞式と西唐津式，櫛目文土器と曽畑式の交流の主張について私は賛成できないと執筆者に伝えたが，そのコメントは記録としては残っていないであろう。私自身はこの問題を深めることはなかったが，当時の私の判断はここに引用した水ノ江の結論に近いものだったと記憶している。

37）かつて私は熊本県大矢遺跡の出土品を報告書に従って韓国の結合式釣針の石製の軸として取り上げたことがあるが，実物の詳細な観察によると断定はできないという（中尾篤志 2013「結合式釣針」『季刊考古学』125 号）。

38）古澤義久 2013「九州と韓半島」『季刊考古学』125 号

39）山内清男 1964「縄紋式土器・総論」『日本原始美術』第 1 巻　講談社

40）続縄文期には少しあるが，縄文時代では後期の船泊上層式 1 片だけしかない。

41）宇田川洋 2001「鳥居龍蔵・千島アイヌ・考古学」篠原徹編『近代日本の他者像と自画像』柏書房

42）佐原真 1982「世界の縄文」『縄文土器大成』第 5 巻　講談社

⑦ 縄文時代の自然環境

　縄文時代の自然環境は，陸と海，河川，湖水などの地理的環境，気温・降水量など気候的環境をベースに，植物相と動物相が地域ごとに異なる形で重なる複雑な姿を示した。年代的に1万年の長さにわたるので，年代的変化もあり，南北に長い日本列島なので，冷温帯から亜熱帯に及び，地形的にも複雑な海岸線から平野，山地，島嶼にまで展開する。縄文時代の多彩な自然環境を短く要約することは困難であるが，ここでは縄文時代を理解するのに必要な環境に関する基本的事項をあげておこう。

　年代的に見た場合，土器出現期と草創期が属する更新世と，縄文早期からの完新世の違いはもっとも大きく，その境界線をなすのがヤンガードライアス期 (註43) の終末である。

　縄文時代初めの約3千年間（1万5千年前～1万1千5百年前）は更新世（氷河時代）末期に属し，その初めのうちは長く続いた氷期の寒冷気候も緩和され，温暖化に向かっていたが，13000年前から11500年前，「寒のもどり」という表現がなされるようなヤンガードライアス期の，氷期のなかでもとくに寒冷な気候が再来した。そして11500年前，地球は数十年間で平均気温7度上昇という突然かつ大幅な温暖化を経験し，現在とほぼ同じ気温の完新世の気候になった。

　関連するさまざまな自然的要素が同時に変わったわけではない。海面の上昇は大陸氷床の融解により縄文早期段階に進行し，早期と前期の境の約7000年前に現在とほぼ同じ高さになった。この海面上昇の過程で，更新世に狭隘化していた朝鮮海峡が広がり，対馬暖流 (註44) の日本海流入が本格化し，日本海の蒸発量が増えた。日本列島とくに日本海側の降水量を増やし，さらに温暖化した気温と相まって植物相の変化をもたらした。歩くことのない植物相の変化は，海面上昇と同じようにゆっくり進行した。

　海面の上昇と沿岸環境の変化，植生とくに森林の変化は動物相にも人間の生活にも大きな影響を与えた。これら一連の急激な環境変化は形成途上にあった縄文文化にも大きな影響を与えたに違いない。縄文的環境の成立にとってヤンガードライアス期の寒冷気候の終了が引き金になったと理解され

るわけであるが，上記のストーリーにはなお保留が必要である。

　ヤンガードライアス期という寒冷気候の原因については次のような仮説が有力である。すなわち，更新世の末期に北極圏の融氷水の流路が，現在の北アメリカミシシッピー川に沿う南向きから東向きのセントローレンス川方向に変わり，冷たい融氷水（軽い真水）が北大西洋の海面を覆ったため，暖かく湿った偏西風が北大西洋に隣接するヨーロッパに届かなくなり，この地域に氷期の再来といってもよいほどの環境激変をもたらした [註45]。

　この仮説が正しいとすると，ヤンガードライアス期の影響は西洋で激しく，広大なユーラシア大陸を隔てた日本への影響は小さかった可能性がある。実際，日本列島ではヤンガードライアス期に相当する気候変化の証拠は乏しく，グリーンランドの氷床中の酸素同位体から解明された環境変化を，同年代の日本に機械的に重ねあわせるやりかたで広く議論が行われている。ただしこの時期の一時的寒冷気候による海面の下降は，地球規模での現象であり，日本でも沖積層中の河川運搬礫の再現として認められる。

　このような揺り戻しはあるとしても，最後の氷期の末期とそれに続く時期の高緯度地域の氷床の融解は，大量の水を放出し，海水面を高め続け，日本列島では縄文海進と呼ばれる内陸部への海面の拡大を引き起こした。ただここでも注意すべきことは，海水量の増大が地球規模で等しく同様な海面の拡大現象を引き起こしたわけではないことで，数千mの厚さに堆積していた氷床の重量から解放された北ユーラシアや北アメリカの高緯度地域では，氷河性アイソスタシーによって地殻が上昇し，その動きは現在にまで続いているので，完新世の海面が陸地に対して相対的に高くなる日本のような現象はなかったのである。さらに複雑な話になるが，深さで100m近い完新世の海水量の増加は，こんどは海底に重量を加えて沈下させるハイドロアイソスタシーの効果をもたらした。氷河性アイソスタシーは日本列島には関係しないが，ハイドロアイソスタシーの影響で，日本列島の海岸地域には，西北九州のように，完新世の高海面（現在の海陸比高よりも相対的に海面が高かった）が認められない地域があるという。これに加えて，当然ながら日本列島のように地殻変動が激しい地域では，場所ごとに異なる地殻の上下動が重なったので，一概に縄文前期の海面は現在より何m高かったなどと言うことは難しい。

　いずれにしてもこの最高海水準に達するまでの上昇は急激で，汽水湖で
あった瀬戸内もこの海面上昇によって海水が侵入し，早期中葉の黄島貝塚の
ように海産貝を主体とする貝塚が出現した。約6000年前にもっとも高くなっ
た海水準は今度はゆっくりと低下し，現在の海水準に近づいていったが，そ
の動きも均一なペースではなく，縄文中期後半〜後期の海退，晩期〜弥生の
海退といった急な動きもあったとの指摘もある(註46)。さらにその原因になっ
た気温の低下を指摘する研究もあり，気温の低下を考古学的な文化の動きと
関係づける解釈もあるが，一層の学際的研究が必要であろう。

　植物の分布に大きな影響を与えたのは，言うまでもなく気温と降水量であ
るが，これが平野部の樹林帯の平面的な移動（拡大と縮小）を引き起こした
過程が，植物の大型遺体（樹木そのもの，種実），花粉，胞子，植物珪酸体
などから分析されてきた。人為がどれだけ植生の変化に影響したのかも縄文
文化の解明に不可欠な項目である。

　地域別に植生の変化を論ずることは筆者の力に余るが，大きな変化の順序
としては，日本の広い範囲の平野部で，更新世末期の針葉樹が優占する森林
植生から完新世に入るころに落葉広葉樹，さらに西日本から関東地方の平野
部では照葉樹林へと移行した。8000年前頃からの対馬暖流の日本海流入の
強化は，とくに日本海側での蒸発と降水量を増やし，ブナやスギの育成を促
した(註47)。自然植生として現在の関東は照葉樹林域に属するが，その実際
の分布は海岸部や神社の森などに限られている。縄文時代より後の人為が日
本の植生，動物分布に与えた影響は甚大である。

　動物相も環境の一部であるが，貝類，魚類から哺乳類，鳥類など人間と深
いかかわりを持った動物種はきわめて多様である。マンモス・ナウマンゾウ・
ヤギュウなどの大型草食動物の多くは更新世末期までに絶滅したと見られて
いる。草創期の生物遺存体資料は乏しいが，早期には現在とほとんど同じ動
物相が日本列島にあったことが貝塚，洞穴などの資料から知られる。縄文以
後に絶滅したニホンオオカミ，カワウソなどもあり，関東の貝塚で一般的で
あったハイガイが現在の関東の海に見られないといった分布上の変化もある
が，基本的には現在とよく似た動物相が縄文時代にもあったといってよい。

　しかし縄文時代を通じてウシ，ウマ，ヒツジ，ヤギなど草地に群生する草
食動物が全くいなかったことは，大陸における分布の続きからの問題だけで

なく日本列島の環境や生業との関連で重要である。

　集落の周囲に広がる森林は，植物質食料だけでなくシカ，イノシシをはじめとする森林を住みかとする縄文の哺乳類が得られる場所であった。このような森林が，魚貝類の得られる海域や淡水域と接する環境が広く存在することが縄文人の生活を豊かなものにした。

　さらに縄文前期頃から，集落の周辺で人の生活に役立つ植物を選択的に保護し，辻誠一郎のいう「縄文の里山」植生が生み出されたが，もう一つ注意すべきことは，植物珪酸体の分析によって，日本列島の平野部に広がるクロボク土（有機質黒色土）がススキ属などの草原植生で形成されたと以前から指摘されていることである。日本の気候環境でススキなどの草原植生を維持するには，火入れなどの人為の繰り返しか山火事の頻発などを想定しなければならない[註48]。これは「縄文の里山」とは違った人為的植生変化が長く広くあったことを暗示するものであるだけに，事実の確認，原因や目的の解明が望まれる。

〔註〕

43) ドライアスは日本語のチョウノスケソウのことで，北ヨーロッパでこの植物花粉の顕著な増加が見られることから行われた時期区分である。日本ではヤンガードリアスと発音する向きが多いが，ヤンガーとした場合，英語発音でドライアスと続けるべきである。これはイギリスの考古学者に質問して確かめた。

44) 約8000年前日本海に対馬暖流が流入してきて，水温が一挙に6〜7度も上昇した。新井房雄・大場忠道ほか1981「後期第四紀における日本海の古環境」『第四紀研究』20巻3号

45) W. S. ブロッカー・G. H. デントン1990「何が氷河期を引き起こすか」『サイエンス』20巻3号

46) 松島義章2013「沿岸部の環境変化—低地に記録されている縄文海進」『講座日本の考古学』青木書店

47) 辻誠一郎2009「縄文時代の植生史」『縄文時代の考古学』3　同成社

48) 杉山真二2009「植物珪酸体と古生態」『縄文時代の考古学』3　同成社

II. 年代差と地域差

本書は物質文化や生活・社会・儀礼の形などの事項別の分別的な記述が多いので，初めに縄文文化の大きな流れを一通りたどっておきたい。ただし煩雑な記述になるとかえって流れが見えにくくなる恐れがあるので，東北地方と関東地方に記述の中心をおきながら，その時期にほかの地域で特徴的な様相が見られる場合には，記述の中心をそちらに移し，柔軟に対処したい。

① 土器出現期

　すでに述べたように，かつて先土器時代末期として扱われたこともある時代である。

　この時期は日本の先史時代のなかでももっとも見事な石器作りが発達した時期であるが（口絵6），もう一つの特徴として多数の完全な石器を意識的に配置した「デポ」と呼ばれる，特殊な遺跡が見られる。長野県神子柴遺跡^(註49)・同県唐沢B遺跡^(註50)などが代表的である。

　この神子柴文化の起源については謎が多い。その独特の石斧の起源がわからないことに加え，直前の，土器を伴わない段階の削片系細石刃の末期に本州を南下した削片系細石刃や荒屋型彫器などの要素も見られない。あるいは茨城県後野^(註51)や青森県大平山元などの遺跡の別地点で検出されている細石刃が組み合うということを考えてみる必要があるのかもしれないが，確かではない。

　このへんの理解のために，さらに5千年ほど遡った先土器時代の段階から見てみよう。北海道では本州よりずっと早く2万年を超える古さから細石刃が分布し，それは未発達な削片系から湧別技法のような完成した削片系（図6）に発達していった^(註52)。荒屋型彫器という溝切りの道具を特徴的に伴う。この細石刃の発達の過程はアジア大陸東北部と軌を一にしているらしい。言い換えると，この変化は北海道だけで独自に行われたものではなく，当時北海道と陸続きであった大陸文化の変化の一部に属する形で北海道の細石刃も変化したとみられる。

　この発達した削片系細石刃文化^(註53)は，先土器時代の末期に津軽海峡を越え，本州を南下し，岡山県恩原遺跡^(註54)にまで至ったことが知られている。これにも荒屋型彫器が伴うが，大型の石槍や片刃石斧は見られない。

　次に本州に現れるのが土器出現期の神子柴文化であることを考えると，両者の間には断絶と言ってよいほどの大きな違いがある。先行する細石刃文化の大陸との関連，その文化の南下の動きから見て，神子柴文化も同様に北方からの後続の文化とみなしたいところであるが，大型石槍はともかく，片刃の磨製石斧は今のところアジア大陸にその祖型らしいものが見られず，起源

をアジア大陸に求める積極的な証拠がない。土器についてもあまりに断片的で型式的に起源を論ずることは困難である。

　後述のように，この時期における石器のありかたや生活形態は縄文時代一般と大きく異なるとみられるが，だからといってこの部分を縄文から外すと，連続や区分の認定を何で行うのか簡明な指標を決めるのが難しい。やはり土器出現期は，大きく縄文時代の中で捉え，縄文時代最初の文化としてとらえたい。青森県長者久保，同県大平山元，長野県神子柴，同県唐沢Ｂなどが代表する。土器はあってもごくわずかで，いずれも細石刃を伴っていない。

　神子柴文化の次に来るとみられる土器出現期の遺跡に，神奈川県上野第1地点,同県寺尾遺跡,同県勝坂遺跡(註55)などがある。

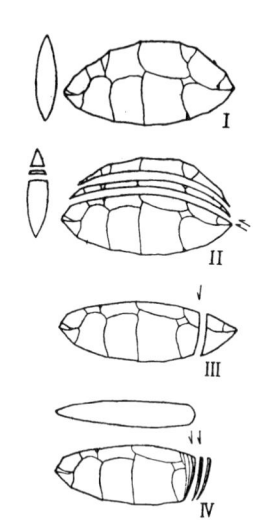

図6　削片系の1種である湧別技法の工程

　Ⅱの段階でスキー状スポール（削片の1種）を剥ぎ取り，細石刃剥離のための打面を作出する。この工程を含むものを削片系という。

　上野第1地点では，草創期の隆起線文土器と有茎尖頭器を有する第Ⅰ文化層の下から石槍と削片系の細石刃，そしてごく少量の土器を含む第Ⅱ文化層が検出され，土器出現期と草創期の前後関係を示している。石刃技法はほとんどなくなっているが，大型の石槍はあり，神子柴文化のものから変形したとみられる片刃石斧があるなど，神子柴文化とのつながりが認められる。勝坂遺跡のように有茎尖頭器の祖型といえるものが伴うものがあるが一般的ではない。

　不思議なことに，上野第1地点のように,神子柴文化で1度見られなくなっていた削片系の細石刃の要素を少しだけ伴うことがある。しかし，先土器時代の削片系細石刃に伴っていた荒屋型彫器の存在は知られていない。このあり方は北九州の草創期の細石刃と類似し，何らかのつながりがあるかもしれない。土器はまだ少ないが，文様のあるものがあり，綾瀬市寺尾遺跡，相模野第149遺跡(註56)などで隆起線文に続いていく変化が推定されている(図7)。

　ここに見られるのは，神子柴文化から続く要素と，土器を伴う削片系細石刃の交錯である。九州の長崎県福井洞穴(註57)，同県泉福寺洞穴(註58)など草

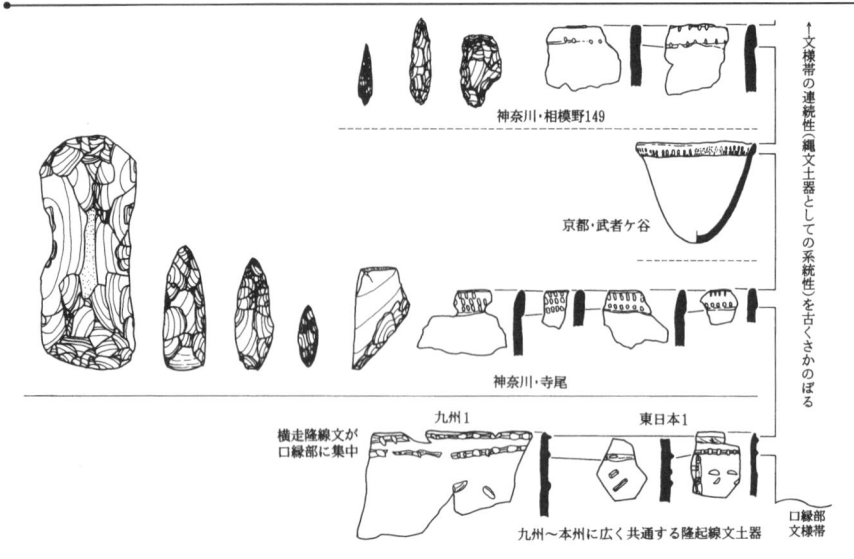

図7 隆起線文土器と先行する土器の文様の関係（大塚達朗による）

創期の隆起線文土器段階の細石刃を朝鮮半島から来た別の削片系とする説がある。しかし北海道の先土器時代に盛んであった北方の削片系細石刃が荒屋型彫器を欠落させつつ南下し，ついに九州に至ったという見方も可能ではないだろうか。

　九州で土器出現期といえる遺跡の中に，石槍のデポが発見された鹿児島県中種子町園田遺跡（註59）がある。神子柴文化に共通する石器の扱いは，東日本の集団ないしその影響がはるか南方，種子島にまで貫入したことを示すのであろう。佐賀県多久市三年山・茶園原（註60）など石槍の集中的な製作址も，次に述べる本州のそれとつながるであろう。このように土器発生期の段階では人間集団の移動性が高かったようで，神子柴系集団が種子島にまで進出したのと逆に，九州の削片系細石刃文化が関係したのではないかと疑わせる。

　千葉市六通神社南遺跡（註61）の石槍を主体とする土器発生期の石器に広く日本各地の石材が用いられているのも活発な動きを物語る。

　この時期の生活の痕跡が豊富という点で東京都前田耕地（図8）（註62）に優るものはないであろう。年代づけには問題が残るが，多摩川と秋川の分岐点近くの川原に位置し，縄文時代最古の住居址の発見があり，そこからサケの骨が多数検出されている。川原で得られる豊富な石材を利用した石槍製作も

図8 東京都前田耕地遺跡の住居址（上左）石槍（上右）土器（下左）サケの骨（下右）
（東京都埋蔵文化財センター 1992『縄文誕生』）

さかんであった。無文の土器が少しある。この様相は，サケの遡上時期の資源を保存利用し，季節的定住を行ったと理解することができよう。

ほかにも新潟県本の木・群馬県石山・千葉県南大溜袋など同じころの石槍製作址が知られているが，時期的には土器出現期後半に降るものであろう。東京都多摩ニュータウン No796 遺跡 [註63] では神子柴型の石斧を製作した跡が少量の土器とともに検出されている。

この時期の大型石器と石材産地近くでの集中的な石器製作は，材料の問題と表裏一体の現象であるとともに，季節的定住の始まりとも関係があろう。先土器時代末期の細石刃がはめ込まれた道具は，主に骨角製の槍であったと思われるが，土器出現期の主な狩猟具も石槍であるから，用いられた主要な道具の種類は近似し，石材の使用方法において石材節約型と石材消費型と対照的であったことをまず確認しておこう。土器出現期の石槍製作は定住季節に石材産地の近くで集中的に行われ，そこから製品の持ち歩き・ストックという，季節定住と移動生活の振幅の中での石器補充戦略が生まれた。

活動領域内に適当な石材産地をもっていない集団は，交換によって石器製

品を入手せざるをえない。これは先土器時代の，少量の石材を入手し，石器を作りながら遊動する石器補充の方法と対照的である。このように移動と季節的定住・季節的石器生産を組み合わせる生活形態になった時代に限って，集中的な石器製作跡と製品のデポがともに残されたのではないかと私は考えている。交換が頻繁に行われる社会では，優れた製品が高く評価され，有利な交換ができるようになるであろう。石器作りが実用的，必要性を超えて発達した理由になる。

〔註〕

49）林茂樹ほか 2008『神子柴遺跡発掘調査報告書』信毎書籍出版センター

50）下村修ほか 2009『小鍛治原／唐沢B—旧石器時代末から縄文草創期にかかる移行期石器群の研究報告—』信毎書籍出版センター

51）川崎純徳・鴨志田篤二 1976『後野遺跡』茨城県勝田市教育委員会

52）寺崎康史 1999「北海道細石器群理解への一試論」『先史考古学論集』8 集

53）代表例が湧別技法（39 頁図 6）

54）稲田孝司編 2009『恩原 1 遺跡』恩原遺跡発掘調査団；稲田孝司編 1996『恩原 2 遺跡』恩原遺跡発掘調査団

55）青木豊ほか 1993『勝坂遺跡第 45 次調査』相模原市教育委員会

56）相模考古学研究会 1989『相模野第 149 遺跡』大和市文化財調査報告書第 34 集

57）鎌木義昌・芹沢長介 1967「長崎県福井岩陰—第 1 次発掘調査の概要」『考古学集刊』3 巻 1 号

58）麻生優 1984『泉福寺洞穴の発掘記録』佐世保市教育委員会

59）石槍 8 本が割れた状態で出土した。種子島開発総合センター 1999『種子島縄文時代の夜明け』

60）杉原荘介ほか 1983『佐賀県多久三年山における石器時代の遺跡』明治大学。南九州では鍛冶屋園など細石刃と土器が伴う遺跡があり，これに帖地のように神子柴系とみられる大型石槍や片刃磨製石斧が伴うものがある（新東晃一 2013「九州南部」『講座日本の考古学』3 巻青木書店）。

61）文化庁編 2006『発掘された日本列島 2006』

62）東京都埋蔵文化財センター 1992『縄文誕生』

63）東京都埋蔵文化財センター 1989『東京都埋蔵文化財センター年報』9

② 草創期

　隆起線文土器の時期から後を「草創期」とする。遺跡の数も多くなり，土器はやはり少ないとはいっても，前の時期とは比較にならないほど一般的な存在になる。隆起線文→爪形文→押圧縄文→多縄文，と変化する一連の土器型式（図9〜12）の古い部分は，本州の有茎尖頭器によって特徴づけられ[註64]（図13），それは次第に普通の石鏃と交替するが，北九州では福井洞穴・泉福寺洞穴などが依然として細石刃によって特徴づけられる。泉福寺洞穴の「豆粒文土器」も隆起線文の1種として草創期に組み入れてよいであろう。細石刃は削片系であるが，荒屋型彫器はない。

　先土器時代の生活形態は，遊動を基本とし，ときには協働狩猟などの目的

図9　隆起線文土器（神奈川県上野遺跡）
（写真提供：大和市）

図10　爪形文土器（岩手県大新町遺跡）
（写真提供：盛岡市遺跡の学び館）

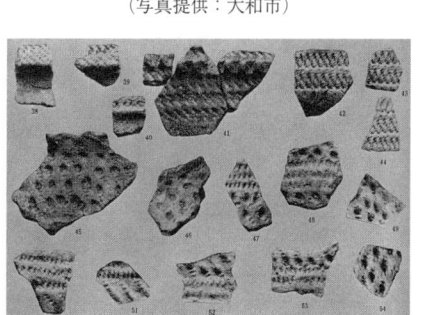

図11　押圧縄文土器（長野県石小屋洞穴）
（日本考古学協会1967『日本の洞穴遺跡』）

図12　室谷下層式（多縄文土器群）（新潟県室谷洞窟遺跡下層出土／写真提供：長岡市教育委員会）

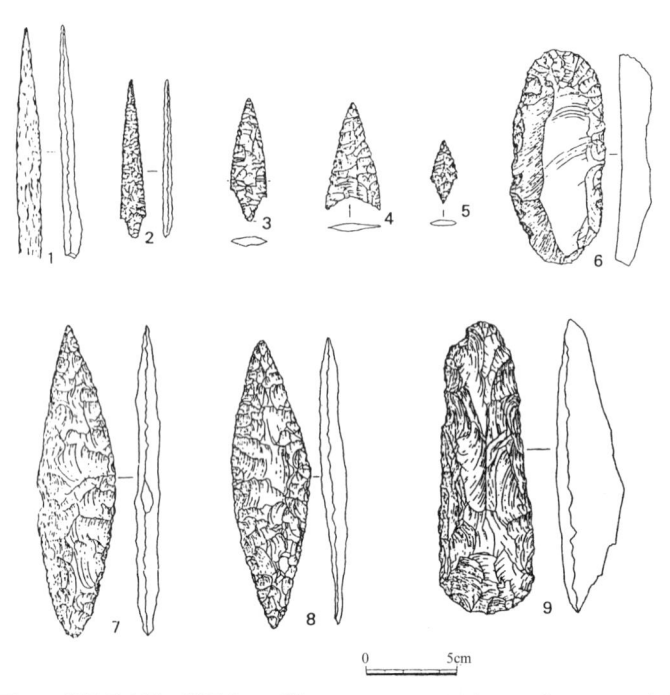

図13 新潟県小瀬ヶ沢洞穴の石器（長岡市立科学博物館 1960.『小瀬ヶ沢洞窟』）

で大きな集団を一時的に形成することがあっても，季節を越えて定住することはなかったとみられる。先土器時代に洞穴内居住がほとんど知られていないのは，位置が決まっていて多くが山地に立地する洞穴を，彼らのかなり規則的な遊動ルートの中に組み込むことが難しかったからであろう。土器出現期に洞穴居住がほとんど知られていないのは，その時期まで近似の生活形態が続いていたためと説明できる。前田耕地のように定住性の高まりも認められるが，季節ごとに居住地を変える半遊動の中での季節的な定住といったものであろう。ところが草創期になると洞穴遺跡が急増する。かつては草創期の遺跡は多くが洞穴・岩陰に立地すると考えられたほどであるが，台地上に位置する比較的規模の大きな草創期の遺跡の発見が増えるにつれて，立地についての認識は再び大きく変わった。しかしそれでも以後の縄文文化と比較すると洞穴遺跡が多い。なぜだろうか？　遊動と季節的移動が重なったような土器出現期までの生活形態に，草創期に定住性の高まりが加わり，ある季節には台地上に定住するけれど，広い地域での資源を開発するために遠出も

する，そのときに洞穴を寝泊りに利用するという生活形態ではないだろうか。つまり，先土器→土器出現期→縄文草創期→縄文早期と順次定住性が高まっていく過程の中で，草創期の段階で，不完全な定住生活を補完するために季節的遠征の必要が高まり，そのサイクルの中に洞穴[註65]利用が組み込まれたと考える。それにしても本州と次に述べる南九州の草創期の生活の形は大きく異なる。

1. 南九州の草創期

　縄文文化の成立において南九州は特別の役割を果たしたことが知られてきた。それはこの30年ほどの南九州での草創期遺跡の目覚ましい発見によるものである。較正12800年前の降灰とされる桜島−薩摩火山灰にパックされている遺跡が多く，草創期に属することが確かである。

　草創期初期には鹿児島県内の鍛冶屋園，横井竹ノ山など細石刃と類例の少ない文様の土器を伴う遺跡があるが，規模の大きなものは知られていない。

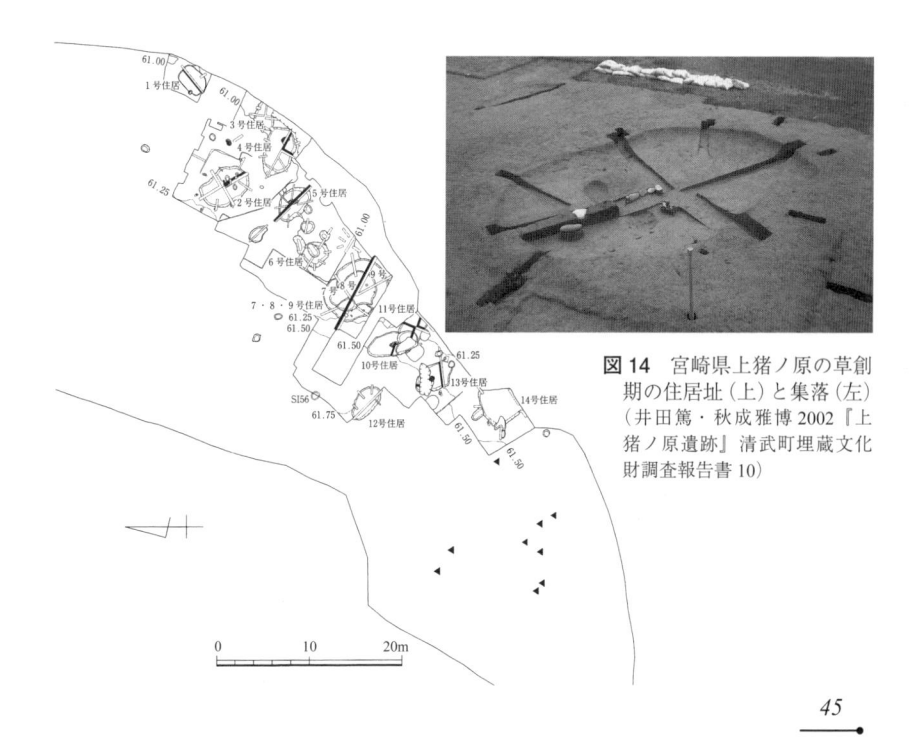

図14 宮崎県上猪ノ原の草創期の住居址（上）と集落（左）（井田篤・秋成雅博2002『上猪ノ原遺跡』清武町埋蔵文化財調査報告書10）

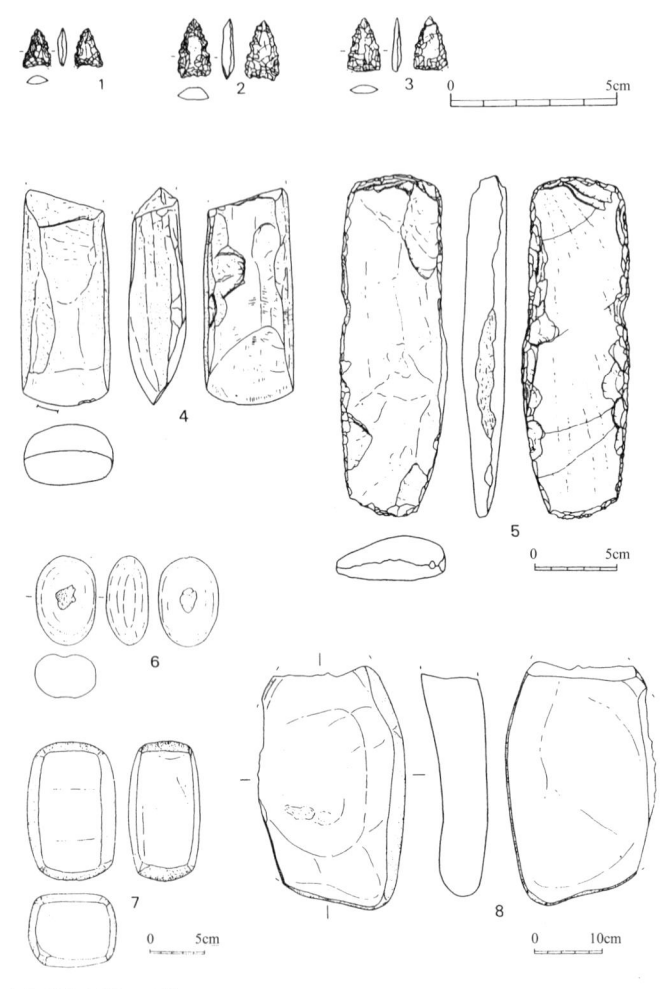

図 15　南九州草創期の石器（鹿児島県掃除山遺跡）（鹿児島市教育委員会 1992『掃除山遺跡』）

加栗山では細石刃に石鏃が伴ったという。

　続いて隆帯文を特徴とする段階になり，大規模で遺物も豊富，遺構の種類
も変化に富む遺跡が数多く知られている。鹿児島県掃除山（図 15）[註66]，栫
の原[註67]，宮崎県上猪ノ原（図 14）[註68]，さらには九州南方の海上に浮かぶ
種子島の奥ノ仁田[註69]・三角山など，大型厚手の土器が大量にあることが
目につく。普通の隆起線文より幅が広いため隆帯文と呼ばれる文様の土器が

多い。煙道付炉穴など特別な遺構もあり，上猪ノ原 [註70] では，14軒もの竪穴住居が発見されている。注目されるのは石器の様相である。石鏃・打製石斧・石皿・磨り石・くぼみ石などその後の縄文時代一般とあまり変わらないものが多く，植物質食料に対するものが多いことが特徴である。樺の原型石斧と呼ばれる神子柴文化のものとは大きく異なる全磨製の丸のみも伴い，草創期に特有の矢柄研磨器も出土している。

氷河時代が終末に近づき，温暖化する環境の中で南九州から温帯森林の資源が広がり，それに基礎をおく安定集落が生まれてきた。これは真に縄文らしい縄文文化が生まれた大きな画期といえる。隆帯文土器は隆起線上に爪型文が付く堂地西式を経て早期の円筒形の岩本式へと南九州独自の変化をたどったとされる。

南九州より北東でも次第に安定した様相が広がり始め，滋賀県相谷熊原遺跡で5軒，静岡県大鹿窪遺跡 [註71] で14軒，沼津市葛原沢遺跡 [註72] では1軒だがしっかりとした掘りこみを有する竪穴住居が発掘され，関東早期の撚糸文系土器期の大発展の前夜の様相である。

2. 北海道の土器出現期と草創期

北海道における縄文化，すなわち土器の出現と縄文的な生活への移行はまだ十分解明されていない。

モサンル [註73]，東麓郷 [註74]，中本 [註75] など神子柴文化類似の石器を有する遺跡が本州の土器出現期に並行することはまず間違いない。東麓郷など土器が伴出したとされる遺跡もあるが，確実とは言えない。しかし本州の土器出現期でも土器を伴った例はきわめて少なく，文化の認定はほとんど石器によって行われているのだから，北海道のこれらの遺跡を「土器出現期」から外す理由はないであろう。ともかく本州と北海道で同種の石器を伴うことは，文化的つながりを示している。

北海道における確かな土器の出現は本州より遅れ，一番古いのは帯広市大正3遺跡（図16）[註76] の爪形文土器，続いて江別市大麻1遺跡の室谷下層系があるだけである。大正3遺跡では爪形文土器とともに，有茎尖頭器類似の石器があるが，細石刃はなく本州とほぼ同じ状況である。北海道では有茎尖頭器が各種細石刃と伴うことが普通とされるが [註77]，幕別町札内N遺跡

図16 帯広市大正3遺跡の土器（左）と石器（右）
（帯広市教育委員会 2006『帯広・大正遺跡群2』帯広市埋蔵文化財調査報告第27集）

図17 北海道幕別町札内N遺跡の有茎尖頭器
（写真提供：幕別町教育委員会（幕別町ふるさと館『札内N遺跡』より））

（図17）[註78]や北見市広郷角田遺跡[註79]のように細石刃を伴わない，あるいは稀な例も知られており[註80]，このようなあり方が本州の草創期に並行する可能性も考えられる。

　北海道の土器が遅れ，発見された遺跡数も少ないのは，南九州と対照的で，九州—本州—北海道と並べてみるなら，土器使用は南に早く本格的で，北に

いくほど遅れる。これはやはり土器の使用目的が植物質食料の調理と結びついていたからなのであろう。

　北海道で本格的な土器使用の文化が起こるのは，次に述べる早期中頃のことである。

〔註〕

64）中村孝三郎 1960『小瀬が沢洞窟』長岡市科学博物館

65）今村啓爾 2010「縄文時代観の形成」『縄文時代の考古学』1巻　同成社

66）出口浩・雨宮瑞生・岡元満子ほか 1992『掃除山遺跡』下　鹿児島市教育委員会

67）雨宮瑞生ほか 1994『栫ノ原遺跡』加世田市埋蔵文化財発掘調査概要

68）井田篤・秋成雅博 2002『上猪ノ原遺跡』清武町埋蔵文化財調査報告書 10

69）中村健一郎・中村和美 1995『奥ノ仁田遺跡』西之表市埋蔵文化財発掘調査報告書 7

70）秋成雅弘博 2008「宮崎県清武町上猪ノ原遺跡第 5 地区の調査」『考古学研究』54-4

71）静岡県富士郡芝川町教育委員会 2003・2006『大鹿窪遺跡・窪 B 遺跡』

72）『葛原沢第Ⅳ遺跡(a・b区)発掘調査報告書』沼津市文化財調査報告書，第 77 集

73）芹沢長介編 1982『モサンル』東北大学文学部考古学研究室

74）杉浦重信 1987『東麓郷 1・2』富良野市文化財報告第 3 輯

75）加藤晋平ほか 1981『北見市史』

76）大正 3 遺跡 2006『帯広大正遺跡群 2』帯広市埋蔵文化財調査報告第 27 集

77）山田哲 2006『北海道における細石刃石器群の研究』六一書房

78）野村崇・宇田川洋編 2001『新北海道の古代』1　北海道新聞社

79）北見市 1981『北見市史』上巻

80）長沼孝 2003「北海道島の様相―細石刃器群と尖頭石器群」『季刊考古学』83 号

縄文早期前半期を特徴づける現象は、「南九州の草創期」で述べた安定生活が東・北へ向かって広がることである。南九州では、早期前葉に50軒以上の竪穴住居が発掘された鹿児島県霧島市上野原遺跡のようにさらに安定した状況が見られ、早期後葉に二重の環状に遺物が集中するという集落のありかた、土偶の存在、東日本の弥生再葬墓に使われたものを連想させるような壺形土器（註81）の存在も安定性を物語る。

鹿児島県曽於市定塚（註82）でも早期前葉の97棟の住居、連結土坑、集石、貯蔵穴などが発掘されているが、この時期の南九州では縄文時代全体でも珍しい前平式・吉田式などの円筒形、角筒形の器形が見られる（図18）。

この南九州の安定状態は日本列島の東、北に向かって拡大していく。すでに草創期に小遺跡が東日本一帯、東北地方、一部北海道にも分布していたが、早期に起こった拡大は次元の違うものであった。すでにふれた静岡県沼津市葛原沢Ⅳ遺跡、同県芝川町大鹿窪遺跡など東海地方で発展が見られる草創期末の押圧縄文土器の段階を過ぎると、関東地方で早期の撚糸文系土器期に顕著な安定が見られる。それを特徴づけるのは、大型のものを含む多数の竪穴住居であり、そこに伴う大量の植物食を対象とする石器である。また神奈川県夏島貝塚（註83）や千葉県西之城貝塚（註84）のような縄文時代最古の貝塚が出現する。

これまで草創期については貝塚の発見がなく、漁撈活動の証拠も前田耕地遺跡のような内陸の遡河魚のそれに限られており、早期になって夏島貝塚のような海での漁撈の証拠がえられるようになる。これが先土器時代から草創期にわたる漁撈の不活発を示すのか、後氷期に上昇し

図18 南九州早期の角筒土器（鹿児島県長野遺跡前平式）（山内清男編 1964『日本原始美術 第1巻 縄文式土器』）

た海水準によって海浜の漁撈関連遺跡が水没した結果我々には見えないだけなのか判断に迷うものがあった。

　ところが2016年沖縄本島南部のサキタリ洞穴で先土器時代に遡る貝製釣針の発見が報じられた。年代は2万3千年前とされる。これまで沖縄では先土器時代人骨の発見は多数あるのに確かな石器の発見がなく謎とされてきた。ところが2014年にこのサキタリで貝殻に刃をつけた貝器が発見され，この謎の一部に答えることになった。隆起サンゴ礁の石灰岩が広く分布する沖縄には石器に適した石は少ない一方，人骨や貝の保存条件がよいことが改めて認識された。

　今回はさらに貝製釣針という発見が追加されたのである。縄文草創期どころか先土器時代（旧石器時代後期）にすでに漁撈が始まっていたことを示す世界的な発見となった。使用地が海か川かの断定は難しいが，同洞穴から海水と淡水を回遊するモズクガニの殻が多数発見されたことが参考になる。沖縄で先土器時代から漁撈が行われたが，本州で行われていなかったとは考えにくい。やはり初期の海浜遺跡は海面上昇で没してしまったものが多い（外洋に面する地域では，海進の前線によって浸食されてしまったものもあると想定すべきであろう）と理解すべきなのであろう。この時期に東北地方で知られている撚糸文系土器遺跡は極めて少ないが，次の日計式^(註85)の拡大は顕著である。特殊な原体を用いる日計式押型文が羽状縄文を特徴とする花輪台式（撚糸文系末期の型式）からの施文具の置き換えのみで説明できるのか，西日本に広く存在した押型文（彫刻した木の軸を押し付けながら転がして施文したもの）からの影響が加わっているのか見極めは難しいが，東北地方で土器使用が普及するのはこの段階からで，この施文具を，ヘラ，貝殻に置き換えた貝殻沈線文系土器は東北地方縄文時代の画期となる。

　そして北海道にも貝殻沈線文期遺跡の急増が見られる。津軽海峡を越えた函館市に中野B遺跡^(註86)という縄文時代全体を通じても巨大といえる遺跡が出現する。この遺跡の特徴も，600軒を超える多数の竪穴住居，フラスコ状ピットと呼ばれる食料貯蔵穴，大量の土器，膨大な量の対植物質食料用石器であるが，加えて万の単位で数えられる礫石錘がある。これは以後東北地方北部〜北海道の海岸部遺跡に特徴的な網漁撈の活発化を物語る。

　草創期後半の年代は，地球的規模で最後の寒冷期を迎え，上昇しつつあっ

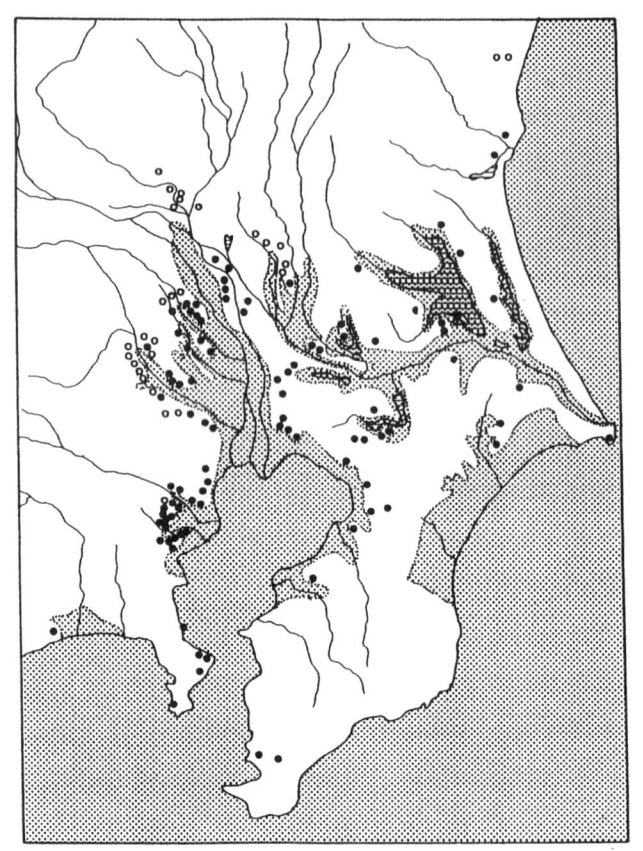

図 19 関東地方縄文早期末〜前期初頭の貝塚分布と推定海岸線
（●は海産貝，○は淡水産貝を主とする貝塚）

た海水準が再び低下したヤンガードライアス期にあたるが，早期に入ると気候は持続的に温暖となり，地球の高緯度地域の氷床の融解によって海面も早期を通じて上昇していった。これは人間の居住地と海の距離が近くなったというような単純なことではなく，氷河時代の海面低下期に深く浸食されていた谷に海が入り込み，陸と海が複雑に入り混じった環境が出現したのである。そのような入り江の多くは急激な海水の侵入によって溺れ谷の状況になったが（図19），まだ砂の堆積する時間がなく，泥底の海で，貝類もそれに適応するものであった。

　早期中頃の愛知県先苅貝塚[註87]もカキやハイガイなどそのような環境に
生息する貝であったが，海面の上昇とともにその貝塚を厚く埋めていった沖
積層は，その粒度の変化，海棲微生物や火山灰層など縄文の海の環境変化を
物語るデータの宝庫であり，考古学と自然科学の協力が大きな成果をもたら
した（図20，21）。

　海面が上昇しつつ
あった早期から前期初
頭の集落は，海岸にも
内陸にもあるが，海面
が上昇し切って安定し
た早期末から前期に
は奥東京湾湾口に埼
玉県富士見市打越貝
塚[註88]，千葉県松戸市
幸田貝塚（図22）[註89]
など，とくに大きな貝
塚と多数の竪穴住居を
伴う集落が営まれた。
これは海の資源が安定
生活のために重要な部
分を占めるようになっ
たことを物語る。

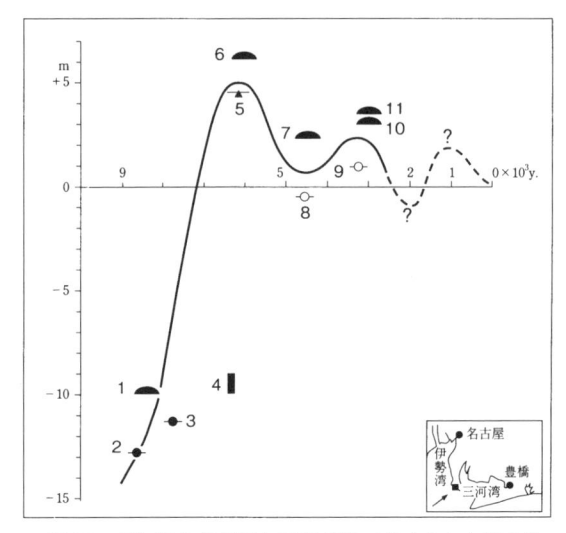

図20　愛知県先苅貝塚と周辺地域で推定された海水準
　　　　変動（◖ 1 が先苅貝塚の深さ）（山下勝年ほか1980『先
　　　　苅貝塚』南知多町文化財調査報告書）

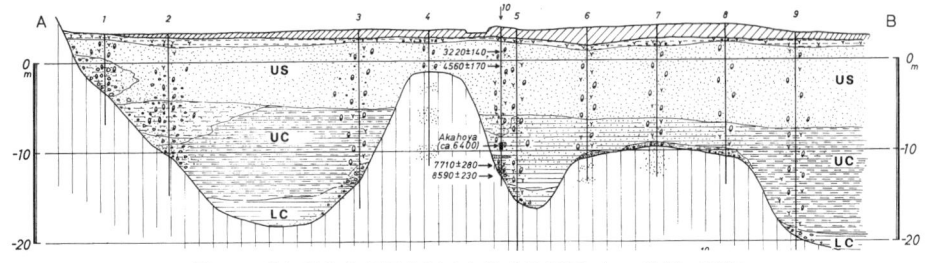

図21　愛知県先苅貝塚を埋めた海成沖積層（7 の位置の現海
　　　　面下 10m の台地上に貝塚が立地）（山下勝年ほか1980 より）

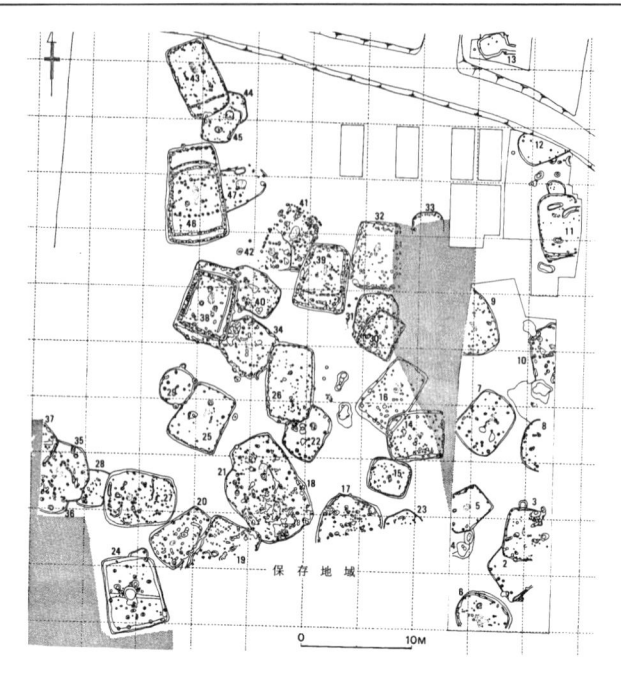

図 22　松戸市幸田貝塚遺跡の住居址群
（松戸市教育委員会 1975『松戸市文化財小報 7 幸田貝塚の調査（4）昭和 49 年度発掘調査概要』）

〔註〕

81）球形の胴部が口で狭まる形の容器を壺と呼んでいる。この形は東
　　北地方後期に盛んになるまで縄文時代には少ない器形であった。

82）鹿児島県立埋蔵文化財センター 2010『定塚遺跡・稲村遺跡』鹿児
　　島県立埋蔵文化財センター 153 号

83）杉原荘介 1957『神奈川県夏島における縄文文化初頭の貝塚』明治
　　大学

84）西村正衛・芹沢長介・江坂輝也・金子浩昌 1955「千葉県西之城貝塚」
　　『石器時代』2 号；西村正衛 1965「千葉県香取郡神崎町西ノ城遺跡—
　　第二次発掘概報」『古代』45・46 号

85）相原淳一 1982「日計式土器群の成立と解体」『赤い本』1

86）函館市教育委員会 1977『函館空港第 4 地点・中野遺跡』

87）山下勝年ほか 1980『先苅貝塚』南知多町文化財調査報告書

88）新井幹夫ほか 1983『打越遺跡』富士見市教育委員会

89）幸田貝塚 1987『幸田貝塚展』松戸市文化財ホール

④ 前期

　前期を文化的に特徴づけるのは，それまで西日本の押型文系と東日本の貝殻沈線文系の対比のように比較的広く単純な形でとらえられた縄文土器型式の地域差が，より小地域化，多様化することであろう。北海道東北部の網走式，北海道南部から東北地方北部にまたがる円筒下層系，東北地方の大木系，東関東の浮島系，関東・中部の諸磯系，東海・近畿・瀬戸内の北白川下層系，そして九州の曾畑系である（図23）。

　ここではまず近年多くの発見で注目を集めている東北地方を中心に取り上げ，その他の地域の状況を補足的に紹介したい。

　その性格を巡って議論されてきた大型住居であるが，その分布の中心は東北地方にあることが明瞭になってきた。秋田県上の山Ⅱ遺跡[註90]，岩手県大清水上遺跡（図24）[註91]のように大型住居が数のうえで主体となる集落の検出は，その機能が集会や共同作業場といった特別なものではなく，長屋のような共同住宅であることを明らかにした。それらの大型住居の配置には中央広場を囲んで花びらのような放射状を呈するものがあり，整った環状集落の形成という点でも他の地域に先んじている。集落内の集団墓地もこの時期からよく見るようになる。

　前期後半には東北地方北部から北海道南部にかけて円筒下層式と呼ばれる土器を伴う文化が繁栄する。津軽海峡を内海のように取り込む土器型式の分布はすでに早期から見られたもので，現在でも海の難所と呼ばれるこ

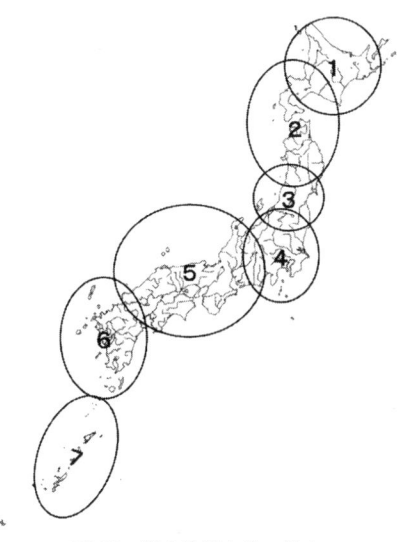

図23　縄文前期土器の分布
（藤本強 2009 『日本列島の三つの文化』）

図24 岩手県大清水上遺跡の大型竪穴住居址群
（佐藤淳一ほか2006『大清水上遺跡発掘報告書』岩手県文化振興事業団埋蔵文化財調査報告書）

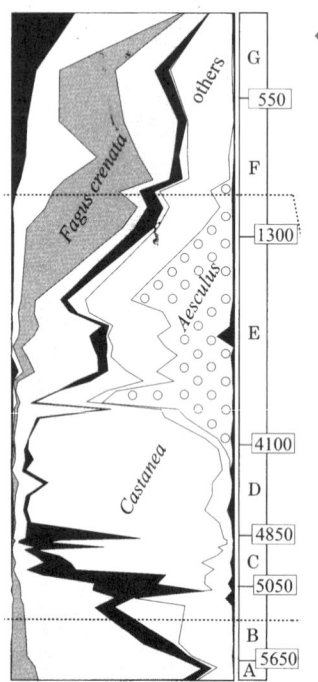

◀**図25** 青森市三内丸山遺跡の2地点から合成された
花粉の量的変化（A, B: コナラ・ブナ優占から縮小／C,
D: クリ拡大から優占／E: トチノキ拡大／F: ブナ・コナラ
など落葉広葉樹／G: マツ拡大）（日本植生史学会2006「三
内丸山遺跡の生態系史」『植生史研究』特別第2号）

の海峡が，当時は文化の障害ではなくむし
ろ交通路であったことを物語る。この津軽
海峡を挟んでつながる土器型式の分布は，途
切れる時期もあるが，基本的に縄文終末の
晩期，さらに続縄文時代前半まで続く。こ
の地域の前期後半から中期の巨大集落とし
てとくに注目されている青森市三内丸山遺
跡[註92]は，その規模の大きさもさることな
がら，集落内の湿地で行われた花粉分析に
よって，クリ林の管理と拡大がその経済的
基盤にあったことを明示した（図25）[註93]。
これは縄文文化が単なる狩猟採集文化の段
階を超えたものであったことを確認するう

えで重要な成果であった。板状のものであるが十字形の土偶の量が急増すること（図26），土偶と並んで縄文イデオロギーの代表的道具といえる石棒も初期的なものが現れる[註94]。

前期末になるとそれまで比較的安定していた関東や中部高地が衰退状況になり竪穴住居が10軒検出されているような遺跡は見られず，ほとんどが，竪穴住居も検出されず，十三菩提式の細分段階のうちに居住が終わり，他地点に移動した遺跡となる。土器型式が系統的な形を保持し

図26 青森市三内丸山遺跡出土の十字形土偶
（青森県教育庁文化財保護課所蔵）

つつ長距離移動するのは，集団の生き残りのための努力を示すのであろう。そのような中でも，北陸の鍋屋町式が中部高地や関東で形を変えながら，なおも内陸を北上して秋田県に至ったり[註95]，北陸（富山・石川）の土器型式を携えた人たちがダイレクトに現在の秋田市周辺まで行き，往復を繰り返し，その帰途には東北北部の円筒下層系統の土器つくりを持ち帰ったりする現象[註96]が興味深く，土器研究は編年という時間的枠組みを提供するだけでなく，人間の動的な営みそのものを読み取る手段になることが明らかになった。

九州では7300年前（較正），ちょうど早期と前期の境あたりに屋久島の西北方海中の鬼界カルデラで大噴火が起こり，幸屋火砕流は鹿児島県南端部に壊滅的被害を及ぼした。津波による被害にも甚大なものがあったであろう。南九州には現在でも層厚1mのアカホヤ火山灰が堆積し，その火山灰の分布は東北地方まで追うことができる。このカタストロフィー的事件が，南九州における文化的断絶を引き起こしたという新東晃一の説[註97]が注目された。

しかしアカホヤの下位と，上位で出土した土器を検討すると，下位では河口貞徳の命名による轟Ⅰ式が，上位では轟Ⅱ式が出ており，アカホヤ火山灰

の降灰は土器型式の連続的変遷を断ちきるほどのものではなかったと栗原光博（註98）が論じている。

地域は変わるが，池谷信之はこの時期に西部東海の木島式が東進し，東海東部で土着の下吉井系統の土器と同一集落内に共存するようになる現象を指摘し，それは，アカホヤ火山灰によって引き起こされた伊勢湾内の環境悪化を避けるために季節移動が行われたのだと説明した（註99）。土器の連続的変化と漁業環境の悪化という次元の異なる現象を結びつけることは困難な課題であるが，このような問題設定は今後の考古学で積極的にとりあげられるべきであろう。

東北地方では前期末に福島県西部の沼沢火山が大爆発を起こしており，この出来事を境に大木6式内部の地域間影響関係が急変したことを小林圭一が指摘している（註100）。それは直接火山の影響を受けた地域を超えて北陸から東北地方北部の日本海沿岸地域に広く及んだ可能性がある。

沖縄ではアカホヤ火山灰直上から爪形文土器が発掘されている。かつて草創期の爪形文土器の一種と誤認されたが，層位的にありえないことになる。近年はさらに古いと見られる土器も発見されているが，それらの系統性は不明である。しかし次に九州の曽畑式があまり変化せずに沖縄本島に至る。沖縄が土器の上で縄文文化の地域に属した最初の確かな証拠である。

〔註〕

90）秋田県教育委員会 1988『東北横断自動車道秋田線発掘調査報告書Ⅱ―上ノ山Ⅰ・館野・上ノ山Ⅱ遺跡』

91）佐藤淳一ほか 2006『大清水上遺跡発掘調査報告書』岩手県文化振興事業団埋蔵文化財調査報告書

92）青森市教育委員会・青森県教育委員会 1976 ～ 2015，関連報告書約40 冊

93）日本植生史学会 2006「三内丸山遺跡の生態系史」『植生史研究』特別第2 号

94）戸田哲也 1997「石棒研究の基礎的課題」『堅田直先生古希記念論文集』真陽社

95）今村啓爾 2006「縄文土器系統の担い手―関東地方から東北地方を北上した鍋屋町系土器の場合―」『伊勢湾考古』20 号

96）今村啓爾 2006「縄文前期末における北陸集団の北上と土器の動き」

　　『考古学雑誌』90 巻 3・4 号

97）新東晃一 1984「喜界カルデラ（アカホヤ火山灰）の爆発と縄文社
　　会への影響」『Museum Kyushu』15 号

98）栗原光博 2002「考古資料からみたアカホヤ噴火の時期と影響」『第
　　四紀研究』41 巻 1 号；栗原光博 2008「テフラ（火山灰）層位法」『縄
　　文時代の考古学』第 2 巻

99）池谷信之・増島淳 2006「アカホヤ火山灰下の共生と相克」『伊勢湾
　　考古』20 号

100）小林圭一 2016「会津地方の大木 6 式と沼沢火山の噴火」『東北芸
　　術工科大学東北文化研究センター研究紀要』15

中期は東日本が全体的に高揚する時期であり，遺跡の数や土器の量が急激に伸びる。そのような中でも，縄文芸術の代表ともいえる力強く立体的装飾が盛り上がる土器群を生み出した北陸・中部高地・関東が目立っている。土器から把握する限り，中部地方〜西関東には，火炎系・上山田系・深沢系・焼町系（口絵2）・唐草文系・藤内井戸尻系（勝坂系）・阿玉台系などが並び立ち，分布は従来の型式範囲よりずっと小さな地域に分かれる。南東北の大木7b式も一つの型式名で呼ばれるが，内部の地域差は大きく，型式群の並立といった様相である。

図27 長野県富士見町藤内遺跡の神像筒形土器（井戸尻考古館所蔵／田枝幹宏 撮影）

縄文土器の製作には規範があって個々に勝手な作り方は許されていない場合がほとんどである。中期でも火炎系などでは規範に忠実で個々の違いが区別しにくい土器が作られたが，長野東部から山梨を中心とする藤内・井戸尻系などは土器のデザインに個人の裁量に任される部分が大きく，他の作り手とは違う面白い作品を作ろうと競いあっていたかのようである（図27）。このような土器作りの姿勢は長く広い縄文時代の中でも珍しい。

土器の共通性が同朋意識の表れとみるなら，とくに中部日本では仲間同士という意識を持つ人の群れは以前よりも狭い地域に分かれたことになる。このような現象は増加した人口とも関係するのであろう。

すでに前期の東北地方で普及していた大集落における住居の環状配置が，関東・中部高地にも及ぶ。関東から中部高地さらに北陸にかけて多くの住居が環状に分布する

大集落が数キロおきに並ぶ。その背景には住居数の急増があり[註101]，当然人口の増加があったはずである。

　土偶や石棒の増加も顕著であるが，地域の差，あるいは一つの地域内の遺跡ごとの差も大きい。このことは同一地域内でも，集落の機能に違いがあったことを物語る。一般に縄文時代の集落の機能の違いの基本になるのは規模の違いであり，それは拠点的集落，分村的小集落，目的によりあるいは季節により使い分けられる活動の場などが加わり，組み合わさって縄文人の生活活動を支えたとみられる。しかし中期には活動が拠点集落に集中し，住居もそこに集中する[註102]。外見的には拠点から離れている小集落もあるが，拠点集落と密接につながる分村としての小集落であって，その集落ごとの役割が異なるという構成になったらしい。

　たとえば山梨県釈迦堂遺跡群[註103]では，この時期のほかの拠点的集落と比較しても際立って多い千点以上の土偶が発見されており，多くの拠点集落の宗教センター的な役割を担ったとみられる。拠点集落をつなぐような，従来よりも複雑な集落の連鎖関係が生じたのであろう。

　しかしこの安定も長続きせず，中期末に向かって急坂を転げ落ちるように衰退する。特に繁栄が著しかっただけに中部高地の凋落ぶりが目に付く。土器の造形もまるで生気を失い，土偶の数もきわめて少なくなる。

　最後に衰退で終わるものの，このような東日本の繁栄と比較すると，西日本の中期は立ち遅れている。鷹島・船元Ⅰ・Ⅱ・Ⅲ・Ⅳ・里木Ⅱ・Ⅲという時間的編年は，近畿・中国・四国・北九州にほぼ共通するが，これらは土器分布圏が小さく分かれる東日本と対照的である。人口の少なさと人間の移動性の高さがその背景にあるのだろう。土偶や石棒といった儀礼的な道具も少ない。

〔註〕

101）今村啓爾 2008「縄文時代の人口動態」『縄文時代の考古学』10 巻　同成社

102）谷口康浩 2005『環状集落と縄文社会構造』学生社

103）小野正文ほか 1986・1987『釈迦堂ⅠⅡ』山梨県教育委員会

6 後期

　後期を特徴づける主要な傾向として，広域文化圏の形成，西日本の発展，東日本における儀礼的建造物の増加などがあげられる。

　関東における（従って日本全体に及ぶ）後期の始まりの土器のうえでの指標は，称名寺式の成立である[註104]。これは単に称名寺式という型式が後期の初頭に位置付けられることにとどまるものではない。瀬戸内・関西地方の中津式そのものの関東への進出という出来事があり，極端な言い方をすれば，関東に現れた中津式を最古の称名寺式と呼ぶのである（図28）。ただし関東土着の加曾利E式の系統も残り，とくに中津式系統がまとまって入った横浜周辺から離れるほど加曾利E式系統の量が多く伝統も強い。称名寺式初頭の称名寺Ⅰa式は胎土を除くと西日本の中津Ⅰ式そのものと言ってよいほどであるが，その類似性は，沈線の引き方，器面の仕上げなど，製品を外見で模倣するだけでは獲得できない土器つくりの際の手の動かしかたといったものにまで及ぶ[註105]。中津式の製作者たちが関東にやってきたことが確かなのである。

　その移動の時点を以て後期が始まったとみなすことになる。そしてその現象の大きな背景として，すでに述べたように中期に繁栄した関東や中部高地の安定が中期末に向かって凋落していたことが指摘できる。関東には衰退状況が広がっていたのである。ところが同じ中期末〜後期初頭に西日本のほうでは逆に大きな高揚があり，ここで天秤のバランスが逆転したらしい。青森県三沢市猫又（2）遺跡では，中間の宮城・岩手地域にも見られない称名寺Ⅰc式そのものがこの地域の後期初頭の土器に伴ったことが知られており[註106]，上記の動きの影響が西日本−関東間にとどまらないものであったことを示唆する。

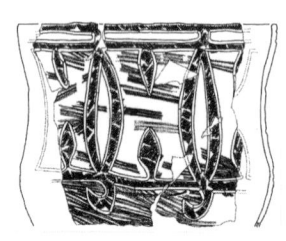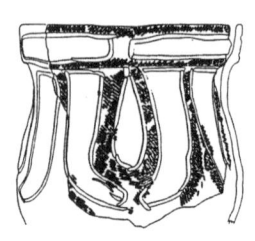

図28　徳島県矢野遺跡（左）の中津式と横浜市称名寺貝塚（右）の初期の称名寺式土器

図29 北海道礼文島船泊遺跡の土器（後期）
（礼文町教育委員会2000『礼文町船泊遺跡発掘調査報告書 平成11年度』）

　後期の以後の土器関係は短文では表現できない複雑なものになる。中期まで
では土器型式の影響関係が東日本と西日本それぞれの中で完結する傾向が強
かったのに対し，中津式の東進に典型的に見るように，両者を超えた影響関
係が強まる。一方的に西が強くなったわけではない。数段階に分けられる称
名寺式の後には，逆に関東の堀之内I式期の復活が著しく，近畿地方に進出
し，大きな影響を与える。その動きは関東の中の地域的集団が，小地域差を
保持したまま別々に近畿に到達したことを思わせる[註107]。また社会的背景
として東関東の千葉県や茨城県における貝塚文化の高揚が指摘できるが，こ
れについては第V部3-2「関東後期の地域間連鎖」で扱う。

　このような活発な土器型式の遠距離交渉を土台として，後期中葉には，類
似性がきわめて広範囲に及ぶ。加曾利B式類似の船泊上層式が北海道東
部[註108]や礼文島といった縄文文化のいわば縁辺部にまで広がる（図29）。一
方，西日本では縁帯文があって頸部下がくびれる，
東日本の主体的な器形とは異なるものが多くなる
が，九州でかつて西平式と呼ばれた土器の水平な
磨消縄文など，汎列島的なありかたで，広域の土
器類似性が出現する。南島はこの種の文様の圏外
ではあるが，伊波・荻堂式（図30）は口縁部と
その下の文様の位置などが西日本の後期とのつな
がりを暗示している。

　後期の近畿・中国・四国・九州は，遺跡と住居
址の発見数の増加において西日本縄文時代の画期
をなすが，この現象は近畿・中国・四国で先行し

図30 沖縄県室川遺
跡の荻堂式

て中期末に起こり，九州では後期に入ってからである。この上昇に伴うように，土偶，石棒など西日本にはそれまで少なかった儀礼用具が増加し，遺跡間で違いはあるが打製石斧なども非常に多い遺跡がある。これらの現象を雑穀の焼畑農耕で説明する仮説[註109]は古くからあり，多くの論者によって主張された。穀物の遺存体や稲のプラントオパールの検出も報じられたが，状況証拠からの立論という傾向が強かった。後期農耕論の有力な証拠とみられた「福田ＫⅢ式の籾跡」は，既述のように[註20]土器の接合によって弥生早期の突帯文期と変更され，後期農耕論の最有力な証拠が退場した。

　後述のように東日本，とくに東北地方北部と北海道で環状列石・周堤墓といった大規模な儀礼施設が発達するのも後期の特徴であり，その背景に存在したであろう社会規範の強まりが，類似の土器の製作と使用を要求したのかもしれない。土偶・石棒など宗教的用具の量的増加もこの時期の特徴である。

　これらについては第Ⅲ部②−5「儀礼用具」と③−3「墓と儀礼の場」で論ずる。

〔註〕

104）今村啓爾 1977「称名寺式土器の研究」『考古学雑誌』63 巻 1 号
105）鈴木徳雄 2011「称名寺式における異系統土器の共存」『異系統土器の出会い』同成社
106）三沢市教育委員会 2013『猫又（2）遺跡Ⅲ』三沢市埋蔵文化財調査報告書 27 集
107）山崎真治 2011「縄文後期の広域圏と異系統土器の共存」『異系統土器の出会い』同成社
108）鷹野光行ほか 1976『常呂チャシ南尾根』北海道常呂町
109）賀川光夫 1967「縄文晩期農耕の一問題―いわゆる扁平石斧の用途―」『考古学研究』13 巻 4 号

7 晩期

　文化はしばしば「発展」,「衰退」といった言葉で語られるが, その内容は質的な内容と量的な内容に区別する必要がある。東日本の土器や漆器の工芸的完成度は時期を追って高まることが認められ, 晩期に頂点に達するといってよい。「発展」の語にふさわしい。墓地における副葬品に見られる格差も地域差はあるが, 東日本ではほぼ時間を追って拡大するようである (註110)。社会が複雑になったことの現れである。

　儀礼的道具の多様化, 大量化も, 精神的な活動の発達と複雑化の表れであるが, 儀礼の盛行を進歩として肯定的価値で評価できるかは問題もあろう。生産や社会の行き詰まりを呪術で打開しようとしたのだ (註111) という見方もできる。

　次に量的な面はどうであろうか。地域ごとにかなりの違いがある。関東や中部高地といった日本列島中央部は, 後期後半以後衰退が続き, 晩期末にもっとも落ち込む。集落の数や発見された住居址の数が極端に少なく, 量的には衰退の時期なのである。集落や人口が少なくなっても技術は維持可能であり, さらなる発達もありうる。群馬県千網谷戸遺跡 (註112) で専業的に作られた土製耳飾は, 縄文の美術工芸の頂点といってもよい。原始時代に集落独自の特産品があったという事実は従来の歴史の常識では認めにくいものかもしれないが, 第Ⅴ部4 – 3「専業的生産」の節でとりあげるように, 関東の後期や東北地方の晩期の土器製塩など類例をあげることは困難でない。列島中央部の衰退は, 遺跡数の極端な減少として現れた。しかしそれは単なる減少ではなく, 数が減ってまばらになった遺跡群のなかに少

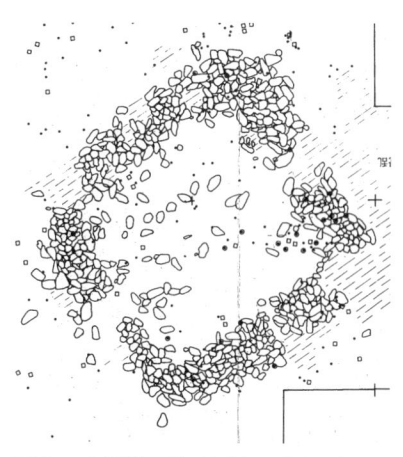

図31　方形配石墓 (東京都調布市下布田遺跡) (調布市教育委員会 1982『調布市下布田遺跡』調布市埋蔵文化財調査報告書 16)

図 32　亀ヶ岡式土器
（村越潔 1983『考古学ライブラリー 18　亀ヶ岡式土器』）

数の大きな集落の残存が見られる。人口減少の中で，残った人々が少数の地点に集中し，大集落の間に人のいない地域が広がるのである。東京都調布市下布田遺跡 [註 113] の帯状の配石で 6m 四方を囲った方形配石墓（図 31）の主はそのような集落の酋長であったろう。

　日本列島中央部の衰退は列島の縄文文化の北と西への二極化をもたらした。東北地方北部は，中期の土器群とともに縄文文化を代表する亀ヶ岡式土器（図 32）の中心地であり，北海道南部，東北地方南部，北陸地方などにもその亜系と言ってよい土器が分布した。搬出品は中国・四国地方に及び，交流の広さも示唆される。亀ヶ岡式土器は弥生土器以上に器形分化を示し，

緻密な彫刻的文様が器面を広く覆う。これは香炉形・注口土器・浅鉢において著しい。土偶・土面・土版・石棒・石剣など儀礼に使われたとみられる道具類が種類・量ともに増え，木・土器・籠などを芯にする漆器も縄文工芸の頂点に達する。問題は東北地方晩期の集落や住居址発見の少なさであ

図33 高知県居徳遺跡群出土木胎漆器(高知県立埋蔵文化財センター所蔵／写真提供：高知県立歴史民俗資料館)

る。遺跡数でいえば関東のように極端な減少ではないが，発見された住居址の減少は著しい。これは実際に数が減ったことに加え，立地の低地化によって集落が発見されにくくなったこと，さらには竪穴を伴わない掘立柱建物の普及等も重なって起こった現象ではないかと思われる。新潟県加治川村青田遺跡[註114] では川に沿う低地に掘立柱建物の柱根が残っており，確実性の高い集落の復元ができた。もちろん東日本で竪穴住居も検出されており，すべての住居が掘立柱建物になったわけではないのだが。

　西日本では近畿でも中国・四国・九州でも後期前半が一番の量的繁栄の時期であっただけに，それと比較すると晩期は一様に衰退の観がある[註115]。この西日本の地域では後期後葉に土器面から縄文が消え，文様も簡素になり，精製土器は黒色に焼き上げ，磨研した光沢で美しさを表現し，東日本の繁雑な文様の土器と対照的である。この対照的なありかたは，文様の簡素な西日本弥生土器に対する文様の豊かな東日本弥生土器や北海道続縄文土器の違いとして受け継がれる。西日本では後期に広がった土偶や石棒などの縄文的な呪術具も減少する。しかし工芸技術という点で高知県居徳[註116]遺跡の漆塗り木器のように西日本晩期のレベルを見直すべき発見もある（図33）。

　西日本晩期の前半が近畿地方の橿原式や南九州の黒川式の仲間であり，後半が突帯文土器の仲間であったが，後者に水田が存在することが明らかになり，「弥生早期」に組み入れられた結果，西日本の晩期は時間的に短くなった。乱暴な線引きになるが，北九州突帯文期の初頭と東北地方北部の砂沢式を斜

めに結んだ線がほぼ縄文時代と弥生時代の境界線になる。砂沢式には西日本の弥生前期の系統の土器が伴うから，東北地方の弥生時代は早期がなく前期からである。新しい問題として，中部高地では晩期末の浮線網状文土器にアワ，キビなどの圧痕の検出が増えており，稀にイネも存在するという[註117]。これらは先に弥生化した西日本の弥生早期からもたらされたものであろうが，雑穀がイネより優先して採用されたようである。稲作とは異なる形態の農耕が行われたとすると，豆類の栽培が確かになった縄文中期を含めて農耕の定義に影響を与えかねないが，ここでは浮線網状文を晩期末とし，水稲栽培を以て弥生時代の始まりとする従来からの扱いに従っておく。

　後期から見ると晩期の前半は停滞ないし衰退の時期であると述べた。九州でも遺跡数は減少するが，朝鮮から稲作農耕を受け入れつつあった玄界灘沿岸や近畿地方では集落数は増加する[註118]。かつて後期の高揚を農耕の開始段階とみる説があったが[註119]，確実な証拠からは成立し難く，弥生早期突帯文期の増加に稲作導入の成果が反映しているとみたほうがよい。

　強弱はあれ，日本全体に衰退傾向であった晩期の中で，東海地方西部だけに大貝塚の分布がみられ[註120]，愛知県田原町吉胡貝塚[註121]，渥美町伊川津貝塚[註122]のような数百体に及ぶ人骨の発掘された墓地遺跡もあるなど，上昇を思わせるが，そのような東海西部でも，住居址を伴う集落がわずかしか知られていないことが評価を難しくしている。このような東海西部で出た人骨では，それまでにも東西を通じて見られた抜歯の習慣が極限まで強まり[註123]，通過儀礼の際に次々に決められた歯が抜かれていった（175頁図103参照）。社会的規範の厳しさを示唆する。春成秀爾の分類による「4I系」（抜歯進行の第2段階で下顎4切歯を抜去する）の抜歯を受けた人の中から選ばれて行われた叉状研歯（175頁図104参照）は，上顎切歯に縦の刻みをいれるもので，酋長かシャーマンといった特殊な身分を示唆する。

〔註〕
110）岡村道雄 1993「埋葬にかかわる遺物の出土状態からみた縄文時代
　　の墓葬礼」『論苑　考古学』天山舎
111）藤本強 1983「墓制成立の背景」『縄文文化の研究』9　雄山閣
112）桐生市教育委員会 1980『群馬県桐生市千網谷戸遺跡発掘調査報告』
113）調布市教育委員会 1982『調布市下布田遺跡』調布市埋蔵文化財調

　　査報告書 16

114)新潟県教育委員会・㈶新潟県埋蔵文化財調査事業団 2004『日本海沿岸東北自動車道関係発掘調査報告書』Ⅴ（青田遺跡）新潟県埋蔵文化財調査報告書第 133 集；新潟県埋蔵文化財事業団 2002 シンポジウム「よみがえる青田遺跡」『川辺の縄文集落』

115)林潤也 2011「九州の縄文集落と地域社会」『季刊考古学』114 号

116)高知県文化財団埋蔵文化財センター 2001 ～ 2004『居徳遺跡群』Ⅰ～Ⅵ

117)中山誠二編 2014『日韓における穀物農耕の起源』山梨県立博物館

118)水ノ江和同 2013「北部九州」『講座日本の考古学』

119)研究史については田中聡一 2013「九州と韓半島」『季刊考古学』125 号

120)長田友也 2011「東海の集落・墓と地域社会」『季刊考古学』114 号

121)斉藤忠 1952『吉胡貝塚』文化財保護委員会

122)伊川津貝塚編集委員会 1972『伊川津貝塚』

123)春成秀爾 1979「縄文晩期の婚後居住規定」『岡山大学法文学部学術紀要』40 号（史学篇）

　ここまで，北海道から沖縄本島までを縄文文化の範囲として記述してきた。しかし稲作文化の到来はそれまでの文化圏の分布を一変させた。稲作は気候を主たる原因として北海道には伝わらず，いったんは津軽半島まで広がったものの，無理があったのか岩手−秋田の線まで後退し，以北の部分が続縄文──のちに蝦夷そしてアイヌの文化圏となる。土器の上では続縄文に縄文と波状口縁（図34）が長く残ることが重要である。

　沖縄でも弥生とは別の「南島後期先史文化」[註124]の分離が見られる。のちに先島地域まで含めて琉球王国と琉球文化が形成される範囲である。温暖な沖縄に稲作が広まるのが遅れた理由は，何といっても小河川しかなく，水田にできるような沖積地の広がりがなかったためであろう。台風襲来の高い頻度も関係しよう。縄文文化の範囲から北と南の地域が分かれ，狭くなった弥生の文化圏は，以後も北の地域や南の地域との交流や対立，境界線の移動はあるものの，基本的に江戸時代まで続く（図35）。明治時代に蝦夷地と琉球王国の日本への併合が行われ，現在と同じ範囲が日本の領土になった。以後の帝国主義的な領土拡大によって縄文文化が分布した地域の外に広がった部分は敗戦によって失われた。

　千島列島南部は奄美・沖縄諸島が九州から続くのと同様に，北海道からの延長上にある縄文

図34　続縄文土器（東京大学文学部 1985『栄浦第一遺跡』）

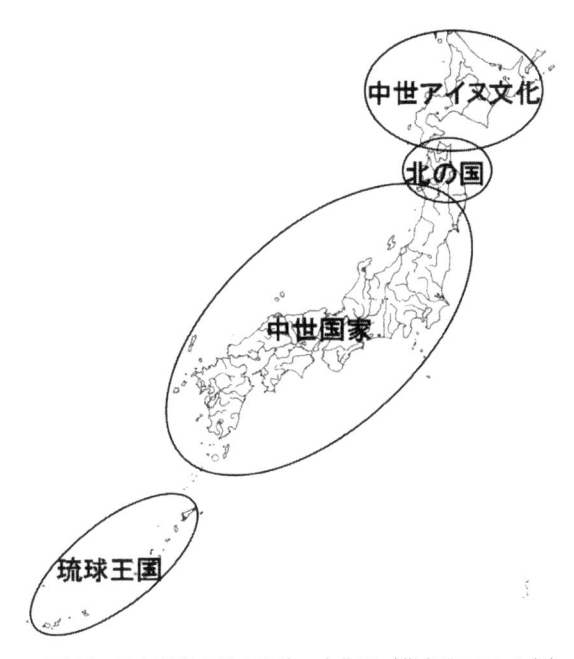

図 35 日本列島中世の政治・文化圏（藤本強 2009 より）

文化の範囲であったが^(註 125)，現在でもロシアが占拠し続け，考古学的調査
は極端に遅れている。

〔註〕

124）かつては沖縄諸島で縄文時代に並行する部分を「貝塚時代前期」，
　　縄文時代より後になる部分を「貝塚時代後期」と呼ぶことが普通で
　　あった（貝塚時代に替えて「沖縄新石器時代」，「先史時代」も用い
　　られた。）が，「貝塚時代前期」に九州の縄文文化につながる要素が多々
　　認められるようになると，そのつながりと，沖縄の独自性を合わせ
　　て表現するため，「縄文時代並行期」あるいは「南島縄文文化」の名
　　称が提唱され，「貝塚時代前期」の語はあまり用いられなくなり，「貝
　　塚時代後期」だけを用いるのもちぐはぐになってきた。高宮廣衛「南
　　島文化概論」1982 年（『縄文文化の研究』6）では，「沖縄諸島に展
　　開した先史土器文化」（＝南島文化？）を縄文時代に対比される「前
　　期」と弥生時代及びそれ以降に対比される「後期」と仮称するとした。

　　1992 年には「縄文時代」と次の「うるま時代」としたが「うるま時代」の用語は定着しなかったようである。「貝塚時代後期」に替えて「南島文化」を用いるのも一案であるが，「南島文化前期」や「南島縄文文化」との区別が不明瞭になる。そこで「縄文時代並行期」より後，グスク時代の前までを「南島後期先史時代」と呼ぶのがよいのではないかと考える。文脈から南島の話であることが明らかな場合には，「後期先史時代」と短く呼んでもよいであろう。

125) 宇田川洋 2001（註 41 に同じ）

Ⅲ．物質文化

1 残りやすさの問題

　文字記録がまったくない縄文文化は，残された遺跡・遺構・遺物といった物質資料を通して認識される。それらの資料を組み立てて直接見えない社会や思想といったものを復元することもさまざまに試みられている。縄文時代についてはたった一人の個人名も知られておらず，個人の活動は非常に見えにくい。

　遺跡で発掘される遺物は大きく自然遺物と人工遺物に分けられる。自然遺物というのは動物の骨や貝殻，木の実の殻のように，とくに人によって作られたものではないが，当時の人々の食料や生活のありかたの証拠となりうるもので，花粉や火山灰のように，人間と直接かかわりがなかったものでも，人間をとりまいた環境を復元する手がかりを提供する。具体例として，愛知県先苅における海没した貝塚の自然遺物による研究成果について上述した。

　物質資料には残りやすいものと残りにくいものがあり，まったく残っていないものもあることを忘れてはならない。たとえば縄は縄文の原体（文様を付けるための道具）として普遍的に使用され，物の結縛になくてはならないものとして縄文人の身辺にはありふれた品物であったはずだが，実際に検出されたのは全国でも 10 遺跡ほどにすぎない^{（註 126）}。

　有機質は残りにくく，とくに木や草の葉や茎，根茎，動物の皮，肉，腱（もっとも強い紐になる）などの検出もきわめて困難である。雨は降ってくるときに炭酸ガスの影響で弱酸性になり，炭酸カルシウムからなる物質を伝って浸みこむときにゆっくりとそれを溶かす。そのため日本のように雨の多い地域では骨・角・貝などは残りにくく，貝塚のように貝の炭酸カルシウムで土壌がアルカリ性になっている場所や，洞穴のように雨が当たらない場所でないと残ることは少ない。水に浸かっていると腐りやすいのではと思うのが普通の感覚だろうが，動かない水は酸素を遮断する効果があり，植物質の遺物，貝・骨・角の遺物も沼地のように流れない水に漬かっていると残ることがある。低湿地遺跡とか泥炭地遺跡と表現される。早期の佐賀県東名貝塚^{（註 127）}，早期～中期の滋賀県粟津貝塚^{（註 128）}，前期を主とする福井県鳥浜貝塚^{（註 129）}などは低湿地と貝塚という 2 つの保存条件が重なっていたため遺存した遺物の

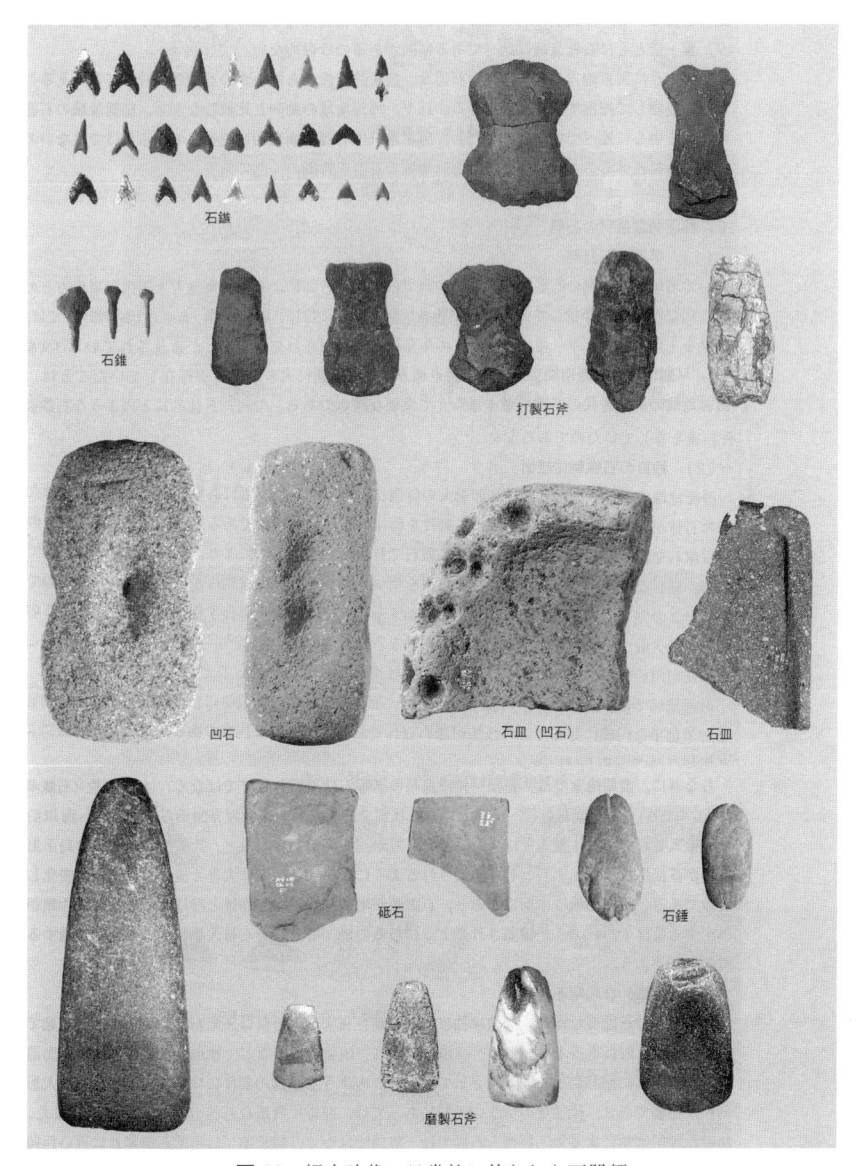

図 36　縄文時代の日常的に使われた石器類
〔写真提供：千葉県文書館（『千葉県の歴史　資料編　考古 4』399 頁より〈撮影者：三浦輝与史〉）〕

種類が多彩である。後期の北海道忍路土場遺跡^{（註130）}，晩期の青森県八戸市是川遺跡^{（註131）}などの低湿地遺跡も保存条件の良さで知られ，忍路土場からはキノコのようにきわめて残りにくいものも検出されている。

それらに対して石製品（図36），土製品など無機質の物質は残りやすい。失われた部分が少ないため数量的な情報も与えてくれる。ただし量比は一定時間かかって蓄積したものであるから，たとえば粗製土器のように壊れやすくどんどん捨てられたものは，ある同一期間内に使用されていた別種の土器の比率よりも多く残っていることに注意する必要がある。

広く遺構と呼ばれる建造物の跡も，竪穴住居のように大きな掘り込みを有するものは検出しやすいが，掘立柱建物のように小さな柱の並びだけしか検出できないものは，存在にも気が付かれないことがある。しかしどこかの遺跡でそのような建造物が縄文時代にも存在したことが知られ，報告されると，他の調査者たちも同じものがないか注意しながら発掘するようになるので，次々に類例が検出されるようになることは考古学では珍しくない。

我々は縄文時代に使われた物質や道具や遺構のごく一部しか見ていないのだということをいつも意識しながら縄文時代の全体像をとらえなければならない。

〔註〕

126）小薬一夫 2008「なわと縄文」『縄文時代の考古学』7巻　同成社
　　　近年漆が塗られたことによって遺存した繊維製品の例が増えている（小林克 2005「縄文時代の特異な繊維製品」『季刊考古学』91号）。

127）佐賀市教育委員会 2006・2008『東名遺跡群発掘調査概要報告書1』『東名遺跡：第2次調査の概要』

128）滋賀県教育委員会 1984『粟津貝塚湖底遺跡』

129）福井県教育委員会 1979 〜 1984『鳥浜貝塚—縄文時代前期を主とする低湿地遺跡の調査』1 〜 4

130）種市幸生・三浦正人ほか 1989『忍路5遺跡』北海道埋蔵文化財センター

131）保坂三郎 1972『是川遺跡』中央公論美術出版

② 道具

　縄文時代の道具は材質・製作技術・形態などと，推定される用途を組み合わせて分類される。たとえば「打製石鏃」は石を材料とし，打ち欠いて作られ，矢の先端に付けられて狩猟に用いられた道具ということである。分類するとき，材質による分類は確実で，失われた材料の問題や資源の使い分けを意識させる効果もある。製作技法も遺物自体に痕跡があるから確実である。しかし用途の推定は確かなものから不確実なものまであり，その解明自体が考古学の課題になっているものも少なくない。打製石斧の主たる用途が土掘り具であることはほぼ了解を得ているが，掘る目的や対象が何であったのかと推理を進めることは縄文時代の本質にまでつながる問題にかかわる。自然の根茎類の採取用具なのか，栽培のための農具なのかによって縄文時代観にまで影響が及ぶ。材質と製作技法での分類にとどめておけば不確定要素は少ないので，発掘報告書では，そこまでの分類に従って書かれることが多いが，実は用途こそ縄文人の生活復元に直結する要素であり，本書では少なからず不確実性が含まれることを承知のうえで，用途別を分類の基本におき，大きく「食料の獲得と生産のための用具」・「加工具」・「生活一般の道具」・「衣服と装飾品」に分けて見ていきたい。これに非実用的な「儀礼用具」が付け加わる。

1. 食料の獲得と生産の用具

（1）狩猟具

　狩猟に用いられた石器には石槍，石鏃があり，弓や矢も検出されている。

　石槍は時期として土器出現期と草創期，地域的に北海道・東北地方[註132]以外では少ないが，鏃（矢じり）は土器出現期を除いた縄文時代を通じて普遍的な道具であり（図37），石製のほかに骨・角・牙製のものもあるが，発見頻度は石製のものよりずっと少ない。弓の実物は低湿地遺跡で相当数見つかっており，漆を塗った飾り弓もある。材質[註133]の種類に変化があるが，硬く弾力のあるカヤが多い。小樽市忍路土場ではすべて北方に多いハイイヌガヤと同定されており，南下するとイヌガヤが多く，西日本にカヤが多いの

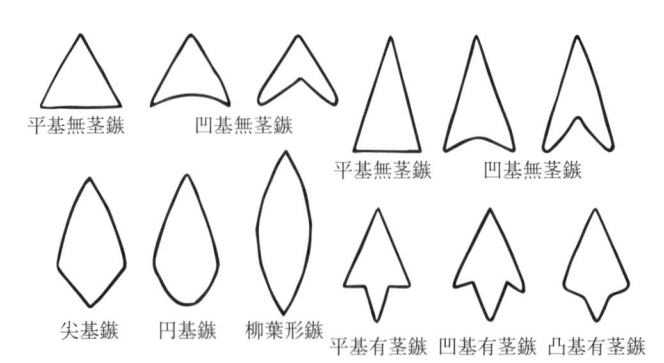

図37 赤堀英三による石鏃の分類
（赤堀英三 1929「石器研究の一方法」『人類学雑誌』44-3）

は，気候と樹種の関係であろう。桜の皮を巻いたり漆を塗ったりした飾り弓にはニシキギが多く用いられた。ほかに弓の弦かけと想定されている彈形角製品があるが，弓に着いて出たことはない。

　石鏃は大きく有茎と無茎に分けられる。三角形は無茎の一種，菱形は有茎の一種となる[註134]。草創期の有茎（有舌）尖頭器は投げ槍の先とみる人が多いが，有茎尖頭器と小型の石鏃は草創期の初めから作り分けられて共存している。有茎尖頭器も鏃として使えないわけではないであろう。弓矢という飛び道具がいつから使われるようになったのかという重要な問題にかかわる。長野県諏訪湖底の曽根遺跡からは草創期爪形文期に属する，長脚鏃という基部からの湾入が深い鏃が大量に得られている。無茎鏃の基部がU字形に湾入する鍬形鏃と呼ばれるものもあり，早期押型文土器期に多い。打製で作って平面的に高い部分を磨いて低くした局部磨製石鏃は出現頻度の低い種類で，早期の押型文土器期に多いが，関東の後晩期にもあり，九州でもいろいろな時期にある[註135]。有茎鏃は北海道や東北地方の前期から現れるが，列島中央部に広がるのは後期からである。

　弓に比べるとなぜか矢の実物の発見は少ない。矢の軸部分が残っていた稀な例として，北海道恵庭市ユカンボシE11遺跡の中期の大型竪穴の床面から検出された例がある。この石鏃は有茎で，軸材はノリウツギ，基部に近いほうに間隔をあけて細紐を巻きつけた跡があり，2枚の矢羽根を固定していたと推定されている[註136]。鏃を柄に固定するのに根ばさみという先が2又に分かれた骨角器が用いられることがあった。後期からあり，晩期に増える。

矢柄研磨器^(註137)という平面に溝のある石を2つ合わせて矢の軸を磨いて滑らかにする道具が草創期の一部に見られ，縄文時代の始まりを紀元前2500年とする山内清男の短期編年説の論拠となったが，北海道東部では縄文時代のいろいろな時期に存在するようで，とくに石刃鏃に伴うものが注意される^(註138)。縄文人が狩猟のために掘った陥し穴は「遺構」の章で取り上げる。長崎県対馬の佐賀貝塚の「鹿笛」は民俗資料からの類推であるが，事実なら鹿呼び狩猟法の証拠として興味深い^(註139)。

(2) 漁撈具

　縄文人は漁撈の方法として，ヤス，銛による刺突，釣り，網漁，川に設置した簗（魞）など，多様な道具と方法を用いた。石器時代としては世界有数の多彩さであったろう。

　柄に固定され，ヤス先が柄から離れない刺突具がヤスであり，獲物に刺さると柄から離脱し先端だけが獲物の体内に残り，それに結縛された紐が漁師の手元に残るようになっているのが銛である。従って銛には紐を結びつけるための穴か突起か刻みがなければならない。穴はそのためのものだと容易にわかるが，突起や刻みは紐（索綱）を結びつけるためのものだったのか，ヤス先として柄に固定し緊縛するためのものだったのか判断しにくいものがある。このように定義すると銛の対象には大型魚だけでなくさまざまな海獣が含まれることになる。

　銛は銛頭と柄の結合法によって大きく3つに分類される。まず銛頭の基部が尖っていて，柄の先端に彫られた穴に挿入される雄型と，銛頭にソケット（窩）と呼ばれる部分があり，そこに柄の先端を挿入する雌型に二分される（図38）。

　雌型では銛頭本体の大きくはないソケットに柄を挿入するため，柄の先端を細く削るか，中柄という細い棒を柄と銛頭の間に入れて結合することが必要になる。中柄は銛先が獲物に深く刺さる効果も有していた。

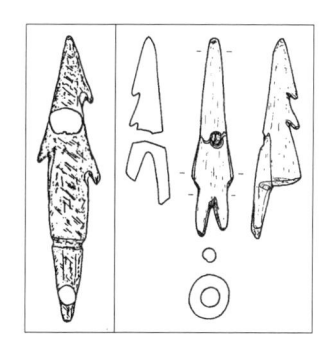

図38　雄型と雌型の銛頭
（高橋健 2008『日本列島における銛猟の考古学的研究』）

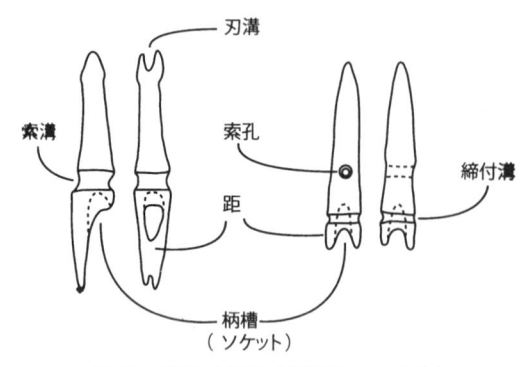

図39 閉窩式銛頭（高橋健 2008 より）

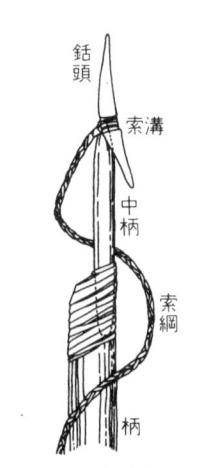

図40 開窩式銛頭の想定される着柄法（大塚和義 1966「挟入離頭銛」『物質文化』7）

　雄型銛頭の場合には中柄はないが，雌型では銛頭と中柄を仮止めする仕掛けが必要になる。その仕掛けによって雌型銛頭は閉窩式と開窩式に分けられる。閉窩式は中柄の先端を銛頭基部に穿たれたソケットに挿入するもので，ソケットは一周が閉じている（図39）。開窩式はソケットの断面が半月形で片側が開いた溝の形で，そのままでは中柄を固定できないので,中柄とソケットを一緒に紐（ベルト）を巻いて固定する（図40）。

　銛の分類は，上記3分類を基本に，先端に石製の銛頭をはさむ2又があるものと銛頭の先がそのまま尖端になるものの区別，材料が海獣の骨か鹿角かという区別，逆刺の有無・数・位置の区別，索綱をつける装置が穴か溝か突起かなどの区別の組み合わせによって細かく分類されることになる。また縄文の銛頭は弥生時代や古墳時代の銛頭に，北海道では続縄文や擦文の銛頭やアイヌの「キテ」へつながっていくので，時代を超えたすべての銛を簡明に分類することは難しい。

　ところで縄文時代の漁撈具研究の大家，渡辺誠は，柄と先端の部品が外れるようになっていたかどうかを個々の事例について判断することが難しいとして，逆刺のあるものを銛頭，ないものをヤスと外形で機械的に定義したが[註140]，彼は続いて銛には柄に固定された固定銛（普通これをヤスと呼ぶ）と，柄から外れるようになっている離頭銛（普通これを銛と呼ぶ）の2種類

があり，この離頭銛の発達したものが「回転式離頭銛」で，手元に残った紐を引いたときに1端に引く力がかかり，銛先が獲物の体内で半回転して紐に対して横向きになり，抜けにくくなるしくみだと説明している。

　ところが「回転式離頭銛」の1種として渡辺が分類する「一王寺型」は，彼も言うように逆刺のないものが多いので，逆刺の有無でヤスと銛を区別する定義の出発点にもどってしまうことになる。

　漁具の違いの理解としては，ヤスと銛の根本的な使用法の違いを基本に設定すべきであろう。索綱を固定する孔や中柄を緊縛する溝のような装置があるものは銛頭と見てよいし，さらに身の形が反り返っていたり，意識的に上下非対称に作られたりしたものは，回転を意図した銛頭であった可能性が高い。しかし失われてしまった柄や中柄と銛頭との固定法を見ないで，先端部の形だけで頭部が離脱するようになっていたか，あるいは回転式の銛頭だったかを判断するのが難しい場合があることも認めなければならない。そして回転式といっても腹部のような軟部に刺されば回転するが，筋肉など硬い部分では回転しない[註141]。

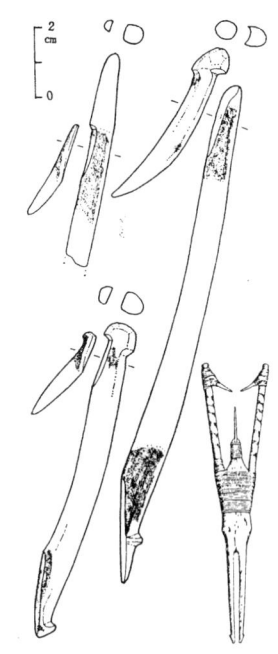

　縄文人も地域によって，また異なる獲物に対し，工夫と改良を加えていった。開窩式銛頭は北海道や東北地方北部に早期からあるが，北海道でアザラシ・アシカ・オットセイ・トドなどの海獣を主な対象にし，海獣の骨（とくにカーブのある肋骨）を材料にした結果と考えられている。開窩式でも時期が下ると鹿角製が増え，とくに閉窩式や雄型では鹿角製で複雑な形のものが作られた。銛の特別に発達した形態を北海道伊達市有珠貝塚など続縄文期の銛に見ることができるが，回転式のものと回転式でないものがあり，装飾を加えたものまである。先端を2又の根ばさみ状に作り，

図41　宮城県田柄貝塚の組合せ式ヤスと参考になる民族例（山田昌久1992「貝塚と貝塚に残された道具」『季刊考古学』41）

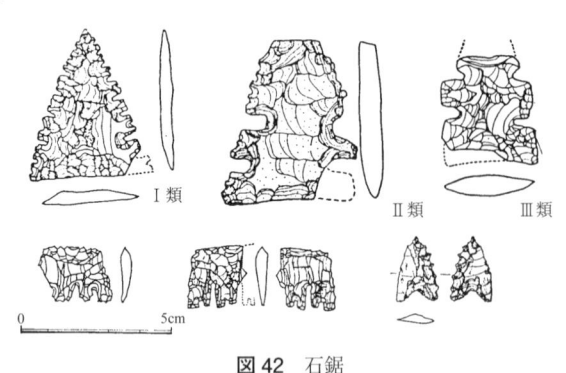

図42 石鋸

（山崎純男 1988「西北九州漁撈文化の特性」『季刊考古学』25）

石製の刃を付けるものは前期から見られるが，後期から増えた。

なお柄に固定して用いたヤスにも部品を組み合わせて対向するカギ形に作り，獲物から抜けないように工夫したものが知られ（図41），東北地方と関東に分布する[註142]。

九州北西海岸も漁撈具の発達した地域であるが，後晩期には石鋸（図42）と呼ばれる鋸歯状の刃を持つ石器が知られる。これは出土する遺跡の海に近い立地から見て組み合わせ式のヤスの先で，魚に刺さった時に抜けにくいように，刃を意識的に鋸歯形にしたものとみられる[註143]。

縄文の釣針（図43）は小さいものでも長さ3cmと相当に大きく，釣りで小魚を捕獲することはあまりなかったらしい。釣針の材料も当時入手できる一番丈夫な材料である鹿角が多かったが，角の枝分かれの部分を利用しても，大きさには制約があるため，いくつかの材料を組み合わせて作ることも行わ

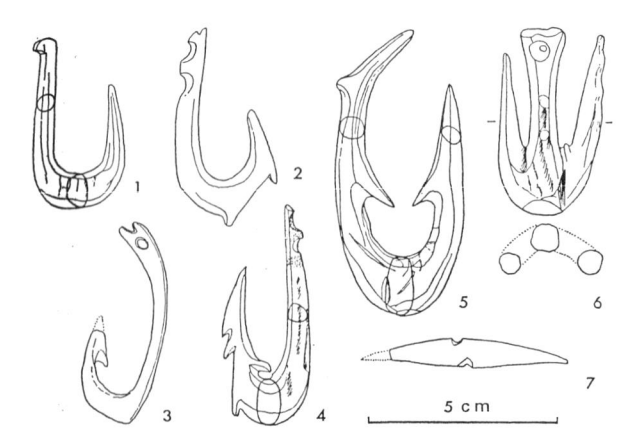

図43 各種の釣り針（渡辺誠 1988「縄文・弥生時代の漁業」『季刊考古学』25）

れ，結合式釣針（図44）と呼ばれる。部品の一部をイノシシの牙で作ったものもある。地域と時期によってさまざまな形が工夫されたが，詳細は他文献に譲る[註144]。

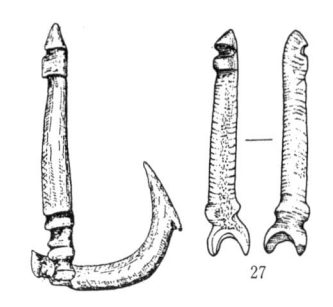

図44　結合式釣り針
（金子浩昌・忍沢成視 1986『骨角器の研究Ⅱ』）

　網も比較的小さな魚を捕るために多用されたとみられるが，繊維製品であるだけに実物[註145]の発見はほとんどない，錘に使った石錘と土錘だけが大量に見つかっており，網を編むのに近年まで使われていた網針によく似たものが縄文時代にも存在した（図45）[註146]。

　土錘は土器片を四角か楕円形に加工し，両端に刻みをいれたものから始まり，粘土で紡錘形に作って溝をつけてから焼き上げた土製品，つまり初めから土錘を目的として作られた専用品も後期以降使われた。

　石錘には扁平な礫の両端を打ち欠いてえぐりをつけて糸かけにしたもの，尖った石でこすり，端に刻みをいれたもの，全周を回る溝をいれたものなどの変化がある。打ち欠き礫石錘は早期の函館市中野B遺跡の数万個から後期の三重県贄遺跡[註147]など海岸部遺跡での集中的出土例が多数あり，漁撈具であることは疑えない。秋田県八木遺跡[註148]では紐を巻き付けるときに接着に使われたアスファルトの付着した打ち欠き石錘・切れ目石錘数百点が検出されている。打欠石錘は土錘や切目石錘などより重いものが多いが，海に近い遺跡では内陸の遺跡より重いものが多いという傾向もあり，水の流れの速い場所や，海底の石や砂の状態によって使い分けられたのかもしれない。

　渡辺誠は打欠きの「礫石錘」は網の錘ではなくアンギンという荒い編み物を織るのに使った錘だという[註149]。しかし上記のようにこの種の石錘が海岸に近い遺跡から多く見つかる傾向が顕著であるだけでなく，アイヌの民俗例のアンギンの錘は細長い石に糸を結びつけたもので，内地古代の竪穴住居からそのような石が固まって出ることもあり，ア

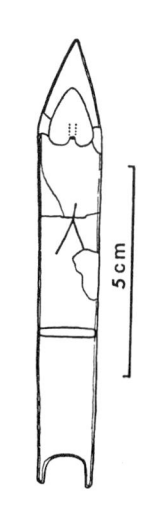

図45　編網具
（楠本政助 1965「大洞BC式に伴った角製網針について」『石器時代』7）

ンギン用説には従えない。

　銛や釣針といった大型魚を対象とする漁撈具は，三陸沿岸や長崎県・佐賀県のリアス式海岸地域での発見が多い。そのような地形のところでは外洋性大型魚が陸に近づきやすく，丸木舟を漕ぎ出す漁撈も行われたのであろう。これに対し網漁の対象になったとみられるイワシやアジなどの小魚の骨は縄文海進で生まれた浅い入り江近くの貝塚で多く見つかる。中期の茨城県美浦町大谷貝塚[註150]では土器片錘 1300 あまりが出ているが，同時に出土した魚骨の大半はマイワシであった。

　軽石製の浮きも釣りや網の浮きであったろうが，残っていない木製のものが多くあったかもしれない。

　その他既述の弭形角製品の一部，上下に穴が貫通するものについて浮き袋の口[註151]ではないかという説が坪井正五郎によって唱えられたことがある。銛が刺さった獲物が潜って逃げるのを防ぐエスキモーの皮袋からの類推であるが，現在ではあまり支持されていない。

　縄文の漁撈は道具・地形・魚骨を合わせて総合的に解明する必要があるし，季節的に回遊し漁期の限られる魚は，ハマグリなど二枚貝の成長線から見た採集季節の判定[註152]とともに人がその集落に居住した季節を判定するための情報を提供する。

(3) 採集具

　木の実，根茎類，山菜などの植物質食料の採集は食料獲得手段として大きな比重を占めたとみられるが，特徴的な道具をあまり必要としない。佐賀県の早期の東名遺跡[註153]では湿地に掘りこまれたドングリ貯蔵用の穴が多数発見され，湿地であるため，中に籠が遺存するものが数多くあった。この遺跡によって縄文の籠編みの知見が非常に豊かになったが，同じようなものが採集にも用いられたことは想像に難くない。

　土掘りが主な用途とみられる道具に打製石斧がある。大山柏は中部日本中期の大量の打製石斧を農具と見て，縄文農耕説をとなえた[註154]。まだ弥生時代が稲作農耕の時代と判明する前のことである。近年縄文時代のダイズ類の栽培が確実になったことを受けて，再び農具説が提出されている[註155]。しかし打製石斧の存在量と時期は偏在的で，ダイズ類の利用地域と重なるか

どうか検討されなければならないであろう。長野県の伊那谷などに多い東日本の弥生時代の石鍬[註156]は，大きさや刃の幅からみても陸耕用具であることが納得できるが，縄文の打製石斧とは形がかなり違う。ヤマイモなどの根茎類[註157]には掘り出すのに相当な手間のかかるものがある。先端を尖らせた木製の掘棒のほかに打製石斧を結びつけたものが用いられたであろう。京都府桑飼下遺跡[註158]は砂質土が堆積した自然堤防上の遺跡で，多数の打製石斧が発掘されたが，砂に掘りこむときに付いたタテ方向の擦痕が顕著で，その用途が確かに土掘りであったことを示している。擦痕の方向からいって，鍬のように柄と直角ではなく，掘り棒として柄の先にまっすぐ固定されたことがわかる。

2. 加工用具

(1) 磨製石斧

　磨製石斧という名は樹木の伐採用具を思わせるが，磨製石斧には大小のものがあり，さまざまな加工に用いられたに違いない。斧には柄の長軸に対して刃が直交方向になる横斧と平行方向になる縦斧がある[註159]。正確なところは木柄が出ないとわからないが，神子柴文化の丸のみや片刃石斧はまず間違いなく横斧で，縄文時代の斧の多くは両面が対称であるから縦斧が普通とみられる。

(2) 石匙 （図46）

　石匙という変わった名前は江戸時代の古物収集家が「天狗の飯匙」と呼んだことに始まる打製の石器で，もちろんその名通りの用途ではなく，皮や骨，繊維などさまざまな物質の細かい加工に用いられたのであろう。紐をとりつけたとみられるつまみ部分と長軸の位

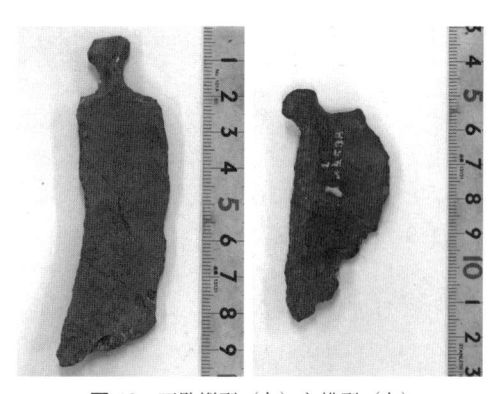

図46 石匙縦型（左）と横型（右）
（オランダ民族学博物館 シーボルトコレクション）

置関係から，縦型と横型がある。イノシシの牙を磨いて刃をつけた牙斧も加工用具であろう。そのほか切削の道具として用いられた，鋭い割れ口に使用痕のある剥片も広く検出されている。めだたない道具であるが，貝殻の縁辺を刃にした貝刃という道具もある。

(3) 石錐

　石錐も普遍的な加工具であり，皮などの穴開け，縫い合わせが主な用途であろう。

(4) 縫い針

　縫い針としては骨角製で一端が尖り，他端に穴または糸懸け溝があるものがある。

3. 生活用具

(1) 食物の調理と食器など

　木の実など食料原料の粗割りや粉末化に用いられた石器に叩き石・磨り石・石皿・凹石・多孔石 (註160) があり，新潟県長岡市岩野原のようにパン状炭化物が乗せられた状態で出土した例 (註161) もある。

　貯蔵には籠や土器が，煮炊きに土器が用いられた。土器の形は草創期・早期は単純で，ほとんど同じ形の深鉢に大小があるにすぎない。底の形には尖底・丸底・平底があるが，1960年ごろまで尖底が古く，平底が新しいと単純に考えられていた。草創期末の室谷下層式 (註162) は隅丸方形の平底という特殊な形で，この型式の古さを疑わせる原因にもなったが，以後尖底と平底の関係がけっして単純なものではないことが明らかになった (註163)。

　早期は全体的に尖底が優勢で，とくに貝殻沈線文系の段階には極端な尖底が多い。これは煮炊きのために炉の灰に突き立てる目的の形とみられ，土器の主たる用途を示唆する。早期撚糸文系土器から貝殻沈線文系土器の大型の竪穴住居中央に四角い掘り込みを有する例が増え，囲炉裏のように灰が入れられていたとみられる (註164)。この施設の出現とともに土器は丸底と表現すべき形から次第に極端な尖底へ移行する。

　南九州の早期では前平式・吉田式から賽ノ神式に至るまで平底が普通で，

円筒形，角筒形といった特殊な器形も多くあるだけでなく，後半には壺形やミニチュア土器まであり，縄文土器の器形変化の従来の常識を完全に覆した[註165]。

　北海道東部でも早くから平底が普及している。関東で平底が普及するのは早期後半の鵜ヶ島台式であるが，東海地方では尖底が続き，その影響で関東早期末の打越式や神之木台では尖底に戻る。平底が安定的に普及するのは関東では花積下層式，東北や東海では少し遅れるが，以後も縄文時代を通じ加熱を主目的とする粗製土器や製塩土器には尖底に近いものがある。

　前期からは盛り付け用とみられる浅鉢が出始め，液体を注ぐのに向く注口を有する土器もあるが，ずっと続くわけではない。

　中期になると浅鉢はより一般的になり，ランプとみられる香炉形土器，太鼓説もある有孔鍔付土器，土器製作用の器台，小型のミニチュア土器など生活の用途に応じてさまざまな形が作り分けられるようになる。

　後期には広い地域で文様の豊かな精製土器と実用重視の粗製（並製）[註166]の分化が認められ，小型で優美な文様に飾られた注口土器が目を引く。注口土器が磨製石斧や黒曜石の貯蔵に用いられた例もある[註167]。千葉県古作貝塚で32個の貝輪を入れて蓋をした2つの土器[註168]のように，はじめから特定の目的で作られた土器は珍しい。

　晩期亀ヶ岡式における器形分化はいっそう著しく，名称の区分に困るほどになる。後期から増えてきた球形の胴部と細い頸を有する壺形がさらに安定した存在になり，一定の比率を占める。

　スプーン形土製品というものが知られているが，一般的な食事用具とみるには出土例が少なすぎる。東北地方と新潟に巻貝形の土製品があるが，水を飲むような目的で使われた貝殻を土で写したのかもしれない[註169]。縄文に銘々皿はないと佐原真はいうが，晩期の皿や浅鉢にはそれにふさわしい大きさのものもある。

(2) その他の生活用具

　発火具としては，鉄のない時代に火打石は使用できないので，木を磨り合わせる方法が用いられたに違いない。北海道小樽市の忍路土場遺跡から縄文時代後期の火起こし道具のセット（火きり棒と火きり板）が出ている[註170]

図47 火切臼
(北海道埋蔵文化財セン
ター 1989『小樽市忍路
土場遺跡・忍路5遺跡』)

が（図47），実例は意外に少ない。

交通の道具として丸木舟と櫂の発見例はかなり多い。小林謙一は北海道から沖縄まで117例の丸木舟をリストアップしている[註171]。完存品では長さ7〜8mに達するものがあり，内側が焦げているのは焦がしながら刳りぬいた結果である。帆や舵が装着されたものは知られていない。

4. 衣服と装飾品

(1) 編布

縄文時代の衣服として編布（アンギン）というものが用いられたと言われて久しい[註172]。編布は布のようにヨコイト（緯）とタテイト（経）を直角方向に交差させながら織るのではなく，ヨコイト1本をタテイトが巻き，次のヨコイトに進む編み方をする。われわれに身近なものとしてはスダレやムシロの一種の編み方に近いと言えようか。タテイトが巻き付きながら進むためヨコイトの間に隙間ができやすく保温が悪い。近年の民俗例で野良作業に編布が着用された例が知られており，縄文後晩期を中心に遺存体や圧痕が知られている[註173]。敷物や袋にされたことは確かであるが，今のところ衣服の形をしたものは知られていない。このことは遺存体がほとんどない毛皮も同様であり，縄文の衣服についてはわからないことが多い。土偶の体部表現に衣服や髪型を読み取ろうとする試みもある。土偶は土器文様を応用した象徴的な表現が多く，どこまで写実なのか判断に迷うが，埼玉県後谷遺跡例のように確かに耳飾や飾り櫛を付けた姿を表現したものもあるので（図48），可能かもしれない。土器をあれだけ文様で飾り立てた縄文人であるから，衣服にも装飾を加えたであろうし，刺青も行われたかもしれない。縄文原体のさまざまな撚り方を見ると，髪も結い上げていたとみたいが，証拠はない。

縄文時代の身体装飾品としては，石・貝・骨角・土製・植物製・繊維製

品のものがあり，ヒスイ，コハク，オオツタノハ貝のように産出地がきわめて限定されるものも含まれる。形で分けると玦状や滑車形の耳飾，大珠・小玉類，「石器時代勾玉」を含む玉類，ペンダント，腕輪，櫛，ピン類，腰飾などさまざまなものが知られており，単なる装飾という意味だけでなく，地位や身分の表示という意味を持つものがあったとみられる。縄文の勾玉は弥生時代勾玉のもとになったという意見が強く，さらにその起源はイノシシやクマの牙にあると坪井正五郎は考えた。

図48　埼玉県後谷遺跡のミミズク土偶（写真提供：桶川市歴史民俗資料館）耳飾と飾り櫛を付けている。

　このような装飾品は時代別を基本にして，材質，製法，装着方法，さらに装着者の性別，年齢，身分などさまざまな視点からの検討が行われており，ここですべてを尽くすことは難しいので，代表的な種類を取り上げるに留めたい。

(2) 腕輪

　腕輪には木製漆塗りのもの，貝輪を模したとみられる土製品も知られているが，発見されているものの多くは貝製の貝輪である。二枚貝，アカニシなどの巻貝に穴をあけ，腕輪として使用したもので，装飾品としてもっとも普遍的で，とくに後期以後出土数が増え，東北地方の晩期における出土数が著しい。墓地で人骨に着装した状態で見られることもあり，その場合人骨の性別はほとんど女と判定されており，基本的に女性の装飾品であったと言ってよい[註174]。

　古いものとしては日本最古の貝塚神奈川県夏島貝塚からサルボウ製の未成品とみられるものが出土している。貝の種類は，早期・前期ではフネガイ科とイタボガキ，後期から丈夫なタマキガイ製が急増する。オオツタノハは貝殻が淡いピンク色を呈するため特別な需要があった。前期から少数みられる

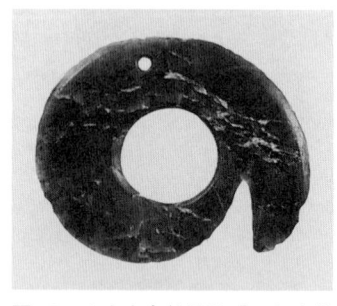

図49 八丈島倉輪遺跡「の」字状
装飾品（東京都八丈町教育委員会
1987『東京都八丈町倉輪遺跡』）

が、晩期に比率が増加し、東日本の弥生時代につながる。忍澤成視はオオツタノハが現在でも御蔵島など伊豆諸島南部に生息することを突き止めた^(註175)。この貝を専門的に貝輪に加工したことが知られている三宅島ココマ遺跡^(註176)は弥生時代に属するが、東海地方から北海道まで東日本の遺跡で出土するこの貝の主要産出地が伊豆諸島であることが確実になった。このような希少な貝で作った装飾品には「財」としての意味が強く伴ったといえる。

　千葉県古作貝塚の土製蓋付容器に収められた貝輪もそうであろうし、晩期の秋田県柏子所貝塚では未完成品を含む1300点もの貝輪が出土している。

　なおオオツタノハは二枚貝のように見えるが、アワビと同様、巻貝（腹足綱）の一種で、岩に付着して棲息する。

　弥生中期であるが、群馬県神流町岩津保洞窟では、成人男子2体と幼児1体の合葬の上に20枚のオオツタノハ製の貝輪を置き、石を積み上げ、土器と鹿角を置き、火を燃やす儀礼が行われた後で墓壙を埋め戻していた^(註177)。入手の難しいオオツタノハの貝輪に特別な呪力を認めていたのであろう。八丈島前期末の倉輪遺跡での発見で注目された「の」字状石製品（図49）はその後も類例が増えているが、その独特の形はイモガイの殻頂部を切り取った貝製装飾品に発する可能性が指摘されている^(註178)。厚みのある貝殻やツノガイの輪切り、イモガイなどから削り出した小玉・平玉などもあり、とくに後期の北海道礼文島船泊遺跡における大規模な専業的生産が注目されている。

(3) 耳飾

　耳飾には中国の玦という玉器に似ているため玦状耳飾と呼ばれるものと、滑車形のものがある。玦状耳飾は切れ目の部分から耳たぶに開けた穴に通し、切れ目のほうを下に向けて装着したことが、大阪府国府遺跡の人骨などから知られるが、同じ遺跡には首にかけたような出土例もあり、玦状耳飾の装着

は耳飾に限られないとして「玦飾」の名称を提案する意見もある^(註179)。多くが石製であるが，土製のものもある。福井県あわら市桑野遺跡では玦状耳飾としては古い早期末のものが墓壙から多数発見された（口絵7）。輪が細く浮き輪形のものが多く，中国東北地方興隆窪文化資料などと関連づける渡来説も行われている^(註180)。玦状耳飾は中期まで続いた。

　滑車形（小型のものは耳栓とも呼ばれる）は土製で，耳たぶにあけた穴を引きのばし，滑車の溝の部分を耳たぶの穴にはめる。東日本の中期に現れると捉えられていたが，鹿児島県上野原遺跡でアカホヤ火山灰の下から早期後葉の事例が知られ^(註181)，直径10cmを超えるものもあるが，以後しばらく途絶えたらしい。中期の顔面把手や関東晩期のミミズク土偶では滑車形耳飾の装着が表現されているものも多いが（図48），人骨の出土例で見ると装着者は女が多く男もある^(註182)。滑車形耳飾は次第に大型化し，晩期中葉群馬県千網谷戸で作られたバラの花のような華麗な透かし彫り製品は滑車部分の外側に花型の装飾が付くもので，直径10cm近くある。しかしこの最盛期の直後に衰退し晩期末にはほとんど見られなくなる。

(4) 大珠・小玉類（図50，51）

　ヒスイは緑色半透明の石で，日本では新潟の姫川流域以外に大きな産地が知られておらず，きわめて貴重な材料であった。前期までは滑石や蛇紋岩の装飾品が知られるが，前期中ごろにヒスイが現れる。中期から鰹節型の大珠が知られ，晩期までさまざまな穿孔玉類の原料として用いられた。時代が下るほど小さな製品が多くなるのは材料の枯渇を示すのであろう。ヒスイ大珠の厚い身を貫く穴は，縄文時代の穿孔技術の高さを示すが，この穴に紐を通し首から懸けたのであろう。ヒスイの大珠は大きな集落でも数点以上出ることは稀で，酋長などの地位を表示するもっとも貴重な威信財であった。このことは交易の問題ともからみ，北海道北端の礼文島の船泊遺跡^(註183)から沖縄県北谷町伊礼原に至る，交易範囲の広さから，当時の人々の渇望の強さがわかる。なお中国で翡翠と呼ばれているものの多くは本当のヒスイ（硬玉）ではなく軟玉という別の鉱物である^(註184)。

　コハクなど美しい石の小さな玉は北海道柏木B遺跡など先土器時代からあるが，縄文草創期，早期にはほとんどなく，前期，中期の墓などから数点

図 50　玉大珠（関東各地）
（甲野勇 1964『日本原始美術　第 2 巻　土偶・装身具』）

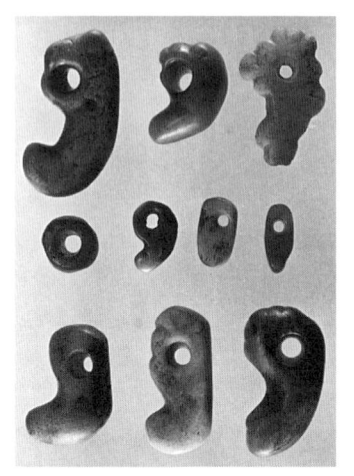

図 51　石器時代勾玉など（青森県各地）（甲野勇 1964 より）

ずつ出土する例が知られているが，数珠のように多数連ねるのは後期の東北地方から北で行われ，晩期・続縄文期に盛行する。コハクは樹脂に起源する有機質であるため，化学的に産地同定することは難しいが，千葉県粟島台遺跡などで加工されたことが知られ，古くから注目された銚子産の他，岩手県久慈産のものが使用されたことは，その地域に多い製品からも確かといえる[註185]。

　コハクや貝殻を削って小さな平玉の形にしたものは，人骨での装着状態か

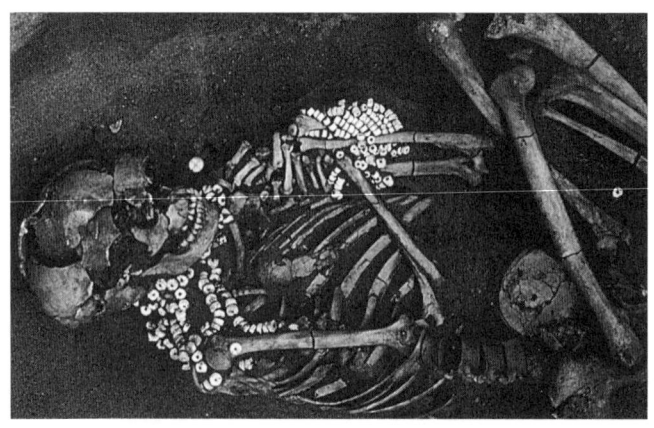

図 52　北海道礼文島の貝製小玉を装着する人骨
（礼文町教育委員会 2000『礼文町船泊遺跡発掘調査報告書　平成 11 年度』）

らみて，紐を通し，首飾り，腕輪，アンクレットなどとして用いられたことが知られる。

　北海道礼文島の後期に属する船泊遺跡は，ビノス貝製の小玉を専門的に作っていた場所で，未成品・完成品が数千点も出土した（図52）。製作に使われたメノウの錐は5万点にのぼるというが，礼文島にはメノウの産出も多い。なお船泊遺跡に冬季に回遊するアザラシの骨がほとんど見られないことに関して，この島で貝玉の製作にあった人々は冬季には島を離れていたのではないかという推定がなされている。

(5) 飾り櫛

　木質であるため発見例はさほど多くなかったが，近年発見例が増加し，縄文時代に普遍的な装身具であったらしい。古いものとしては早期の佐賀県東名遺跡にあり，福井県鳥浜貝塚で前期の漆塗りの竪櫛が発見されている。低湿地遺跡が多い後期晩期には出土例も増え，北海道カリンバ3遺跡（後期末）では30数基の土壙墓から50点以上出土した。人骨とともに墓に残ることは少なく，着用した性別は明確でない。埼玉県後谷遺跡では竪櫛と滑車形耳飾をつけたミミズク土偶が知られている[註186]。

(6) 鹿骨製腰飾り（図53）

　鹿骨製腰飾りは「鹿角製有鉤短剣」から派生したもので，中期には装飾的なものも出現しており，晩期に中国地方から東海地方で盛行する。埋葬人骨の腰の位置に装着した状態で出ることがあり，そのほとんどが男性である[註187]。この腰飾りも身分の表示の役割が大きかったのであろう。

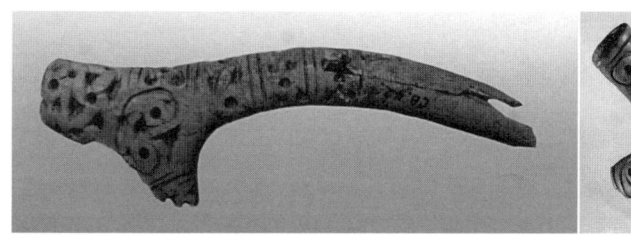

図53　骨製腰飾り（甲野勇1964より）

5. 儀礼用具

　考古学では実用的用途がわからない人工遺物について「儀礼用具」といった性格付けをすることが多い。実用的で用途がわかる道具と区別するために小林達雄は「第二の道具」と呼んでいる。中には儀礼用具か実用品か明確にできない，と言うよりも両方にまたがっているのではないかと思われるものもある。石刀，石剣，御物石器，独鈷石，青竜刀形石器，環状石斧，多頭石斧などは柄をつけて武器として使用することも可能かもしれないが，用途は確かではない。また上述した装飾品も基本的に身を飾る道具であるが，身分の表示の意味もあっただろうし，マジカルな護符的意味合いを有したかもしれない。

　縄文の儀礼はこのような遺物とともに，儀礼のための施設（次節）から理解されるが，草創期，早期には儀礼的な遺構・遺物は少なく，それが複雑化する過程を追いながらその裏にある思想の変化を推定していく必要がある。個々の遺物や遺構を前にして，何に使われたのだろうと単発的に想像をめぐらすだけでは不十分で，時代を追って系統的に理解する必要がある。世界の未開民族の思想のありかたも参考になるであろう。合理的に世界をとらえきれていない未開人の儀礼は，現代よりはるかに厳しく人間関係を支配し，生活全体にも影響を及ぼしていたと考えられるので，この問題は思想ばかりでなく縄文社会を覗き見る窓になりうる。

　これらを総合した思想的・社会的意味については第Ⅴ部「社会のかたち」で論ずるので，本節では儀礼用具とされる遺物の種類について一通りの解説にとどめる。

(1) 土偶・岩偶・土面

　儀礼用具で縄文時代に最も早く出現するのは，土偶[註188]と石偶であろう。三重県粥見井尻遺跡（図 54）と滋賀県東近江市相谷熊原遺跡で草創期後半と見られる出土例がある。愛媛県上黒岩岩陰[註189]の隆起線文土器期に小礫に長い髪や乳房など女性の姿を線刻したものがあり（図 55），岩偶の先駆けをなす。土偶は早期の撚糸文系土器末期に比較的多く知られており（図 56），三重県大鼻遺跡に押型文初期の例があるが，いずれも顔はなく，乳房

で女性を表現した程度の素朴で小さな作品である。鹿児島県上野原遺跡に早期の例があることが知られ（図57），上記諸例からも西日本が東日本に後れるわけではないことが知られた。以後の早期・前期にも存在するが数は少なく，ずっと存在したのか，断続的であったのか見極めは難しい。前期に東北地方北部の三内丸山遺跡などで数を増す十字形土偶（57頁図26参照）は，板状で自立できないものであるが，しっかりした顔と両側に延びる両腕の表現を獲得している。

中期は土偶発達の画期である。発達の中心は中部高地から関東地方西部にあり，前期後半にこの地域に土偶がほと

図54　三重県粥見井尻遺跡の草創期の土偶（写真提供：三重県埋蔵文化財センター）

図55　愛媛県上黒岩岩陰線刻礫

図56　茨城県花輪台貝塚の早期土偶

図 57 鹿児島県上野原遺跡土偶(早期)
(鹿児島県立埋蔵文化財センター所蔵)

んど見られなかっただけに，質量とも発達が顕著である。この地域の中期土偶の特徴は，自立させる意図が明確で，下半身裏側を厚く作った「出尻土偶」や，体全体が立体的に表現される土偶が普通になる（図58）。女性の形を作るだけではなく，壺を抱える女性（図59），出産する女性（山梨県釈迦堂遺跡），膝を崩し子供を抱く女性など（図60），人の行為を写す表現は画期的である。この地域の勝坂式土器が自由な造形を獲得したことと軌を一にする。

　この地域でも中期後半には質的・量的な凋落は著しく，後期初頭の称名寺式期になると土偶は関東などの広い地域で一時的に見られなくなるようである。このような中期土偶の発展と衰退は土器文様の傾向とも連動している。

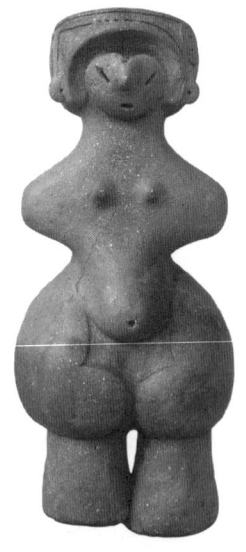

図58　縄文のビーナスと呼ばれる立
体土偶(長野県茅野市棚畑)(写真提供：
茅野市尖石縄文考古館)

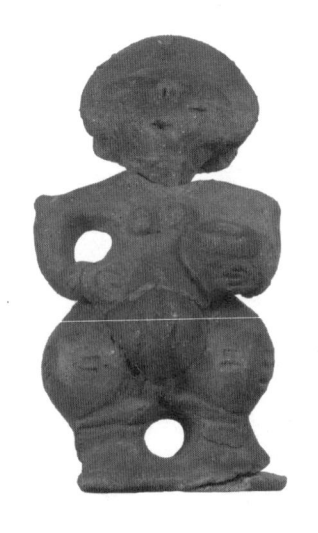

図59　壺を持つ妊婦土偶（長野県
岡谷市目切遺跡）（市立岡谷美術考
古館所蔵）

その背景には住居址数に示される人口の
増加と減少，すなわち生活の安定と衰退
があった（註190）。

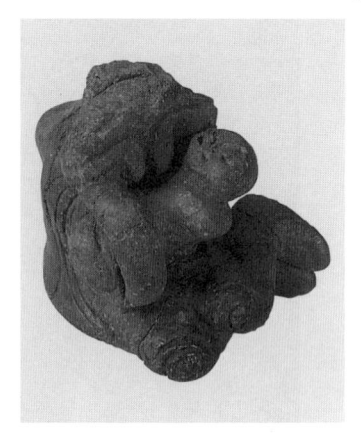

図60　子供を抱く土偶（東京都八王
子市宮田遺跡）

　後期の土偶の発展は初頭を過ぎた堀之
内Ⅰ式ころの東北地方や北関東からであ
る。東北地方でも中期には少なかった直
立できる造形がはっきり意識される。群
馬県郷原遺跡のハート形の顔面とデフォ
ルムされた胴部は（図61），実際の人間
を見たり，思い浮かべたりしながら作っ
たらとてもできない，中部日本中期の写
実的な表現とはうって変った象徴的な表現である。このような写実を無視し
た象徴的表現が，近代美術を先取りしたものとして土偶造形の世界的評価に
つながっているともいえる。茅野市中ツ原遺跡の顔のない土偶（口絵4）は，
顔面の突線に沿う小穴列が有機質材
料の仮面の装着を想定させるが，す
でに中期の山形県西ノ前遺跡にも類
例があり（図62），顔のない土偶はひ
とつの系列をなすようである。

　様式化が顕著な山形土偶，後期の
ハート形土偶は顔を板状に作るが，
それに続く時期には仮面を装着した
ような表現が多く見られる。後晩期
の土偶は土器の文様を応用して表現
されることが普通なので，その技法
から土器編年との対比が容易なもの
が多いが，この作り方が土偶を写実
的な描写から離れさせた一因であろ
う。東北地方晩期の遮光器土偶とい
うのは大きな目に横線が入る形がエ
スキモーのスリット入り雪メガネに

図61　ハート形の顔の土偶（群馬県郷原
（後期））

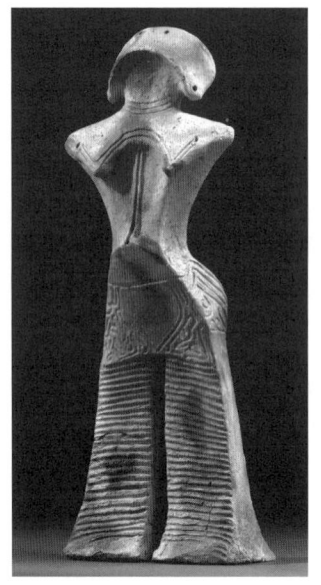

図62　顔のない土偶（山形県西ノ前（中期））（写真提供：山形県立博物館）

図63　遮光器土偶（岩手県手代森遺跡）（写真提供：岩手県立博物館）

図64　土面（青森県亀ヶ岡遺跡）（東京大学総合研究資料館 1994『東アジアの形態世界』）

似ていることからの命名である（図63，64）。

　土偶には体の動きの表現を有するものは少ないが，すでにあげた中期の例以後，後期にも腕組みをするもの，合掌するものなどがある（図65）。

　土偶に男女の区別のできないものもあるが，性別の判定できるものはほとんどが女性である。しかし，福島県楢葉町高橋遺跡（後期）などごくまれにペニスの表現などで確実に男性を象ったものがあ

ることも知られてきた（口絵5）[註191]。北海道著保内（後期）の国宝の大型土偶もあごひげらしい表現やへその周りの体毛らしい表現など男性を思わせる（図66）。今後も土偶の性別判定には慎重を要する。東日本では弥生時代に入るときに縄文土偶から人形蔵骨器が生まれるが，これには男女の表現の

図65　合掌土偶（青森県風張1遺跡）
（写真提供：是川縄文館）

図66　土偶（後期）（北海道南茅部町
著保内）（写真提供：函館市教育委員会）

区別が認められるという^(註192)。圧倒的に女性表現にかたよる縄文土偶との性格の違いが認められる。

　土偶の中には小型で省略の激しいものがあるが，そのひとつが新潟県から東北地方に中期から後期に分布する三角形土版・三角形岩版・三角形土偶などと呼ばれるものである。東北地方北部では後期に下るものが多い^(註193)。上下5cmほどの大きさで頭や顔はないが乳房や性器の表現があるものもあり，人の形から来たことは確かで，土偶の延長線上にある。三角形岩版は材質が違うものである。簡単な作りで数が比較的多いことなど，土偶文化の中でも特別な一角を占めるものといえる。そのほか東北地方の北部には鐸形土製品^(註194)・キノコ形土製品，渦巻状土製品など簡単な作りで量産された儀礼用具があり，環状列石など儀礼的な遺跡で多く出土する^(註195)。環状列石のある青森県小牧野遺跡では三角形岩版が400点以上出土している。

　岩偶と呼ばれるものには前期の円筒下層式に人の形を単純化した特徴的な形のものがあり，土偶とは違う形を与えられている。晩期には比較的やわらかい石を削って遮光器土偶と同じような形にし，文様を加えたものがあり，類似の形態をとるが，単純な材質の置き換えではなく，土偶との間に形の上

図67 土面（北海道千歳市ママチ遺跡）
（写真提供：北海道立埋蔵文化財センター）

での地域差のようなものがある（註196）。

東日本における盛行に比べると西日本では土偶の数が少ないが，後期の九州には比較的多くある（註197）。とくに南九州後期〜晩期の軽石製岩偶は人の形を模したものから男根形の石棒に近いものまであり，石棒と人形を結び付けている（註198）。

土面と呼ばれる遺物には，千歳市ママチ遺跡晩期例（図67）のように顔を覆えるほどの寸法で紐を通す孔をもつものもあるが，全体的に顔を覆うには小さすぎるものが多い。しかし小型でも両側に小穴を穿ったものもあり，実際に装着したことが想像できる。岩手県八天遺跡（註199）などの目，鼻，口など顔の部品を粘土で作った遺物（図68）は，それらを取り付け，実際に顔に装着された有機質製品のマスクが存在したことを意味し，秋田のナマハゲのような祭礼の光景をほうふつとさせる。

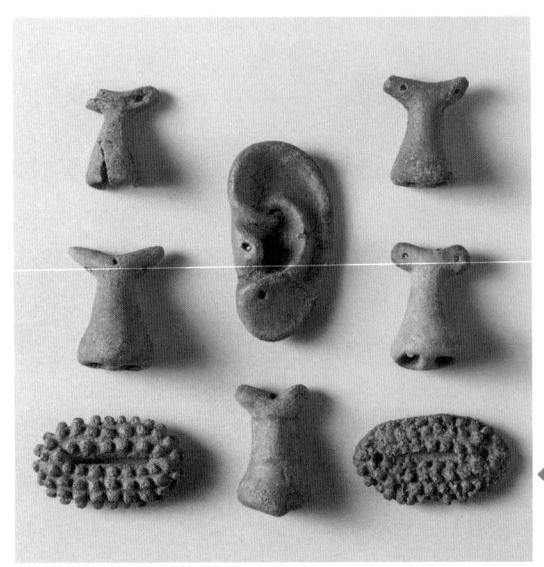

←**図68** 仮面の顔の土製部品
（岩手県八天遺跡土壙出土の耳・鼻・口形土製品）（文化庁所蔵／写真提供：北上市立博物館）

図69 イノシシ形土製品（青森県十腰内2遺跡）
（写真提供：弘前市立博物館）

図70 イヌ形土製品（栃木県藤岡神社遺跡）
（栃木市教育委員会所蔵）

(2) 動物形土製品

　動物形の土製品には，イノシ
シ（図69）・イヌ（図70）・クマ
（図71）のほかサルらしいものも
あるが，身近な動物であったシ
カは知られていない。カメやラッ
コではないかといわれるものも
あるが，象徴的表現のため確実
ではない。

図71 クマ形土製品（青森県尾上山遺跡）
（青森県立郷土館所蔵　風韻堂コレクション）

(3) 岩版と土版

　岩版^(註200)と土版^(註201)は晩期に東北地方を中心に分布し，形態と文様か
ら分類や編年が試みられている。東北地方の出現が古く，関東での出現は少
し遅れるらしいが，それぞれの地域の土器文様との関連が見られるので，時
期判定ができる。初期には柔らかい石を削って作った岩版が多いが，次第に
土製が増え，最後は土製だけになる。小さな穴をあけて紐を通したらしいも
のもあり，護符のような用途が言われる。土版には眉や目を単純化した人面
表現の付くものがあり，土版の起源に土偶を想定する理由にもなっているが，
必ずしも初期の土版に多いわけではない。それよりも初期の岩版と岩偶には
材料，表面に加えられる文様，分布など類似性が高く，何らかの関係の下に
生まれたことは疑えない。このように岩版・土版と岩偶・土偶は性格につい
て一定の関連意識を保ちつつ変化したものと見られる。

図72 北海道垣ノ島遺跡の足形土版
（写真提供：函館市教育委員会）

粘土が柔らかいうちに幼児の足形や手形を押し付けた板状の土製品は，津軽海峡を挟む北海道南部と東北地方北部に集中して発見されており，古いものとしては北海道南茅部町垣ノ島A遺跡（図72）[註202]の早期後半の大型土壙墓から17点まとまって出た。紐通しの穴とみられるものが1〜2孔ある。足形・手形の年齢は0〜3歳の大きさである。晩いものとして恵庭市柏木川4遺跡[註203]から晩期の土器とともに土壙墓から出た例があり，地域が限定されるわりに時間幅は大きい。出土した遺構の性質を考慮するとほほえましい記念品などとは言えないのかもしれない。

(4) 石棒

　土偶や土版の範囲内で男女の対比を考えるのが困難であるのに対し，男性原理の表現そのものが石棒である。石棒はもともと男性器を模した石製品で，東北地方の前期に起源する。中期に関東・中部高地・北陸で盛んになり，敲打製の大型のものが増え，長さ2mを超えるようなものも作られた[註204]。後晩期には小型で丁寧な作りのものが増える。中期の竪穴住居の中に石棒を立てた祭壇と呼ばれる施設があるものがあり，後晩期には墓壙に副葬されたり，屋外の配石の間に樹立されたりするものもあることから，再生思想との関連が疑われる。岐阜県飛騨市島遺跡は中期の，宮川村塩屋金清神社遺跡[註205]は後期の製作址で，柱状節理のある塩屋石を原料とした多数の未成品や加工のための敲き石などが出土しているが，完成品はほとんど持ち出さ

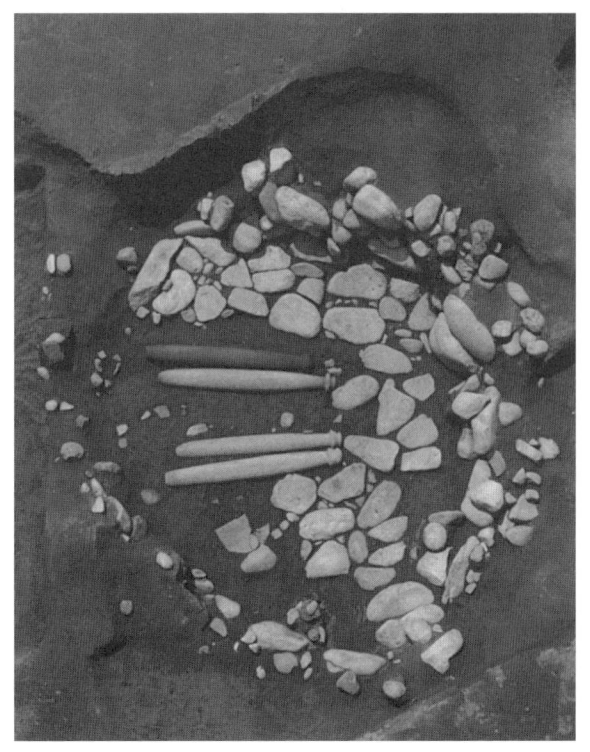

図 73 緑川東遺跡で敷石住居内に並置された大型石棒
（和田哲ほか 2014『緑川東遺跡―第 27 地点』国立あおやぎ会）

れたようである。後期・晩期に多い小型の石棒・石刀・石剣類も限られた製
作地で作られることが多かったようである。粘板岩や結晶片岩が材料に用い
られた^{（註206）}。

　土偶について語られるとき必ずといってよいほど言われてきたのが，完形
品が少なく，破壊することによって人間の身代わりにするといった意味が
あったのではないかという想像である。ところが近年は茅野市棚畑（中期）
や同市中ッ原（後期）など，墓壙あるいは性格のはっきりしない土坑に土偶
の優品が完全な形で埋納された例が増えている。しかし長野県岡谷市目切遺
跡では 1 軒の住居址の 3 つのピットから出た破片が接合し，壺を持つ完全な

女性像に復元されたことは，やはり壊すことに特別な意味があったのかもしれない。遺跡から出る土器でも完全な形で残っているのは稀なのだから，土偶が割れた状態で出ることに特別な意味はないと言いたくなる。ところが縄文祭祀で土偶と対極をなした石棒にもしばしば人為的な破壊が行われたことが知られてきた。

　たとえば，東京都町田市忠生遺跡の火災にあった竪穴住居の壁際には長さ186cmの巨大な石棒が7つに割れて横たわり，その一部は粉砕状況だった。火事にあったために石棒が割れたり砕けたりしたというより，その破壊の目的で家に火をつけたのではないかと言われる[註207]。土偶や石棒が破壊されるのは儀礼の一つの完結形ではないかとも考えたくなるが，東京都国立市緑川東遺跡[註208]では，後期初頭の敷石遺構床面から長さ110cm前後の石棒4本が何の破損もなく並べられた状態で出土した（図73）。儀礼行為にはさまざまなものが含まれていて，その行為の跡も変化に富むものになったのだろうか。

　石棒と土偶は男女のシンボルとして，対比的に論じられることが多いが，その盛衰は必ずしも軌を一にしない。例えば土偶は関東中期後半の加曾利E式の分布圏では減少し，後期初頭の 称名寺式ではほとんど見られなくなってしまうが，石棒の方は中期末に向かって増える傾向にあり，上記緑川東遺跡のように柄鏡形住居に置かれたものが目立つ。

(5) 石刀・石剣

　棒状の石製品であるが，断面形が扁平なもので身が湾曲し片側だけに刃があるものを石刀，まっすぐで両側に刃があるものを石剣と呼んでいる（図74）。1端に装飾的な彫刻やこぶが作りだされるものは石棒に似ている。石刀は後期から盛んになり，晩期に盛行し，北海道から近畿地方にまで分布する。石剣は晩期に関東から東北地方に分布する。そのような経過を大雑把に見ると，中期の大型石棒から変化し，小型の石棒や石剣，石刀に分化したように見える。そのような経過をたどったものがあったことは間違いないが，最初の定義に従って厳密に考えると，早期後半や前期など大型石棒より前に石刀，石剣といえるものがあり，石刀，石剣の起源と変遷は簡単でないことになる[註209]。もちろんその名が思わせるような金属製武器の材質置き換え

図 74 石剣・石刀 （甲野勇 1964 より）
上から奈良県橿原市橿原神宮外苑, 栃木県那須町伊王野, 青森県三厩村宇鉄

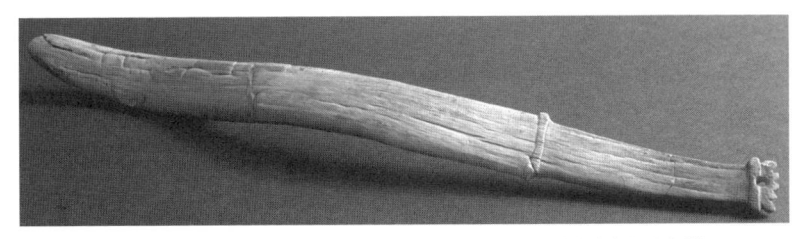

図 75 骨刀 （北海道北黄金貝塚） （写真提供：伊達市噴火湾文化研究所）

である可能性はない。なお北海道伊達市北黄金貝塚には骨刀（図 75）[註 210]
と言われる見事に装飾された鯨骨製品があり，前期に属する。

(6) 青竜刀形石器・御物石器・独鈷石

独特の形態の青竜刀形石器（図 76）[註 211]は東北地方北部～北海道南部の
中期後半～後期前半に限定される。

御物石器（図 77）[註 212]の
名は石川県穴水町発見の精
製品が明治天皇に献上され
たことによる。岐阜県など
中部日本の晩期に集中する
とされる。側面に文様を有
するもののほかに粗製の敲

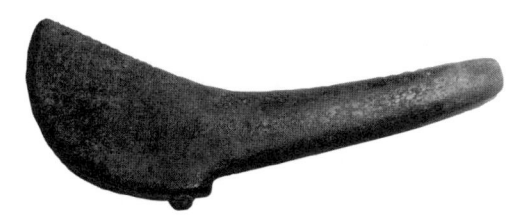

図 76 青竜刀形石器 （出土地不詳） （甲野勇 1964 より）

図78 独鈷石（青森県碇ヶ関村四戸橋）
（甲野勇 1964 より）

図77 御物石器（石川県穴水町比良）
（甲野勇 1964 より）

打製品もある。

　独鈷石（図78）は仏具の独鈷杵に似て，カーブした棒状石製品の真ん中近くに2本の鍔がまわるもので，両端は尖るものと斧形になるものがある。鍔の間に柄をつける両頭石斧の1種とも解しうる。後期以後東日本に広く見られ，晩期に盛行し，弥生時代にも残るという。晩期末には類似の形を土で作ったものもあるので儀器の性格を強めたのであろう [註213]。

(7) 石冠

　ここでは前期・中期の実用的粉砕具である「北海道式石冠」は除外するが，同じ「石冠」と呼ばれる別種の特殊な石器 [註214] は，晩期の飛騨に分布の中心を有し，北海道を除く東日本に広く分布する（図79，80）。緩やかにカーブしてへこみのある台部と突出部からなり，突出部には斧型のものと円頭形のものがある。

図79 石冠（宮城県七ヶ浜町東宮浜貝塚）
（甲野勇 1964 より）

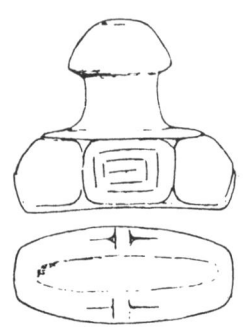

図80 石冠（岐阜県長瀬上野）

円頭形のものは石棒の頭部の形に似る。台部は長円形で，しばしば長軸に沿って凹みがある。この凹みは使用の痕とか実用的な目的のためのものには見えない。この形の石冠については男性性器と女性性器を一体に表現したものだという説が古くからある [註215]。石冠には土製のもの（土冠）もあり，佐原真が紹介した小樽（遺跡名不明）の土製品 [註216] は，石冠・土冠の分布外からの発見だが，土製であるだけに男女性器の表現が明瞭なのかもしれない。

(8) 環状石斧

環状石斧と呼ばれる円盤形で中央に貫通孔のある石器は東日本から西日本まで広く分布し，時代も縄文から弥生にわたるなど，他の「儀礼用具」とは異なった様相を示し，実用品の可能性がある。西日本では圧倒的に弥生時代に多い。用途としては棍棒頭，掘り棒の錘などの説がある [註217]。

〔註〕

132) 大工原豊 2008『縄文石器研究序論』六一書房
133) 伊東隆夫・山田昌久 2012『木の考古学』海青社
134) 赤堀英三 1929「石器研究の一方法—石鏃に関する二,三の方法—」『人類学雑誌』44巻3号
135) 大工原豊 2012「後・晩期の局部磨製石鏃」『季刊考古学』119号
136) 上屋真一 2011「恵庭市ユカンボシ E 11 の一括石鏃と炭化矢柄」『古代文化』63-1；近藤敏 2014「弓具としての矢」『土曜考古』36, 37号
137) 山内清男 1968「矢柄研磨器について」『日本民族と南方文化』平凡社
138) 澤四郎・三門準 1986「北海道東部の矢柄研磨器について」『釧路市博物館紀要』第11輯
139) 正林護 1987「長崎県佐賀貝塚の骨角器」『季刊考古学』21号
140) 渡辺誠 1988『装身具と骨角製漁具の知識』東京美術
141) 高橋健 2008『日本列島における銛猟の考古学的研究』北海道出版企画センター
142) 金子浩昌・忍沢成視 1986『骨角器の研究』縄文篇Ⅱ　慶友社；山田昌久 1992「貝塚と貝塚に残された道具」『季刊考古学』41号
143) 山崎純男 1988「西北九州漁撈文化の特性」『季刊考古学』25号；渡辺誠 1985「西北九州の縄文時代漁撈文化」『列島の文化史』2
144) 渡辺誠 1984『縄文時代の漁業』雄山閣；金子浩昌・忍沢成視 1986『骨角器の研究』縄文篇Ⅰ・Ⅱ　慶友社

145）愛媛県船ヶ谷で検出されている。小笠原好彦 1983「編物・布」『縄文文化の研究』7　雄山閣

146）渡辺誠 1984『縄文時代の漁業』雄山閣

147）鳥羽市教育委員会 1975『鳥羽贄遺跡』

148）秋田県教育委員会 1989『八木遺跡』縄文時代の考古学 5

149）渡辺誠 1976「スダレ状圧痕の研究」『物質文化』26 号

150）茨城県教育財団 2009『大谷貝塚』茨城県教育財団文化財調査報告 317-1・2

151）（註 142 に同じ）

152）小池裕子 1979「関東地方の貝塚遺跡における貝類採取の季節性と貝層の堆積速度」『第四紀研究』17 巻 4 号

153）佐賀市教育委員会 2006・2008『東名遺跡群発掘調査概要報告書 2』『東名遺跡：第 2 次調査の概要』

154）大山柏 1927『神奈川県下新磯村字勝坂遺物包含地調査報告』

155）小畑弘己 2016『タネをまく縄文人』吉川弘文館

156）松島透 1964「飯田地方における弥生時代打製石器」『日本考古学の諸問題』

157）京都府網野町松ヶ崎遺跡でヤマイモのムカゴが検出され，当然ではあるが縄文時代にヤマノイモが存在したことが確かめられた（文化庁編 2000『発掘された日本列島 2000』）。

158）渡辺誠・鈴木忠司ほか 1975『京都府舞鶴市桑飼下遺跡発掘調査報告書』平安博物館

159）佐原真 1994『斧の文化史』東京大学出版会

160）五十嵐幹雄 1984「凹穴石小考」『中部高地の考古学』Ⅲ　長野県考古学会

161）駒形敏朗・寺崎裕助 1981『岩野原遺跡』長岡市教育委員会；中村耕作 2007「クッキー状・パン状食品」（『縄文時代の考古学』5）

162）中村孝三郎 1964『室谷洞窟』長岡市科学博物館

163）岡本勇 1966「尖底土器の終焉」『物質文化』8 号

164）今村啓爾 1985「縄文早期の竪穴住居址にみられる方形の掘り込みについて」『古代』80 号

165）新東晃一 2013「九州南部」『講座日本の考古学』3（縄文時代上）

166）別所鮎実 2015「加曾利 B2 式期における土器製作の情報構造」『考古学集刊』11 号

167）須原拓 2003「住居址内出土の注口土器」『史叢』68

168）八幡一郎 1928「最近発見された貝輪入蓋付土器」『人類学雑誌』48-8

169）岩手県宮古市近内（文化庁編 1996『発掘された日本列島 ’96』），新潟県上山，宮城県岩ノ入（『発掘された日本列島 ’96』）などにある。

170) 三浦正人 2003「縄文・続縄文の木の文化」『新北海道の古代』2 北海道新聞社

171) 小林謙一 2015「縄紋丸木舟研究の現状と課題」『島と港の歴史学』中央大学人文科学研究所

172) 渡辺誠 1976（註 149 に同じ）

173) 尾関清子 1996『縄文の衣』学生社

174) 片岡由美 1983「貝輪」『縄文文化の研究』9　雄山閣

175) 忍澤成視 2011『貝の考古学』同成社

176) 杉山浩平ほか 2009『東京都三宅島ココマ遺跡発掘調査報告書』三宅島ココマ遺跡学術調査団

177) 岩津保洞窟遺跡調査団 2015『群馬県多野郡神流町岩津保洞窟遺跡の弥生時代埋葬』帝京大学文学部史学科

178) 川崎保 1996「の字状石製品」『長野県の考古学』; 前山精明 1994「の字状石製品の分布をめぐる新動向」『新潟考古』5 号

179) 藤田富士夫 2014「装身具」『講座日本の考古学』4

180) 大坪志子 2013「玦状耳飾」『季刊考古学』125 号

181) 鹿児島県立埋蔵文化財センター 2001『上野原遺跡（第 10 地点）』鹿児島県立埋蔵文化財センター発掘調査報告書28; 鹿児島県立埋蔵文化財センター 2002『上野原遺跡』鹿児島県立埋蔵文化財センター発掘調査報告書41

182) 吉田泰幸 2008「土製耳飾の装身原理」『縄文時代の考古学』10　同成社

183) 礼文町教育委員会 2000『礼文町船泊遺跡発掘調査報告書：平成 11 年度』

184) 硬玉と軟玉の科学的な区別は宮島宏 2004「日本各地の硬玉・軟玉の産地」『季刊考古学』89 号

185) 野代幸和 2004「琥珀玉」『季刊考古学』89 号

186) 文化庁編 2014『発掘された日本列島 2014』

187) 春成秀爾 1985「鉤と霊─有鉤短剣の研究」『国立歴史民俗博物館研究報告』6 集

188) 原田昌幸 1995『土偶』日本の美術 2; 原田昌幸 2007「土偶の多様性」『縄文時代の考古学』11

189) 江坂輝弥・西田学 1967「愛媛県上黒岩岩陰」『日本の洞穴遺跡』平凡社

190) 縄文人口については今村 2008（註 101 に同じ）

191) 文化庁編 2016『発掘された日本列島 2016』

192) 設楽博己 2008「男女像の蔵骨器」『弥生再葬墓と社会』塙書房

193) 金子拓男 1983「三角形土版・三角形岩版」『縄文文化の研究』9 巻;

田辺早苗 1990「三角形土偶」『季刊考古学』30 号

194）阿部昭典・国木田大・吉田邦夫 2016「縄文時代における鐸形土製品の用途研究」『日本考古学』41 号

195）熊谷常正 2013「地域の様相―東北」『講座日本の考古学』3 巻　青木書店

196）稲野裕介 1983「岩偶」『縄文文化の研究』9

197）水ノ江和同 2012「土偶」『九州縄文文化の研究』雄山閣

198）寒川朋枝 2009「南九州の軽石製岩偶」『季刊考古学』107 号

199）北上市教育委員会 1978・1979『八天遺跡（昭和 50 年～ 52 年度調査）』北上市文化財調査報告 24 集・27 集

200）稲野彰子 1983「岩版」『縄文文化の研究』9

201）米田耕之助 1983「土版」『縄文文化の研究』9

202）文化庁編 2003『発掘された日本列島 2003』

203）文化庁編 2003『発掘された日本列島 2003』，手形足形土製品は各地で 50 点見つかっている。北海道は早期に多く，本州北部は後期が多い。柏木川 4 遺跡に晩期の変種がある（文化庁編 2007『発掘された日本列島 2007』）

204）最大の石棒は長野県佐久穂町にある北沢大石棒で，長さ 223cm，直径 25cm を測る。

205）岐阜県宮川村教育委員会 2000『金清神社遺跡（A 地点）発掘調査報告書』

206）長田友也 2012「石棒の製作と流通」『季刊考古学』119 号

207）川口正幸ほか 2006『東京都町田市忠生遺跡群発掘調査概要報告書』忠生遺跡調査会

208）和田哲ほか 2014『緑川東遺跡―第 27 地点』国立あおやぎ会

209）後藤信祐 2007「刀剣形石製品」『心と信仰：宗教的観念と社会秩序』縄文時代の考古学 11　同成社

210）大島直行 2001「縄文の家とムラそして貝塚」『新北海道の古代』1　北海道新聞社

211）冨樫泰時 1983「青竜刀形石器」『縄文文化の研究』9　雄山閣

212）大竹幸恵 1994「御物石器」『縄文時代研究事典』東京堂

213）鷹野光行 1979「独鈷石」『世界考古学事典』平凡社

214）西脇対名夫 2007「石冠とその類品」『縄文時代の考古学』11

215）能登健 1981「信仰儀礼にかかわる遺物（Ⅰ）」『神道考古学講座』1 巻　雄山閣

216）佐原真 1987『大系日本の歴史』1 日本人の誕生　小学館

217）日下部善己 1983「環状石斧」『縄文文化の研究』7

③ 遺構と建造物

　考古学では研究対象とする遺存物を大きく遺物と遺構に分ける。前者は動かせるもの，後者は動かすことができない土地に密着したもので，現在で言うところの動産と不動産の区別と同じといってよい。

　遺物は前章で取り上げたので，ここでは遺構の種類について概観する。

　縄文時代の遺構の多くは，石が用いられている場合を除き，地面に掘られた穴の部分や盛られた土の高まりの部分が，その上を覆う土との色や硬さの違いによって検出される。構築に用いられた木質部は，火事による炭化で無機炭素になって生木より残りやすくなった場合や，水漬けになっていた場合などに例外的にしか残っていない。また住居の屋根材に用いられたと推定される茅（カヤ，ススキと同じ）材・ヨシ（葦・アシと同じ）材が残っていた例はほとんどない^(註218)。従って，遺構は木質部を想定で復元し，その本来の構造や用途が推定されることになる。

　遺構の場合，個々の構造や用途が問題になるだけでなく，相互の位置関係が重要な情報をもたらす。これは集落と集落外遺構の関係についても言えるし，集落内の同種・異種の遺構の関係についても言えることである。端的な例として，環状集落を当時の人たちの意図的な住居配置とみるか，建て替えの繰り返しの結果としての遺構の集積が結果的に環状の集積を残すことになっただけなのだとみるか，という意見の対立は，このような関係性の把握の違いに原因する。

　以下まず遺構を集落内に作られたものと集落外に作られたものに分けて見ていく。

1. 集落外施設

　近年の縄文考古学の動向のひとつとして，集落の外に作られた施設がいろいろと解明され，集落内に集中していた調査研究の傾向が改められてきたことがあげられる。縄文人の活動の場が集落の外にも広がっていたことは言うまでもないが，その状況が遺構や遺物という具体的な証拠によって明らかにされてきたのである。縄文人が拠点的な集落を要に，季節，季節によって利

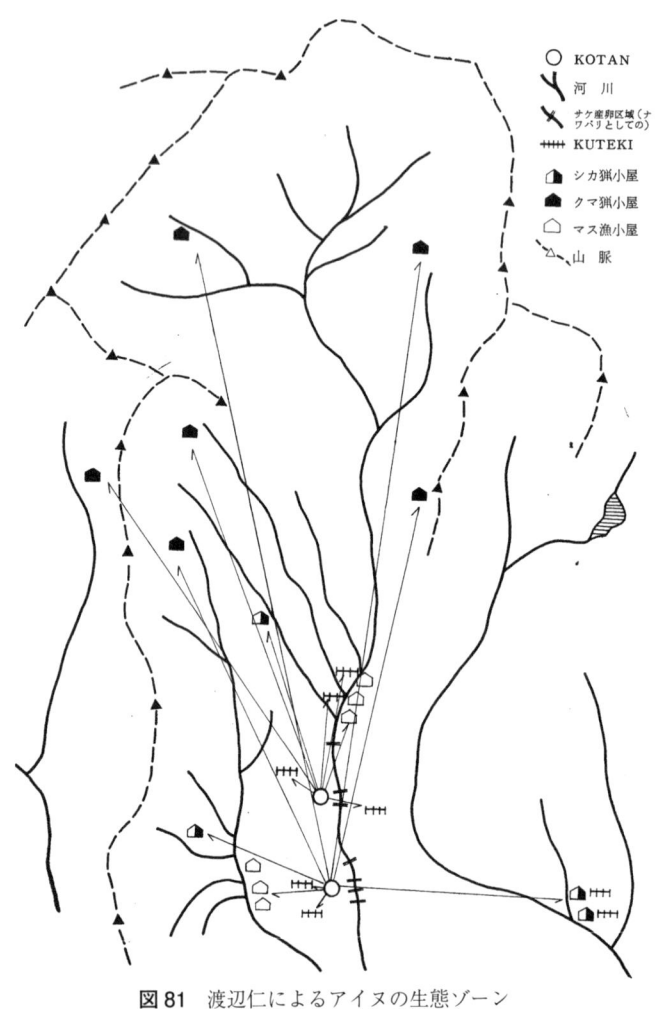

図 81　渡辺仁によるアイヌの生態ゾーン
（渡辺仁 1964「アイヌの生態と本邦先史学の問題」『人類学雑誌』72 巻 1 号）

用できる場所も異なる資源を組織的に利用していたことは，民族学の知見な
どをもとに早くから予見されていたが [註219]（図 81），発掘調査は生活の痕
跡が濃厚な集落に集中し，集落外でのさまざまな活動の場が考古学的に認識
されるのには時間がかかった。集落外に作られたものの代表が陥し穴（口絵

1：図82）である。縄文の陥し穴は動物が落ちるのを待ち、落ちた動物が飛び出せないような生け捕りの仕掛けを工夫し、これによって見回りの頻度が少なくて済むように（落ちた動物が即死するとすぐに腐り始めるので、頻繁に見回らなければならなくなる。）したものであるが、見回りや獲物の持ち帰りを考えるなら、やはりその距離は1日で往復できる10km以内が原則であろう。多摩丘陵の多摩ニュータウン造成地は、これまで1万5千もの陥し穴が発掘されている群集地であった。この地域の陥し穴は早期後半に属するものがもっとも多いが、その時期の住居址が多摩ニュータウン内では見つからない状況の中で、「狩猟者は多摩川の対岸から遠出をしてきたのではないか」との観測もあったが、多摩丘陵で一番標高の高い「多摩境」の尾根上で多くの早期の住居址が発見されるに至り、ここに居住した人

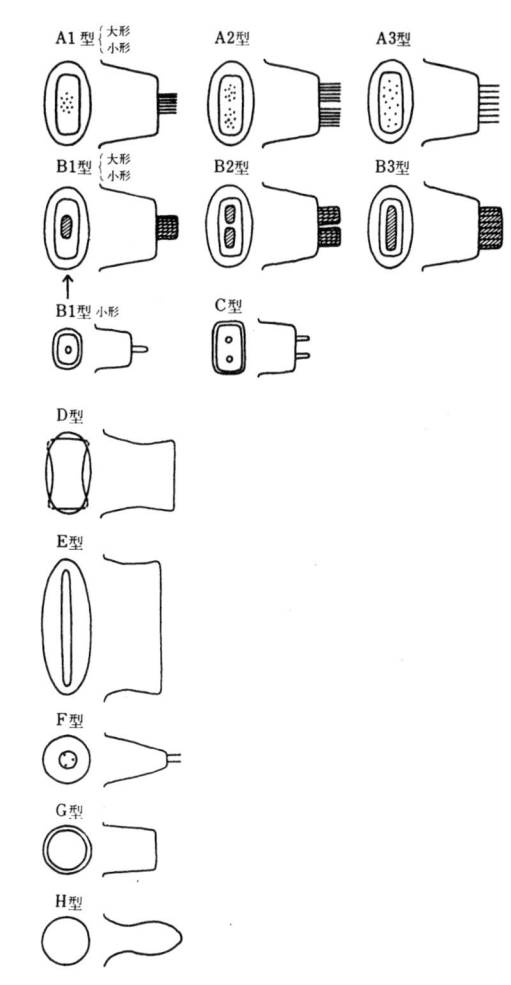

図82 横浜市霧が丘遺跡における陥し穴の分類

たちが眼下に広がる丘陵地域一帯に陥し穴を作り、獲物がかかっていないか見てまわったという自然な想像が可能になった。

　陥し穴の作りかたにも時期差、地域差がある。もともとイノシシのいなかった北海道の陥し穴 (註220) は、シカの跳躍力に対抗し、シカが跳んでも越せないような長さで、落ちたシカの体を挟み込んで動けなくしてしまう狭い溝

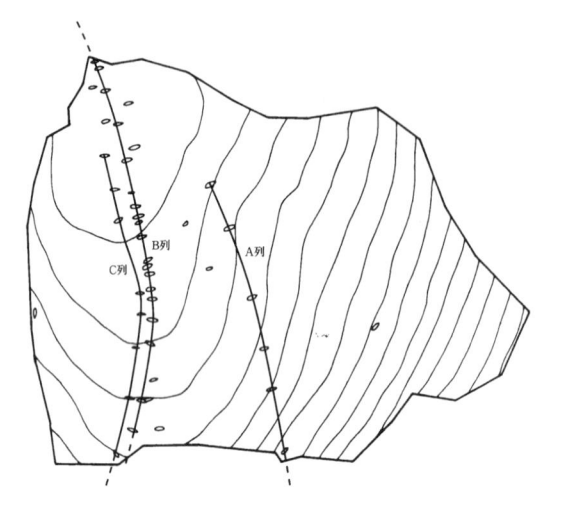

図 83 栃木県茂木町登谷遺跡における草創期の溝形陥し穴の配列（中村信博 2002『登谷遺跡』登谷遺跡調査団）

型のものが多く，時期的には後期を中心とする。ところが栃木県茂木町登谷遺跡[註221]などで火山灰層との切りあい関係から草創期に属することが確かな溝型陥し穴群が大規模な列状配置で検出され（図83），草創期の人々もすでに陥し穴を見回る生活をするほどの相当な定住性を獲得していたことを証明する材料になっている。陥し穴が列として配置されることが多いのは，穴と穴の間に柵を作り，その柵の切れ目の隙間を無理に通りぬけようとする動物が落ちるのを狙ったものであることは民族誌からも知られる。

　ところが北海道でもシカ用の細長い陥し穴に混じって，数は少ないけれど本州のイノシシ用と同じ楕円形の陥し穴が見つかり，上記の説明との矛盾に困っていた。ところが，三ツ谷貝塚，柏原5遺跡[註222]など北海道でも相当量のイノシシの骨が出土し，後期には北海道にもイノシシが生息したことが明らかになったのである。ある時期に本州から人が運んできて飼っていたものが山野で増えたのであろう。こんどはそれを狙ってイノシシ用陥し穴が作られた。

　縄文の陥し穴がすべて落ちるのを待ったものか，一部には追い込みも行われたのではないかという問題について，実は私自身の判断にも揺らぎがあった。しかし茨城県武田西塙遺跡例[註223]（図84）などで中村信博が言うように，急崖に画された台地縁辺に沿って多数並べられたものは，動物の自然な進路を横切る列としての配置とは理解できない。むしろ3方が崖で切られた台地地形を利用して動物を追い込み，陥し穴列に向かわせたと理解できる。

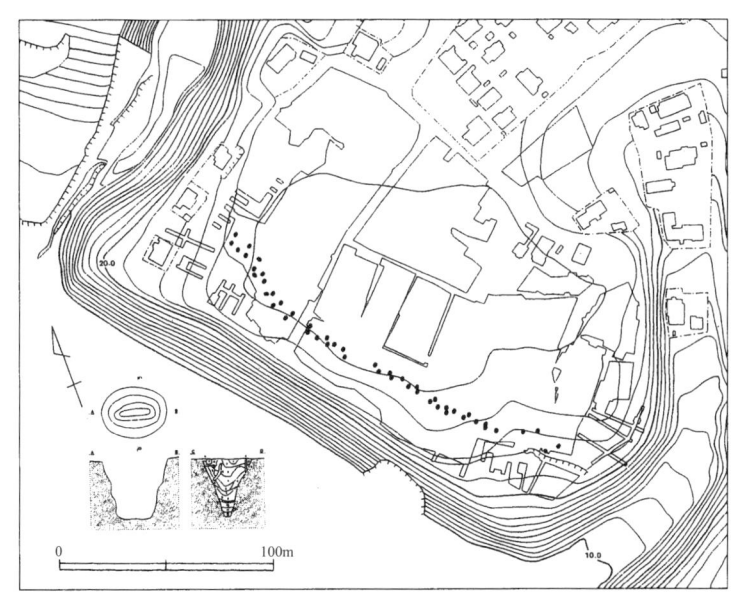

図84 台地の縁辺に沿って作られた陥し穴列（茨城県ひたちなか市武田西塙遺跡）
時期の前後する2列が平行している。（中村信博2007「関東地方の陥し穴猟」『縄文時代の考古学』5）

　待ち猟を原則とする民族例でも，ときには，あるいは状況判断から追い込むこともあると書かれた事例があるし，次に述べるようにもっぱら追い込みと見られる先土器時代の陥し穴の配置にも，武田西塙遺跡例に似て台地縁辺部に沿って並べられた例がある。追われた動物が崖を跳び下りられなくて逡巡し，横に移動するときに穴に落ちるのを狙ったのであろう。なお武田西塙例の時期ははっきりしないが，中期後葉よりも新しいとみられている。

　近年箱根山麓や愛鷹山麓で発掘されている先土器時代，立川ローム層下部相当の陥し穴群 (註224) は，特別な地形の場所に作られている。それらの場所では，コニーデ型の成層火山の緩やかな斜面が，山頂から山麓に向かう谷によって平行に浸食され，結果，上が平坦で緩やかに傾斜し，両側が急崖で画されている長大な尾根の列が形成されている。陥し穴はそのような尾根の下部を横断する列として配置され，尾根の上から動物の群れを陥し穴列に向けて追い込む意図が明瞭である。幅広な谷状地形を横切る列，台地縁辺の崖の

縁に並べる例，両側の急斜面で挟まれた狭い谷の底に作られた例もあり，いずれも追い込み猟が可能な場所を選んでいる。

この箱根や愛鷹の地域には縄文時代の陥し穴も数多く発掘されているが，縄文の陥し穴は設置された場所の地形が特別なものに限られない。平坦な尾根の上にもあるが，先土器時代のように尾根を横断する列にはならない。アップダウンが激しく追い込みが不可能なやせ尾根の上にもある。緩やかに波打つ丘陵で，動物がどの方向にでも逃げられために追い込み猟のできないところにもある。つまるところ，縄文の陥し穴はイノシシが現れ自然に落ちる可能性があるところに地形を選ばず作られたが，先土器時代の陥し穴は追い込み猟が可能な場所に集中して作られたのである。

数次の調査によって全容が復元できた箱根初音ヶ原の陥し穴群は，今までに知られている縄文の陥し穴とは次元の異なる大規模な構成である。個々の穴は直径と深さが 1.5m〜2m ほどあり，寸法・深さとも縄文の陥し穴の 2 倍ほどある。全体の構成はこの大きな穴 100 個以上で 3 列重ねに配列されたと推定され，縄文時代の陥し穴列には規模において匹敵するものがない。その構築には大勢の協働を必要としたであろうが，その苦労に見合う大きな収穫が可能であったにちがいない。大型草食獣捕獲のために，特定の季節に複数の集団が集結して共同で作り，追い込み猟に用いたと理解するのが妥当であろう。追い込み猟のためには穴の間に柵があってはならない。目の前に 3 列に重なる柵がひかえていたら動物は何としても進路を変えようとしたであろう。柵がないからこそ 3 列構成に配置して捕獲の可能性を高めたのであろう。人が後ろから迫っている追い込み猟だからこそ，大きなナウマンゾウでも片足を穴に落としてもがいているときに襲って捕獲できた。このやり方なら拘束装置は必要なかったし，穴の蓋も簡単なものでよかった。

佐藤宏之は箱根・愛鷹の陥し穴を縄文一般の陥し穴と同じように落ちるのを待った罠とみなし，約 3 万年前，立川ローム層下部相当の時代に待って捕る狩猟があったのだから，縄文時代に近い定住生活があったとし，陥し穴の対象は縄文の楕円形の陥し穴からの類推で，イノシシが主であったとする[註225]。そのころの環境からみてどれだけ生息したか疑問なイノシシが，たまに落ちることがあったとしても，この大規模な構築と追い込み猟に参加した皆が満足できる収穫はとうてい無理であったろう。

　発掘で得られた事実関係を十分吟味することなく，近現代の民族誌の知見を優先させ，先土器・縄文の陥し穴→民族例の罠と同じ→待ち猟→定住的生活と単線的に結びつけ，ほかの可能性は考えないのである。

　しかし同じ地域で，縄文時代の陥し穴が待ち猟の可能ないろいろな地形の場所に作られたのに，先土器時代の陥し穴が追い込み猟の可能な地形の場所にしか作られなかったことの違いの意味をしっかり吟味する必要がある。

　集団協働狩猟は，陥し穴を使わない場合も多かったであろうが，大型狩猟獣がまだ生息していたとみられる [註226] AT パミス（約 2.8 万年前に降った広域火山灰）下位の時期に広く形成された環状ブロック群は，そのような集団狩猟のための集合地点としてもっとも合理的に理解でき [註227]，AT パミスより上ではまったく見られなくなる。石斧（多くが磨製の刃を有する）も，追い込み猟で動物の群れが逸脱するのを防ぐために木を倒しておいて妨害する目的や，大型獣の解体に用いられたものと説明できる。陥し穴群，環状ブロック群，磨製石斧といった遺構や遺物がそろって AT 上位でほとんど見られなくなることも，このころに大型草食動物が減少，絶滅したと想定すれば総合的に説明できる。

　佐藤は鹿児島県種子島大津保畑遺跡で発掘された，拘束装置がなく，深さも箱根・愛鷹の半分しかない円筒形の先土器時代の土坑について，形が似ているという理由で陥し穴と考え，今村が追い込みに必要な地形と認定したのとは異なる地形に作られたのだから待ち猟用の罠としての陥し穴であるとし，さらには先土器時代の陥し穴一般まで待ち猟の罠だと解釈することは上に述べた。

　陥し穴研究の初期のころ，私は，「陥し穴と認定するには，十分な深さまたは落ちた動物を拘束し動けなくする仕掛けが存在したことの証明が必要」だとして，形が似ているからといって各種土坑を陥し穴とみなす拡大解釈を戒めた [註228]。

　縄文時代を主とする陥し穴遺構は日本では 10 万穴も発掘されているが，韓国以外の外国では民俗誌の時代より前のものはほとんど知られていない。まして旧石器時代の陥し穴は海外ではまったく類例が知られていない。以上，本書の縄文時代の概説という設定から大きくはみ出す記述になったが，縄文時代と先土器時代それぞれの狩猟と人々の生態を生き生きと理解するうえで

きわめて有効な陥し穴という手掛かりが日本の考古学には与えられているのである。

縄文時代には陥し穴以外にもはね罠，くくり罠，圧し罠など世界の民族誌にみられるようなさまざまな罠が用いられていたに違いないが，遺構として確認された例はない。しかし岩手県盛岡市蒔内遺跡[註229]では小川の中に作られた後期の魞の跡が検出されたし，最近では中期の北海道石狩市紅葉山49号遺跡[註230]で，杭を打って柵を作り，遡上する魚を捕獲する魞（簗と呼ぶほうが適当か）の全容がとらえられた。紅葉山では，比較的小型のものは杭に用いられた樹木の年輪の季節性から早春に切られたとみられる木が使用されているので，ウグイやサクラマスを対象としたとみられ，頑丈な構造のものは晩秋に切られた材で作られ，産卵のために遡上するシロザケなどを対象にしたと見られている。

集落外施設としての黒曜石など石材獲得の鉱山も，単なる露頭からの採集だけではなく，地表面から鉱脈を狙って数メートル掘り下げたものがある。長野県長門町鷹山にはそのような採掘跡の窪みが無数に広がっている。時期によって異なるが，近傍には鉱石の粗割から一時的な生活の設備も備えられていたことがわかってきた[註231]。黒曜石産地の近傍には原石の運搬と石器製作に携わった人々の生活の場があることが多いようである。そのような資源が，採掘や運搬の専従者によって独占されていたのか，誰でも採掘が許されたのかという問題もあるが，伊豆の神津島沖合にある恩馳島[註232]への渡航は，特別な渡海技術を身に着けた人たちだけに可能であったことであろう。

一時は利用が低調であった長野県和田峠近くの星ヶ塔産の黒曜石が，縄文晩期になって再びひろく使用されるのは，地下の優良な岩脈をめざして掘り下げる採掘が行われるようになったためらしく，晩期の土器を伴う竪坑が発見されている[註233]。

土器を作るための粘土採掘坑の発見例も増えているが，これについては第Ⅴ部4−3「専業的生産」で取り上げる。

木材や植物質食料入手の場などは痕跡が残りにくく追究は困難であるが，東京都北区中里貝塚[註234]に代表される「ハマ貝塚」[註235]は当時の海岸に立地し，土器片や道具の廃品など生活にかかわる遺物がほとんどみられないことから，居住の場ではなく，貝の採取と加工に特化した作業の場とみられて

いる。貝の煮沸というと土器の使用が想定されやすいが，ここでは土器がほとんど使われておらず，砂浜に穴を掘り，水漏れを防ぐために粘土を塗り，溜めた水に焼石を放り込むストーンボイリングで貝の口を開けていた。集落内に残され，生活用品の遺残を多く含む「ムラ貝塚」に対する「ハマ貝塚」という阿部芳郎による対比は，変化に富む人間活動の結果として残される遺跡の多様性を鮮明に印象づける用語になっている。

　普通の貯蔵穴は集落内に設けられたが，なかには付近に住居址が見つからず，集落外で一時的に貯蔵をしたのではないかと思われるものもある(註236)。西日本に多い湿地に掘りこんだ貯蔵穴は木の実の渋抜きのためという意見が強いが，流れていない水に漬けるだけでは渋抜きの効果は期待できない。おそらく水漬けが長期保存に有効であることを利用したもので(註237)，湿地という人の居住に適さない場所に作られたために隣接して集落が見られないことが多い。しかし立地が可能なら集落に隣接する場合もあり，一般に集落と大きく離れてはいなかったのが普通であろう。同じどんぐりの保存方法は中国長江下流域の初期稲作遺跡の田螺山(註238)，オレゴン州のアメリカ＝インディアン(註239)によっても行われたことが知られている。

　トチの実の水さらし作業場(註240)，水場(註241)などについても集落との関係は同じようであったろう。ただ作業場は1集落だけに属するとは限らず，いくつかの集落共用のものもあった可能性を考慮しておく必要がある。これは墓地や環状列石，巨木柱列など儀礼の施設についても言えることで，ここに複数の集落間の関係と共用施設の問題が生

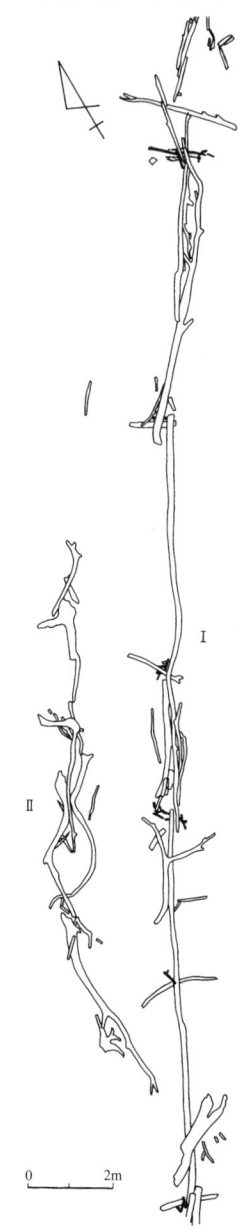

図85　横浜市古梅谷遺跡の木道（横浜市教育委員会 1995『古梅谷遺跡』）

ずる。

　集落間や集落と共用施設を結ぶ道は踏み均されていたであろうが，はっきりそれと確認できる例は少ない。北海道千歳市美々 4 遺跡では晩期の火山灰の直下から集落外に伸びる道が検出された。横浜市の後期古梅谷遺跡[註242]や埼玉県大宮市寿納遺跡[註243]では湿地をわたるために樹木をならべた木道が残っていた（図85）。

2. 集落内遺構

　集落の構造については第Ⅴ部「社会のかたち」でとりあげるので，ここでは集落を構成する遺構の種類を個々に見ていきたい。

　まず基本的な居住の施設とみられている竪穴住居があり，いくつかの機能の異なるものが含まれているとみられる掘立柱建物，墓壙とみられる長円形の穴，これらにしばしば貯蔵穴が加わる。はっきりした痕跡を残すことが少ない作業場,儀礼に関するとみられる石組遺構や巨木柱列などもあげられる。集落の近隣に水場が見つかっているものもあり，その中には群馬県みなかみ町矢瀬遺跡のように大きな石を組んで使いやすくしたものもある。

　一定規模の集落には捨て場が伴い,壊れた土器や石器が捨てられているが,貝が多く捨てられると貝塚が形成され（図86），貝層内に鳥獣魚骨が保存されるだけでなく，墓と重なって形成されると人骨も残った。

　高く盛り上がりドーナツ形を呈する環状盛土「遺構」は栃木県小山市寺野東遺跡で最初に注目され，その後も類例が相次いでいるが，人の生活の継続や廃棄行為によって自然に土が積もっただけなのか人工的に形成されたものか，問題になっている。炉穴，集石なども集落内とみられる施設である。集落内の道は近年検出例が増えているが，代表例は青森市三内丸山遺跡のそれで，道の両側に沿って 2 列の土壙墓が並んでいるのは，通路としての道以上の儀礼的意味があったのかもしれない。新潟県朝日村元屋敷遺跡[註244]では砂利を敷いた集落内の道が検出されている。

　上記の遺構分類には「竪穴住居」「墓」「貯蔵穴」など用途を断定したような名称と，「掘立柱建物」，「石組遺構」，「巨木柱列」，「環状盛土」など用途の断定を避け，とりあえず形状で表現したものが混在している。用途が不明

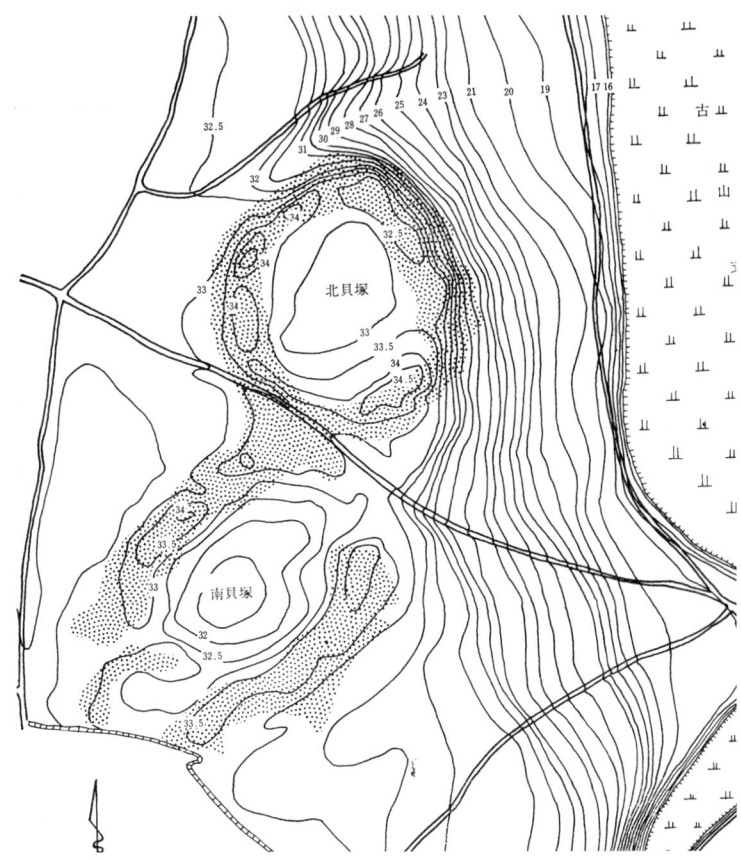

図86 千葉市加曾利貝塚（杉原荘介編 1977『加曾利北貝塚』）
中期の北貝塚と後期を主とする南貝塚がメガネ状に接する全国でも珍しい双環状貝塚。

であったり，研究者の意見が分かれたりするからである。

(1) 環壕

　弥生時代の大集落に環壕で取り巻かれたものがあることはよく知られている。農耕の発展という背景の中で，他集団との緊張が高まり，防衛のために作られたと説明されている。ところが縄文時代にも数は少ないが相当規模の環壕が存在することが知られてきた。北海道千歳市丸子山では中期後半に幅

図 87　北海道苫小牧市静川遺跡の環壕をもつ集落（写真提供：苫小牧市美術博物館）

1〜2m の壕が 70 × 60m の規模で，苫小牧市静川遺跡では後期初頭に 60 ×
40m の規模で作られたことが発掘で知られた（図 87）。静川では壕と同時期
の住居址は 2 軒しかなく，丸子山には 1 軒もないということなので，環壕「集
落」と呼ぶこともためらわれ，その築造目的も謎である。なお戦闘は農耕民
の行為で狩猟採集民の間に戦争はなかったという佐原真らの認識があるが，
人類学者の鈴木隆雄は骨の実物の鑑定から，とくに縄文後晩期にはかなりの
頻度で闘争による受傷の痕跡とみられるものがあると指摘している (註245)。
　このように各種遺構の組み合わせから集落の様子が生き生きとらえられる
ようになってきたが，さまざまな遺構がとらえられているのは，ほぼ東日本
の前期から後期にかけての大集落に限られているといってよく，それらです
ら上記すべての種類の遺構が揃ったものはない。典型的な事例から集落の構
造を理解していく必要はあるが，ほかの地域，ほかの時期では竪穴住居すら
検出されていない遺跡も「集落址」として分類されているものが少なくなく，
典型的な大集落がある地域でも，同時期の規模の小さな集落址が多数あるこ
とを念頭におき，典型的集落と小集落の関係を解明していく必要がある。東

日本以外では南九州の草創期や早期の集落に，竪穴住居だけでなく炉穴や連結土坑，集石といった変化に富む遺構の組み合わせが見られるものがある。

(2) 竪穴住居

　縄文時代のほぼ全時期，全地域に広く知られている居住施設は竪穴住居である。掘立柱建物を含む，あるいは掘立柱建物だけからなる集落の存在が知られた今では，それをどう理解に取り込むかが集落研究の大きな焦点になるが，各地域，各時期を通じて広く数多く知られている竪穴住居の重要性は変わらないであろう。竪穴住居は地面を掘り下げた半地下式の部屋を作り，柱の根元を埋める穴を掘って柱を立て，垂木と水平材の骨組み上におそらくは萱や葦を主とする屋根材で屋根を葺き，炉や入口を設けた居住施設である。地域と時代によっては，屋内貯蔵穴，埋甕，祭壇と呼ばれる特殊な施設が付属することもあり，床に平石を敷いた敷石住居，出入口構造が発達した柄鏡形住居などは特別にその名で呼ばれることが多い。出入口構造は，たとえ遺構として明確でなくても，必ずあったはずだし，炉で火を燃やしたときの煙出し構造がなければ生活は耐えがたい。壁や床はどうなっていたか，敷物や土壁の覆いなどの問題もある。

　そもそも縄文時代の住居の多くがなぜ竪穴なのか？　北アメリカ大陸などの民族誌で見ると，竪穴の多くは土屋根で，土で覆う一番の目的は防寒にあるという^(註246)。岩手県一戸町御所野遺跡の中期集落で屋根の上の土が焼けて赤化したものが竪穴の覆土からみつかり，土屋根の証拠が得られたとされる^(註247)が，民族誌の土屋根住居は，天井に出入り口があるものも多く，縄文の竪穴住居の多くに想定されている横からの入り口がある構造と違っている。屋根の構造は発掘現場での観察に合わせ，竪穴の構造復元と全体の変遷のなかで検討されなければならないが，柄鏡形住居やはしごの固定のためとみられる入口ピットから，縄文の竪穴住居の多くが側面に入り口を有したことはまず間違いない。

　もう一つ竪穴を掘る目的として言われているのは，斜めに地面まで接する屋根の下に居住空間を広く確保するためである。住居として作る一番簡便な形は，竪穴内部に柱を設けず，垂木などの屋根材を頂点で結束し，根元を地面に埋め立てて固定する方法である。草創期の静岡県大鹿窪遺跡，早期の鹿

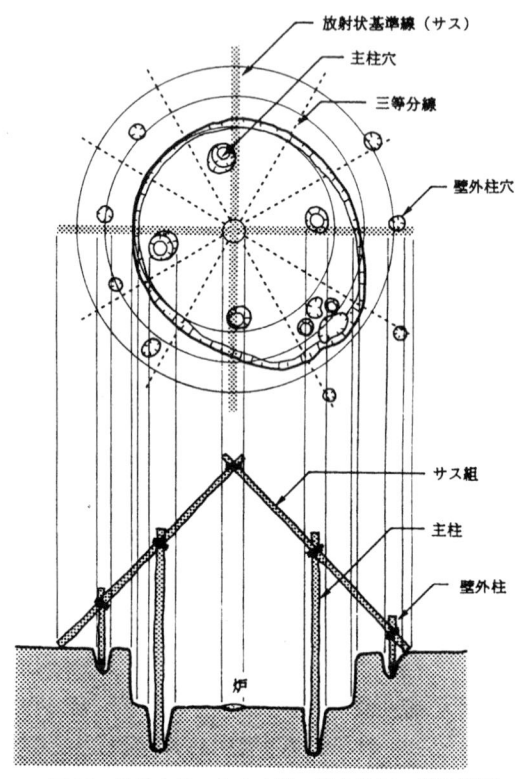

放射状基準線（サス）
主柱穴
三等分線
壁外柱穴
サス組
主柱
壁外柱
炉

図88 渋谷文雄による中期の竪穴住居の構造復元
（渋谷文雄 1998「竪穴住居址の小柱穴の位置について」
『松戸市立博物館紀要』5号）

児島県上野原遺跡などの小ぶりな竪穴住居には壁面や竪穴外に屋根の垂木の穴と見られるものが多数検出されたものがある。このようなものでは床を掘りくぼめるか垂木をたわめたドングリ形にしなければ居住空間の確保が難しい。また，かつては縄文時代の竪穴住居は掘りこみ部分が住居の輪郭に相当すると素朴に考えられていたが，構造の推定からいっても，実際に発見された竪穴外のピットからも，住居の屋根の広がりは掘りこみ部分より広いことがむしろ普通であると考えられるようになった。

　竪穴住居の構造を復元する手がかりは，柱穴，炉を含めて，地面に掘りこまれた穴の形である。これらの確かな痕跡を客観的に把握しようとする「竪穴住居の型式」把握の努力が行われているが[註248]，現在各地で展示されている復元家屋は，とにかく主柱穴の位置に柱を立て，あとは梁や桁（主柱に乗せて架け渡す部材のうち，入口から奥方向へ向くのが桁，横向きが梁である），それによりかかる垂木（屋根の骨格を形成する斜めの部材）を使って，あらかじめイメージされている円錐形・方錐形屋根に近づけていったものがほとんどといってよいが，ある地域のある時期には基本となる構築法が

あったであろうから，その原則をとらえる努力が必要である。このように竪穴の痕跡にもっとも合理的な復元の試みに，渋谷文雄が下総台地の中期～後期初頭で行った復元（図88）[註249]がある。主柱穴，補助的な小柱穴の配置を上屋構造との関係で合理的なシスムとして説明しきっているだけでなく，柱の本数が増え，面積が広くなる変化にも構造的に無理なく対応でき，説得力がある。

笹森健一は東日本を大きな地域に区分し，竪穴住居構造とその系統的な変化の過程，系統間の関係を考察している（図89）[註250]。相当に複雑な議論で，本書のような概説的な性格の本では全体の紹介は躊躇せざるをえないが，まず各地域・各時代の柱穴配置など住居址全般が共有する規則性，基本原理を抽出し，それらを適合的に説明できる構造はどのようになるかという視点から多様な住居構造の可能性を提示している。個々の発掘事例に思いつきの構造をあてはめるのではなく，構造とその跡（遺構）が年代に従って連続的に変遷したもの（構造の変化が突然起きる「特殊変化」もある）として把握していることも重要で，住居構造を考えるために必読の文献となっている。

縄文時代のもっとも古い住居は，東京都あきるの市前田耕地遺跡の土器出現期のものであるが，掘りこみは浅く，壁沿いに石を並べるなどその後の竪穴住居とは違いが大きい。すでに炉を有している。草創期に入ると南九州の鹿児島県掃除山，宮崎県清武町上猪ノ原の14軒など南九州で隆帯文土器期に遡る発見があり，滋賀県相谷熊原遺跡で直径6～8mの5棟，草創期末の

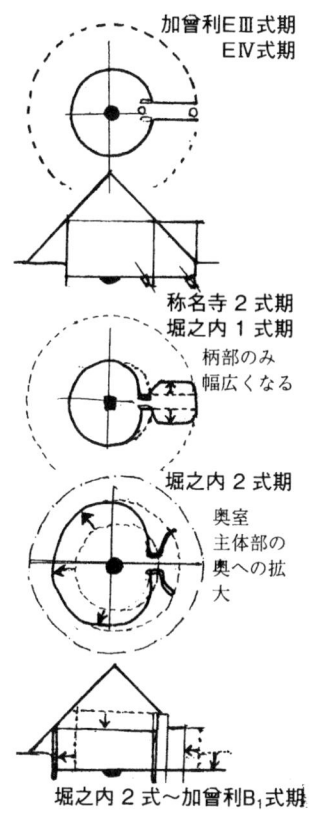

図89 笹森健一による中期末～後期への住居の変遷（前半部分）（笹森健一 2014「竪穴住居の構造」『講座 日本の考古学』4（縄文時代下））

押圧縄文土器期になるが，静岡県の沼津市葛原沢Ⅳ遺跡[註251] でしっかりした竪穴を有する住居が，大鹿窪遺跡[註252] では 14 軒の竪穴住居が発見されている。これらは，草創期の集落は小さく，住居址も浅いくぼみ程度のものという先入観を一新したが，竪穴内の柱穴が明確でなく，配置も規則的ではない。

早期撚糸文系土器期になると竪穴住居址の発見数が飛躍的に増え[註253]，関東で 300 を大きく超えている。草創期に見たような小規模で柱穴がはっきりしないものに混じって，大きな方形プランで，各柱穴は小さいながら規則的な配置を持つものがある。そのようなものでは中央に正方形の掘り込みがあってそのコーナーに柱穴のあるものが見られる。正方形の掘り込みは囲炉裏のように灰を入れ，そこに尖底の土器を突き刺して使った一種の炉であろう。灰は無機物のように見えるが，長い間酸性の雨にさらされると分解されて残らない。小型住居に炉の焼土が検出されやすいのは，そのような施設がなく，床面上で直接燃やした火の痕跡のほうが残りやすいからであろう。

早期には東京都三鷹市東京天文台構内[註254]，町田市成瀬西Ⅱ遺跡[註255] など 1 辺 8m 前後の大型の住居も出現している。このような早期の大型の住居は縦横ともに広く，前期に東北地方にあらわれる長円形の「大型住居」とは系譜的につながらない。

前期の東北地方では次節でとりあげるように大型住居の存在が顕著である。長円形または長方形で，短軸方向に柱穴が対向し，6 対，7 対も並ぶ。普通規模の竪穴住居の基本構造に従いながらも長軸方向に伸ばすことで大型化を達成している。2 列の柱穴の間に炉の焼土がいくつも並び，稀に間仕切りとみられる小ピット列が検出されることもある。この時期のこの地域では，大型住居のほうが小型のものより普通の居住施設とみられるようになり，区別して造られたらしい小型のものは，親族組織との関連でどのような機能にあったのかという逆の問題設定さえなされるようになっている[註256]。

このような細長い大型住居は山形県西海淵など中期中葉まで残る地域があるが，以後見られなくなる。

東北北部から北海道南部の円筒下層式土器の地域では，柱の配置は上に似るが 2〜3 対と少なく，柱の外側に空間があって床がベッド状に高まる形から中期末まで一連の変遷をとげる。笹森は中央の 1 対が屋根の稜線になりな

がらもあまり高くない平屋根に近い形を推定しており，それが原因で北海道
南茅部町大船Ｃ遺跡（中期）を典型とするように，竪穴の掘りこみが非常
に深く，2mを超えるものも出てくるのだという。

　関東の前期はじめは方形ないし台形の掘りこみで，3対の主柱穴が普通で
ある。笹森は片流れの屋根を推定する。この時期には壁に沿って多数の壁柱
穴が生まれ，やがて壁に沿う周溝に変わる。壁面の崩れを防ぐ化粧施設とみ
られ，それに見合うような床敷きもなされたことが想像される。

　前期後葉にはやや小型の隅丸方形4本柱が一般的になるが，東京都和田西
遺跡[註257]，群馬県中野谷松原遺跡[註258]などで東北地方の細長い大型住居
とは異なる幅の広い大型の住居も知られている。前期末の関東は遺跡の数と
竪穴住居の数が激減する時期であるが，東京都八王子市郷田原遺跡[註259]に
東北地方系かとみられる大型住居があり，社会の動きの一環としての説明が
求められている。

　関東や中部高地で中期に入ると，前期の隅丸方形から変わった円形4本柱
のものが普通であるが，4本柱をつなぐ梁や桁に垂木を懸けると垂木の根元
の列も四辺形になって円形にならない。中期も時期が進むと掘り方の面積が
広がり，主柱穴の数が5，6，7，8と増えたものも現れ，遺跡数，竪穴住居
数の増加と合わせ，人口の増加を思わせるが，4本柱の構造から大きな変化
なしに円形のままで柱を増やし面積を広げることを可能にする基本構造の説
明として，渋谷文雄は，垂木を主たる構造材と考え，「主柱穴」に立ってい
たのは垂木を固定してたわみを防ぐ補強材だった，主柱と言えるものはな
かったと考え，笹森は，隣接する梁材間を固定する「ひうち材」の存在を想
定し，ひうち材が上下に繰り返し重なって屋根の形になると考える。どちら
を想定するかによって上屋の形はまったく異なることになる。

　関東の中期末後期初頭には柄鏡形住居が現れ，変遷を繰り返しつつ後期末
まで続く。入口部が張り出しとして主体部から延びる柄鏡形は，掘り下げら
れた部分の形であって，実は炉を中心にして張出部の先端までの長さを半径
とするほぼ円形の上屋があったとみる[註260]。柄鏡形住居の掘り込みの柄を
除いた部分は直径3〜4mと小さいが，上屋はほぼ2倍の直径7〜8m規模に
復元される。

　これは堀之内2式期には主体部（掘り下げた部分）が隅丸方形となり，張

図90 北海道栄浜1遺跡で発見された軽石製の「家形石製品」（八雲町教育委員会所蔵）

出部は両壁がハの字形に大きく開く。炉を中心として張出部先端までが上屋の半径であることに変わりはない。これが入り口構造を持つ方形へと変化して晩期に続くが，後期中葉に掘りこみ部を囲む柱穴の数が増えるのは，壁柱構造への移行と考えられている。

中期の北海道八雲町栄浜1遺跡で発見された軽石製の「家形石製品」（図90）[註261]は，その認定が正しいとすると，壁と屋根が分かれる入母屋型になる。後期の屋根と壁柱が分かれる復元案や，晩期の新潟県青田遺跡[註262]における掘立柱建物に用いられた草壁材と見られるものの検出から推定される，屋根と壁が分かれる構造には適合的であるが，時期が離れる（図91）。

東日本に比べて西日本の縄文遺跡は数が少なく規模も小さいことは早くから指摘されてきた。当然竪穴住居の発見数も少ない。それは東海地方西部から近畿，中国・四国，北部九州に及ぶ。

以上の地域は概して台地の発達が悪く，山地・丘陵が直接低地に接することが多い。台地面が狭いことが縄文時代の人間の活動に制約を与えた可能性が考えられるが，もう一つ考えられるのは，丘陵斜面を避けて低地に住居を構える場合，竪穴でなく平地式や盛土をした住居構造を取った可能性である。しかし西日本自体でそのような遺構が検出されたことはなく，山形県の押出遺跡[註263]や新潟県青田遺跡などで湿地に杭を打ち込んだ構造の家が知られていることからの連想となる。これに対して火山灰台地の発達した南九州では時期によっては多数の竪穴住居が発見されている。もっとも，南九州と言ってもいつでも多数あるわけではなく，草創期と早期は東日本にひけをとらないが，前期，中期は少なく，後期が最も多く，晩期に減少し，晩期末にやや復活が見える。このような動きは前期以降西日本各地で類似しており，住居址発見の多寡は大きな時期的変化と西日本の環境変化の重なりとして理解す

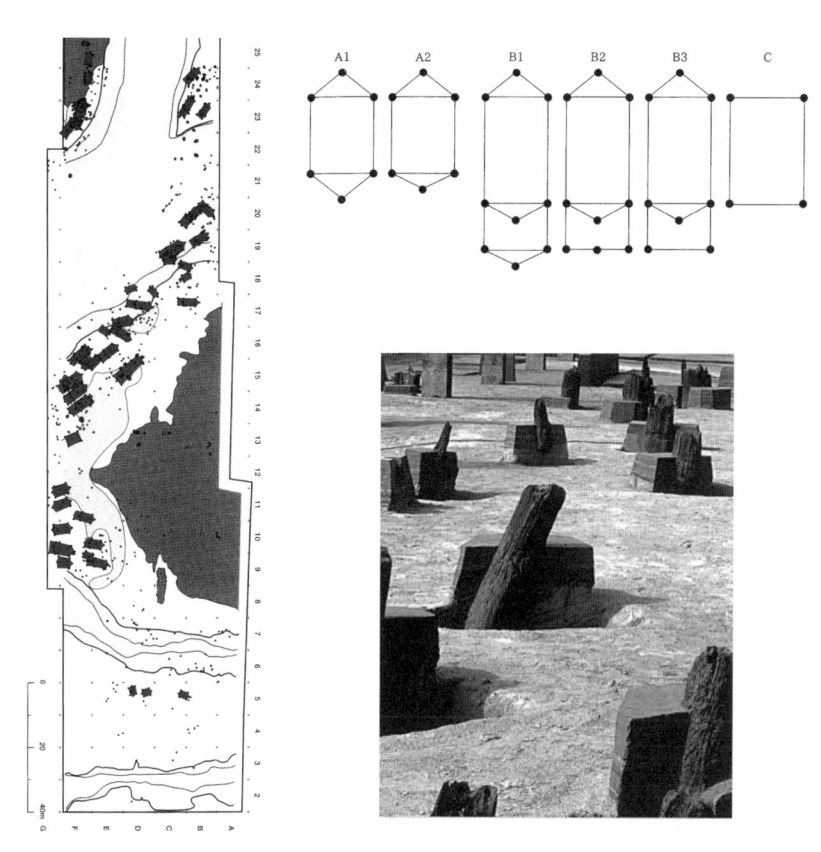

図91 新潟県加治川村青田遺跡（左）の掘立柱建物（上）と柱材（下）
（荒川隆史 2002「新潟県における縄文晩期のムラ・墓・建物」『川辺の縄文集落』新潟県教育委員会）

ることができよう。

　西日本各地の竪穴住居の変遷をつぶさに見ていくことは難しいが，比較的情報の多い南九州で見ると，草創期と早期に方形を基調とした竪穴が見られ，早期の鹿児島県上野原の多数の竪穴では竪穴内に柱穴がはっきりしないため垂木構造を主体とする構造が推定されている。以後前期・中期は発見例が少なく，後期・晩期は円形を基調としてやはり主柱穴が明瞭でない例が多い。北九州〜中九州では晩期に方形に変わる。

(3) 大型住居

　1973 年富山県不動堂遺跡において，長軸 17m の小判形で，長軸上に 4 基の石組みの炉が整然と並ぶ大型住居が発掘されたとき [註264]，それまでに知られていた直径 5〜6m 以下の一般的な竪穴住居と規模が大きく異なるため，非常に特殊なものとして，集会場，供食の場，儀礼の場，雪国の共同作業場などの用途が提案された。

　「大型」の基準は一律に決められないが，最低限の用語の整理は必要であろう。縄文時代の「大型住居」の数のうえで中心になるのが，東北地方に前期に現れ中期に続く，細長い長方形（以下，角のとれた長円形，葉巻形を含む）のものであることはすでに常識になっているが，武藤康弘はこのようなものについて長軸 8m 以上を「大型」の一応の基準にした [註265]。

　細長い大型住居は，形の上でも普通規模の住居と区別しやすいが，関東の各時期に見られる縦にも横にも長いものは，「普通」規模との線引きが難しい。上記の 8m と，常識的な「普通」の上限の幅 6m を掛け合わせた面積 48m² の平方根，縦横各 7m がひとつの目安になるかと思う。この基準に相当する竪穴住居は，関東などですでに早期初めの撚糸文土器期に出現しており，続く時期にも存在する。「大型」の印象は普通規模の群から飛び離れて大きいという意味があろう。その時代・地域の住居址規模の集成の上に論じられる必要があり，境界数値の一人歩きには問題がある。

　大型と普通の境界値の選び方によって大型住居の数は大きく変わることになるが，鈴木克彦は 2011 年に，平面形を問わずに長軸 8m 以上の基準で全国 1100 軒余りを集成した [註266]。

　撚糸文期の大型住居はすでにふれたが，長方形大型建物は東北地方から関東に及ぶ早期貝殻文土器の時期から散発的に知られており，前期の東北地方の盛行につながると思われるが，その経過は充分明らかではない。

　上記不動堂例の発掘後，長方形大型住居の検出は東北地方の前期，中期を中心に相次ぎ，早くも 1985 年に武藤康弘は，これを機能としては普通の住居で，数世帯が共同で使用した長屋であるという説を提出した [註267]。やがて秋田県上の山Ⅱ，岩手県大清水上 [註268]（56 頁図 24），中期の山形県西海淵（中期）[註269] などほとんど大型住居ばかりからなる集落が発掘され，特殊機能の建物だけからなる集落が存在するとは想定できないことから，武藤氏の共同

住宅説が支持されることになった。

　これらは長軸が放射状に並ぶことに特徴があり。新潟県中期の五丁歩[註270]（183頁図108参照），新潟県清水上[註271]も掘立柱の長方形大型建物が放射状に並ぶ。そのようなものにも数の多少はあるが，普通ないし小型のものが混じるが，逆に関東などではほとんどの時期に普通規模が圧倒的多数で，少数の大型が混じることがある程度であり，なぜそのような違いがあるのか説明が求められている。

　関東では大型住居は依然として少数派である。しかし宇都宮市聖山根古谷台遺跡[註272]のように，前期前葉の大型住居を主体とする遺跡もある。住居址の掘りこみが浅く，ほとんど平地住居といってよいのは，大型住居床面を広く掘り下げる手間の問題にも関係があろう。この遺跡の「柱穴列」も同様に理解すべきであろう[註273]。

　多摩市和田西遺跡では諸磯b，c式期の隅丸方形・長方形大型住居が発見されている。前期最終末から中期最初頭は関東地方で竪穴住居が非常に少ない時期であるが，八王子市郷田原遺跡では長軸23mもある大型住居が2軒検出されている。普通規模数軒に居住した人々が次に大型住居に集まり，数回の建て替えを行った後，再び普通規模の住居に戻る経過が解明されたという。

　中期には関東や中部高地の大型住居はとくに比率の上で少なくなるが，東京都八王子市椚田遺跡[註274]では普通規模の竪穴住居に混じって大型の掘立柱建物が検出されており，類例は他の遺跡にもある。このような大型住居には特別な機能を想定すべきかもしれない。

　後期にはとくに西南関東で遺跡が衰退し竪穴住居址が少なくなっていったが，東関東では安定が続き，大規模な集落が残る。千葉県佐倉市吉見台遺跡[註275]で19×16.5m，千葉市加曾利貝塚で19×16mの楕円形大型住居が発見されている。後者は台地面より下の斜面に建てられ，異形台付土器2点の出土などから祭祀などの特別な目的の建物とみられている[註276]。佐倉市宮内井戸作遺跡では近接する場所に径15〜20mの5軒の大型住居の建て替えが見られ，集落の中でも特別な位置と機能を担ったことが推定される[註277]。西南関東の集落入り口に繰り返し立て直された石井寛のいう「核家屋」も類似の役割をもったものであろう[註278]。

　晩期に入ると竪穴住居は一層減少するが，その中に埼玉県真福寺遺跡の8

× 7m，神奈川県川崎市下原遺跡[註279] の 1 辺約 10m などやや大型の住居が比率的に多く見られる。青森県大森勝山[註280] にも直径 13m のものがある。

　西日本では大型住居といえるものの発見がきわめて少ないが，和歌山県中飯降遺跡では後期前葉の 4 基の大型住居が検出され，プランの判明した 1 号は直径 14m のほぼ円形，2 号は 16 × 15m の楕円形で，大型住居が集中している特異な性格の遺跡と判明した[註281]。

(4) 掘立柱建物

　掘立柱建物も大型住居と同様，発見数の増加とともに縄文の集落観に大きな転換を迫っている。

　1975 年ごろから掘立柱建物と呼ばれる遺構が検出されるようになった[註282]。これは竪穴を伴わず柱穴だけが並ぶもので，以前から古代の都城や寺院遺跡の建物はそうであった。そのような大きな柱穴は発掘でも検出しやすく，掘り方と柱根跡部分の認識も可能であったが，縄文時代のものは一般に掘り込み穴が小さいため検出が容易でなかった。しかし遺跡全体にわたる小ピットの慎重な検出と，配置の規則性の検討が，それを建物の跡とみることを可能にした。そして縄文の遺跡にもそのような建物があるという認識が調査者の注意を高め，それがさらなる多数の発見につながり，掘立柱建物だけからなる集落まで存在したこともわかってきた。

　「掘立柱建物」と外形で一括される建物には，構造や機能の異なるものが含まれていることはまず間違いない。その一部は竪穴住居の掘りこみが浅いために地表面に柱を立てたように見えるものにすぎないが，柱の配置からみて一般の竪穴住居とは異なる構造の建物があったことも確かである。竪穴住居とは使用季節が異なる居住施設なのか，立地の違いが生み出した建築様式の違いなのか，高床の倉庫なのか，儀礼などの特別な用途の建物か，と何重にも問題が設定されているが，最初に解決されなければならないのは，構造の問題と竪穴住居との時間的空間的関係である。

　注意しておかなければならないのは，大きなボリュームの覆土を伴い，遺物を含む可能性の高い竪穴と違って，この種の遺構では小さな穴に落ち込んだ土器片に時期判定を頼らなければならないことが多く，切り合い関係がつかみにくいことからも，正確な時期判定が竪穴住居よりも難しく，たとえ

ばある集落の構造の変化を追う中に個々の遺構を細かく位置付けることも難しい。宇都宮市の前期聖山根古谷台遺跡の大型掘立柱列の多くが長方形大型住居の掘りこみの浅いものであることは疑えない。もっとも早く「方形柱穴列」が検出された横浜市港北ニュータウン地域例は，中期から後期例がほとんどで，比較的華奢な構造が推定され，旧地表面に炉の焼土とみられるものが検出されることもあり[註283]，平地式建物の可能性が高いであろう。中期には柱穴が2重に並ぶものも多く，普通規模の竪穴住居とは異なる大型の平地建物を思わせる。後期にはとくに西南関東で遺跡が衰退し竪穴住居が少なくなっていったが，掘立柱建物の数は増える。

　中期の岩手県西田遺跡[註284]で（後述176頁図105）環状墓壙群をとりまくように，長軸が円周方向をとる長方形・亀甲形の掘立柱建物群は，後期秋田県大湯[註285]の万座・野中堂両環状列石（後述144頁図98）や，秋田市伊勢堂岱[註286]の環状列石の周りにも同類のものが検出され，祖先崇拝儀礼にかかわる仮小屋的なものという意見が一般的であるが，石井寛は一般集落と同種の遺物が大量に出ていること，同時期の集落がこの地域に少ないことから，墓地と関連するとしても普通の住居の機能も果たしたのではないかとする[註287]。

　青森市上野尻遺跡[註288]（図92）は後期後半の遺跡で，掘立柱建物が環状に回るが，墓壙群はなく，少数の竪穴住居があるだけである。墓壙群を取り巻くことから儀礼用だとされたこの種の建物について，墓壙がなくても儀礼用だとするのは問題であろう。なおこの遺跡では亀甲形と四辺形の掘立柱建物が半円どうしで対向し，双分制を視覚化させた典型例とされるが，各半円は礫層の分布地区とそうでない地区に当たり，調査担当者も交替していることが気がかりである。

　地域的には，近年新潟県で掘立柱建物を主体とする集落が多数知られ，特別な地域と認識されてきている。中期の和泉A遺跡[註289]は長軸を円周方向に向ける大小の掘立柱建物群であるが，塩沢町五丁歩，堀之内町清水上（中期）などは大型長方形の掘立柱建物が放射状に並び，秋田県上の山Ⅱ遺跡，岩手県大清水上遺跡などの大型竪穴住居に似る。中期から後期にわたる新潟県小千谷市城之腰[註290]，同県晩期の籠峰[註291]，藤平（晩期）[註292]，宮城県山元町谷原遺跡にも中期末〜後期の掘立柱建物が環状集落を呈するものが

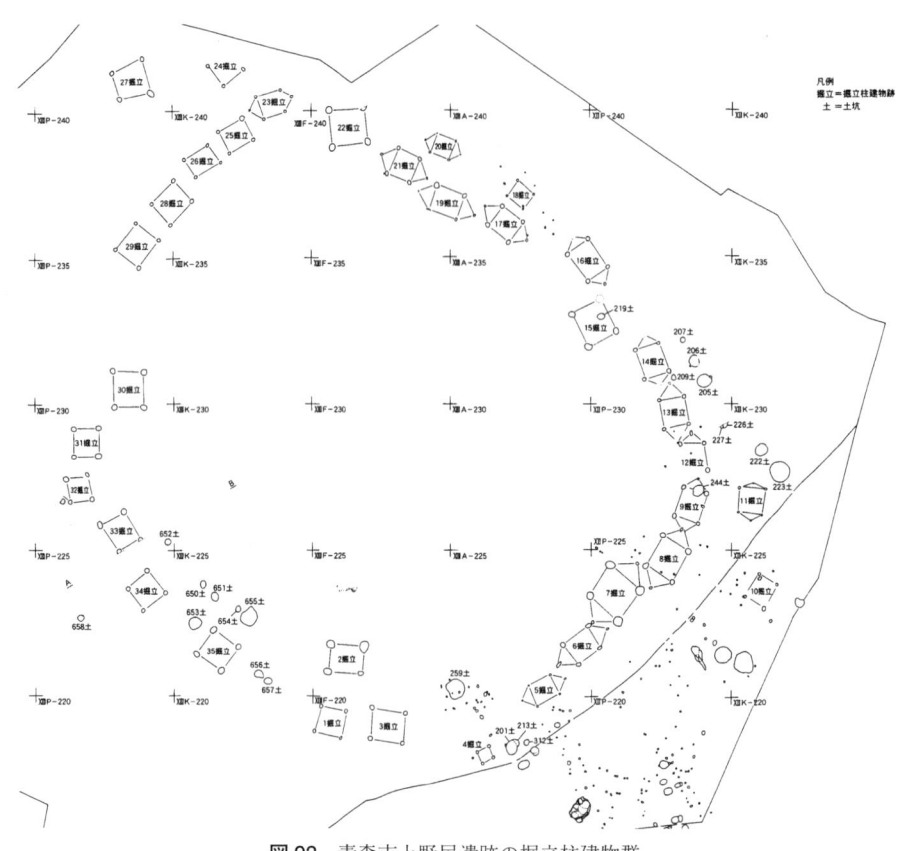

図92 青森市上野尻遺跡の掘立柱建物群
（青森県教育委員会 2003『上野尻遺跡Ⅳ』青森県埋蔵文化財調査報告書 353 集）

ある^(註293)。さまざまなプランの掘立柱建物が混在することが特徴のようで，新潟県青田遺跡（図91）は川に沿う低地に位置するために柱材が遺存しており，50棟以上の掘立柱建物だけからなる集落が解明された。発見されにくい立地と合わせ，晩期の住居址の発見数が少ないことに一定の説明を与える。前期の山形県押出遺跡も湿地に杭を打ち込んで作ったとみられる建物で，このような場所では，土を盛ったり木を敷き詰めたり，あるいは高床にしないと水の浸透を防ぐことは難しい。

　関東でも中期の横浜市前高山遺跡^(註294)のように，竪穴住居よりも掘立柱建物のほうが多数を占める集落も知られてきた。

中部高地前期の阿久型掘立柱建物[註295]は太く四角い柱穴が互いに接するほど密接に並ぶ堅固なもので（図93），力学的には高床を想定することも可能であろう。竪穴住居と混在して群在し，別の機能を推定する必要がある。

要するに柱穴列は穴の形と，ときに柱根の遺存が見られるが，上部構造の復元が難しく，用途についても多くの疑問を残している。富山県桜町遺跡における「ほぞ」を有する建築部材の発見によって高床建物の存在が実証

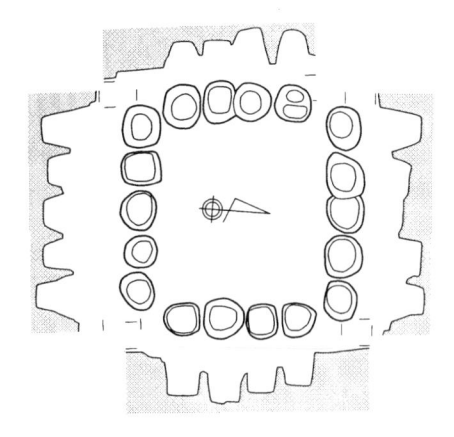

図93 山梨県北杜市石橋遺跡の阿久型方形柱穴列（千葉毅 2010「阿久型方形柱穴列の再検討」『山梨県考古学協会誌』19号）

されたが，その材はそれほど堅固なものではない。青森県三内丸山遺跡では比較的太い6本の柱穴が長方形に並ぶものは高床倉庫または高床住居として復元されているが，柱根が特別に太いものについては同じ柱の並びであるにも拘わらず物見やぐらのように復元されている。

北陸の晩期の「環状木柱列」も掘立柱建物の1種であるが，その特殊な構造から，次節の儀礼的施設として扱った。

西日本でも近年掘立柱建物とされるものが報告されている。後期〜晩期の兵庫県佃遺跡，中期宮崎県下耳切遺跡，後期の掘立柱建物とされるものが弧状にめぐる宮崎県高野原遺跡[註296]などが注目されているが，今後の発見と検討に待つべきところが大きい。

北海道では今のところ縄文時代の掘立柱建物は検出されていないようであるが，気候の関係で防寒に向く竪穴住居が一般的であったのであろうか。擦文文化からアイヌ文化に移行する頃，竪穴がアイヌの伝統的な平地住居，チセに変わったが，チセは平取町ピパウシ遺跡などで掘立柱の並びとして検出されているので，縄文時代にそのようなものが見つかっていない理由を調査不十分とは考えにくい。平地住居の問題は北海道八雲町栄浜1遺跡の「家形石製品」の問題ともかかわる。竪穴で壁立ちという構造は考えにくいからである。

(5) 貯蔵穴

　貯蔵穴については，鹿児島県東黒土田の草創期の例があり[註297]北海道早期の中野 B 遺跡にも多く，古くから存在した。その消長と盛衰だけでなく，構造，とくに屋根があったのかどうか，口は土で閉じられていたのかオープンであったのか，何を貯蔵したのか，どれくらいの期間貯蔵できたのかなどさまざまな問題があり，さらには集落の中における配置から当時の食料所有形態を読み取ろうとする研究もある[註298]。

　一番基本的な視点は東日本の台地上に作られて湿気を避けた乾式貯蔵穴と，南九州を除く西日本に多い意図的に湿地に掘りこんだ湿式貯蔵穴の違いで，同じ貯蔵施設であるとしても機能は大きく異なったにちがいない[註299]。しかし青森市新田遺跡[註300]の湿地に掘りこまれた貯蔵穴の例もあり，地理的に完全に排他的ではないらしい。

　乾式貯蔵穴の構造としては，秋田県古館堤頭遺跡[註301]の開口部周囲を柱穴状のものが取り巻く例や底面中央の柱穴状の穴などが上屋の存在を思わせるが，青森県蛍沢遺跡[註302]など底面の放射状の溝が穴に連結する例（図94）は，底面が水浸しになるのを防ぐ機能を推定させる。

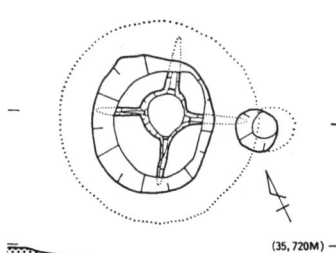
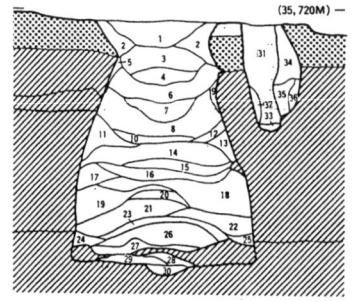

図94　青森県蛍沢遺跡の底面に溝を持つ貯蔵穴（秋田県蛍沢遺跡発掘調査団1976『蛍沢遺跡』）

　前期に東北地方で大型住居が増える時期に乾式貯蔵穴の存在が顕著で，秋田県杉沢台など多くの集落に大型のものが群集する。中期になると東関東には多いが西関東や中部高地には少ないなど，生活が安定したことが確かな地域でも必ずしも多数あるわけではない。東関東の環状貝塚の内側，岩手県西田遺跡の一ヶ所にまとまったありかたなどは共同管理の観があるが，西関東後期の比較的数の少ないものは住居

毎に付属する観があるという[註303]。

　西日本の湿式貯蔵穴は，集落の外や隣接地に作られるのが普通なので前節「集落外施設」と第Ⅵ部①章2「縄文文化の柔軟性」で扱った。

(6) 炉穴と集石

　南九州の草創期の集落で注目されている遺構に炉穴[註304]と集石[註305]がある。炉穴のうち本体と煙出しの穴がトンネルで結ばれているものは，「連結土坑」とも呼ばれる。類似のものは三重県鴻ノ木遺跡[註306]や東海地方の早期前半にもあるが，関東では早期後半に多く，以後見られなくなる。関東では楕円形の穴の底の一部が焼けているだけで煙道を持つものは少ない。ど

コラム ❸

竪穴住居址の発掘

　古代の居住施設としては竪穴住居の存在が古くから知られていた。北海道では内地の古墳時代〜古代に相当する竪穴住居が埋まりきらない窪みとして多数残っていたので，松浦武四郎ら幕末の探検家はそれを認識していたが，きちんと発掘された縄文時代のものとしては1926年東京帝国大学人類学教室による千葉県姥山貝塚が初期の例になる。竪穴住居は地山に掘りこまれ，その中を廃絶後に積もった別の土が埋めている関係になるので，発掘の時には，地山と埋め土の境を追って行けば比較的簡単に掘り出せる。とりわけ台地上に立地する遺跡では検出が容易である。長く使われた住居では床面が踏み固められて固くなっているものもある。敷石住居は床上に石が敷かれているので検出はもっとも容易で，古くから知られていた。

　竪穴住居のうち普通と異なると認識されるものについては敷石住居・柄鏡形住居・大型住居などと言った名前で呼ばれ，竪穴を持たないものは平地住居や掘立柱建物などとして区別されるようになってきた。

　敷石住居は住居としては特殊なものという見方もあった。しかし土器編年に対照すると，たとえば西関東の中期末〜後期初頭と時期が限られていることがわかり，地域と時期を限って流行した家の形と理解されている。竪穴住居から多数の土器が出土する場合があるが，その住居で使われていたものは少なく，廃絶された後の窪みに他のごみとともに捨てられたものが多い。この点で床面から検出される土器が竪穴の年代決定に重視される。

の地域でも多数群集する場合が多く，連なるもの，重複するものもあるが，既存の穴を足場にして燃焼部を継ぎ足していった結果らしい。恒久的な施設というより，必要になると次々に作られた施設のように見える。鹿児島県栫ノ原遺跡の炉穴から脂肪酸が検出され，肉の燻製を作っていたのではないかとも言われる[註307]。集石は浅い穴に焼石が詰められた施設で，南九州では草創期からみられ，早期まで多い。関東では早期から中期まで少し見られる。何らかの食料の石焼き調理に用いられたことは確かであるが，対象物は特定できない。しかし特殊な加熱装置が2種類も九州の草創期を起点に，時間の傾斜を伴いながら東に広がることは興味深い。

(7) 環状盛土

　後〜晩期の栃木県小山市寺野東遺跡[註308]が発掘されたとき，幅15〜30m，高さ5mの土手状の盛土が，外径165mの環状をなして検出され，竪穴住居など居住遺構が検出されず，盛土中から土偶や石棒などの祭祀的な遺物が多く出土したことから祭祀遺跡との性格付けがなされた。しかし盛土は長い時間をかけてできたもので，さまざまな生活遺物を含み，居住があったことはまちがいない。環状貝塚から貝殻を取り去ったものといってもよいであろう。中央の窪地が人為的に削平されているという観察もある[註309]。類例は千葉・埼玉を中心に10か所ほど知られている。北海道の石倉貝塚(後期)，キウス4遺跡，岩手県御所野遺跡などにも盛土が認められるという。注意すべき点は，この種の「遺構」が顕著になるのは後期からで，環状貝塚を「環状盛土遺構」から除いた場合，環状集落が広くみられる中期にそれが顕著でないことの理由の説明が求められる。

　上記の環状盛土と明らかに性格を異にしているのが千葉県君津市三直貝塚[註310]で検出された環状盛土である。丘陵斜面に立地するが，後期中葉に斜面を水平に削り，出た土を谷側に盛って土手状にしたもので，大規模な土木工事と言える作業が行われていた。盛土形成の前にも後にも竪穴住居が営まれている。このように同じ名前で呼ばれ，外見的に類似の遺構にも性格を異にするものが含まれている。青森市小牧野環状列石でも認められたことだが，縄文人も祭祀の場として平坦面を確保するために相当な土木工事をしたことがわかってきた。

3. 墓と儀礼の場

　本章は「1．集落外施設」と「2．集落内施設」に大きく分けてみてきたが，墓と儀礼の場は機能が独特で，第Ⅴ部⑤章の「信仰と儀礼」で論ずる思想性と結びつくこと，集落内だけでなく集落の外に作られる種類もあることから節を分けて記述する。

(1) さまざまな墓

　縄文時代の墓は地面に穴を掘って遺体を埋める土壙墓を主とし，以下に述べるようないくつかの変種がある。はじめに墓の種類を超えた体位について書く。それは骨が遺存している場合にだけにしかわからないが，手足を曲げて仰向けの姿勢をとる仰臥屈葬が多く，側面を下にする側臥屈葬もある。手足を伸ばした伸展葬，座った姿勢の座葬は屈葬との区別があいまい。墓壙はそのような体位の遺体が収まる必要最低限の楕円形に掘られることが普通で，長軸1mほどの楕円形の穴が集まっていると骨が遺存していなくても集団墓地と判断されることが普通である。土壙墓の上に低い盛土がなされた例があることは，盛土部分とそれを覆う土の色が違っていた青森県五所川原市五月女萢遺跡の晩期例で確認された[註311]。近年調査された富山県前期の小竹貝塚では抱石葬が多くあり，男性に限られるという。

　墓が作られるのは集落の内部だけでなく，外部に専用の墓地を設ける場合もあった。墓が死者の遺体の処理だけでなく，生きている人間と祖先をつなぐ場として意識されることは過去も現在も変わらない。その儀礼のために集団墓地に特別の施設が作られることがある。また墓は埋葬された人物たちの生前の地位や関係を物質化し表現する場とされることもあったと考えられており，その観点から埋葬の姿勢や頭位，副葬品の種類と量などから生前の身分を推定し，社会形態解明の手掛かりに用いようとする研究も増えている[註312]。

　墓や儀礼の場から推定される思想や儀礼については、第Ⅴ部⑤章でとりあげるので，ここでは墓の種類と儀礼関係の遺構の種類について列挙するにとどめる。

(2) 共同墓地

　草創期や早期には墓地がほとんど知られていない。そもそもこの時期の集落は規模が小さいから，住居址群から少し離れて埋葬された場合には検出しにくいのであろう。また楕円形の墓壙が群在することが墓地であることの徴候になるから，ばらばらに離れて作られた場合には墓壙として認識されにくい。死者が身に着けていた装飾品や副葬品も墓であることの証拠になるが，早期まではそのような風習もさかんではなかったらしい。早期の北海道南茅部町垣ノ島は集落内に墓域が形成された古い例となる。

　このような状況は前期に入ると大きく変わる。まず集落の一角，ときには中央に土壙墓が群在する状況がしばしば見られるようになる。前期前葉の栃木県根古谷台，前期中葉の群馬県中野谷松原などがある。横浜市北川貝塚 (註313)，千葉県船橋市飯山満東遺跡 (註314) のように住居址群よりも 1 段階遅れた時期まで墓が営み続けられる場合があるのは，先祖たちが眠る墓地を特別な場所として維持する意識の表れであろう。

　身に着けた耳飾などが墓壙の中に残る例が大阪府国府遺跡 (註315)，福井県あわら市桑野遺跡 (註316) などにある。国府遺跡，飯山満東遺跡のように墓壙にしばしば大きな土器片を入れたものは，副葬品というより遺体の顔を覆って保護したのであろう。北海道早期の北斗遺跡 1 号墓には 31 点の石鏃が置かれ，前期には秋田県池内遺跡 (註317) 394 号土坑例のように土器と 12 点の石器を副葬された墓も現れ，死者に対する特別な扱いの萌芽を示すが，すぐに普及するわけではない。

(3) 廃屋墓 (註318)

　貝塚などで竪穴住居の床面近くから埋葬人骨が見つかることがある。竪穴が放棄されたあとの窪みの再利用であるが，その住居にかつて居住した人なのかもしれない。再利用という点では，フラスコ形の貯蔵穴に埋葬された再利用の例もある。千葉県市川市姥山貝塚 (註319) では竪穴住居の床面から 5 体の人骨が出たが，普通の埋葬の体位を取っておらず，中毒などの事故死とみられている。このような例外的な事例が 1 軒の竪穴住居にどのような性別・年齢の人たちが同居したか，ひいては縄文時代の家族構成の手がかりになる (註320)。

(4) 石棺墓

　石棺墓は墓壙の壁面に板石を並べて箱状にしたもので，蓋石を置いたものも多い。青森県平賀町堀合Ⅰ号遺跡（図95）[註321]で12基など，後期の青森県から秋田県北部がひとつの分布域になっている。板状に剥離する岩が入手できる地域であること

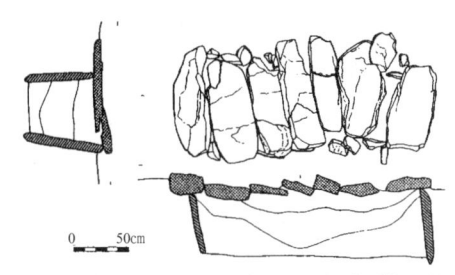

図95　青森県堀合Ⅰ号遺跡の石棺墓（第2号石棺墓）（葛西励ほか1981『堀合Ⅰ遺跡』）

が基本条件になるのであろう，縄文時代でも限られた分布を示す。東北地方北部の石棺墓は土器棺とともに見つかる例があり，基本的に前者が1次葬，後者が2次葬と考えられている[註322]。これらとは離れて，長野県飯山市宮中遺跡[註323]，千曲市円光房，大規模なものを含む群馬県みなかみ町深沢遺跡など関東，中部高地，上越にも後期～晩期の石棺墓が見られる[註324]。板石が入手しにくいため，塊状の岩や扁平な礫を並べて壁にしたものが多く，底面にも並べたもの，稀には蓋石を持つものもある。このような施設は遺体を保護したいという気持ちの現れと見られるが，そうだとすると縄文の墓一般に木板や編み物を使って遺体を保護したこともありうる。注意深い発掘がこの問題を解決するであろう。実際，山口県御堂遺跡の晩期土壙墓からは木棺を設置した痕跡らしいものが検出されている[註325]。

(5) 甕棺墓

　土器を納骨器に用いた墓は弥生時代の東日本で顕著であるが，縄文早期の鹿児島県上野原遺跡では東日本弥生の再葬壺棺にそっくりの壺形土器が意図的に埋められた状態でみつかった。再葬墓と断定はできないが，注目される遺構である。

　土器棺は後期前葉の東北地方から関東に多く知られる。青森県ではかなり普及した葬法であるらしく，青森市山野峠遺跡[註326]，五戸町薬師前遺跡（図96）[註327]など例も多い。再葬用かとみられる特別な壺形土器が土坑に数点収められている[註328]。このような壺の中には胴部と蓋部に分離した「切断壺形土器」が用いられることもある。粘土での成型が終わった段階で肩の

図96 青森県薬師前遺跡の甕棺墓（市川金丸
1979「三戸郡倉石村出土の縄文時代後期甕棺土器
について」『青森県考古学会会報』12 号）

部分に切断線を切り込み，分割した後で焼成するので，身と蓋がぴったり合う。同じような切断技法は東北南部や関東地方の同じころの型式にもあり，関東や中部高地では注口土器を容器として利用するとき，紐を通して結び合わせるための半環が作りつけられたものもある（東京都八王子市桜沢[註329]，山梨県都留市中谷など）。これらは甕棺ではなく貯蔵用であろう。土器棺では土器を伏せているために，水が浸透しにくく，骨が残ることがあり，子供の甕棺ではなくて骨化された再葬（遺体を腐らせ骨だけにしたあと埋葬する葬法，民族学では 2 次葬の前に骨を洗って清める例も多いので洗骨葬とも呼ばれる）だとわかる。残っていた骨に火痕が見られるものもあり，骨化の過程で火が使われることがあった。山野峠では石棺墓と土器棺墓が別の列ではあるが，無関係とは思えない状況で検出されており，1 次葬と 2 次葬とする解釈が行われている。埼玉県入間市坂東山遺跡[註330] の例は，口縁を下にして埋められた後期初頭の深鉢形土器の中に骨化した男性成人骨が収められていた。

(6) 多人数集骨

　後期には再葬と関連するかもしれない多人数集骨が注目される。代表的な茨城県中妻貝塚[註331] では，直径 2m ほどの円形の土壙に 100 体を超える遺骨が頭を壁面に並べるような形で収められていた。解剖学的な骨の位置関係は保持されているが，100 人の遺体をこのように小さな土坑に一斉に収めることは無理であり，骨化と遺体の搬入が並行して時間をかけて進められたのであろう。船橋市宮本台で 13 体，市川市権現原で 18 体がそれぞれ 1 つの土壙に埋葬された例が知られている。中妻貝塚人骨群のミトコンドリアDNAによる血縁関係の分析については第Ⅴ部①章でふれた。

(7) 盤状集骨葬

特徴的な再葬の形として，愛知県吉胡貝塚など東海地方晩期に盤状集骨葬が知られている（図97）。遺体を骨化した後，手足の長い骨を「井」の字形に組み，上に頭骨や小さい骨を置いたもので，やはり再葬にもとづくものである。

図97 盤状集骨葬（愛知県本刈谷貝塚）
（写真提供：刈谷市）

(8) 環状列石

環状列石あるいはストーンサークルと呼ばれる遺構は，必ずしもすべてが墓ではないが，縄文時代の墓と儀礼の場として重要部分を占めたものであるため，墓の記述の続きとして取り上げる。

環状列石は中期から晩期までであるが，先行する前期の例として長野県原村阿久遺跡 [註332] が有名である。これは列石とは形容しにくいもので，中央の立石群を取り巻くように塊状の石を幅の広い集石群として円環状に展開させたものである。同時に見つかった多数の土壙の性格は明らかでないが，一部は墓であろうといわれる。

中期末の群馬・山梨・神奈川・静岡といった，ほぼ曽利式土器の分布範囲に1重の列石が円形または隅丸方形にめぐるものが知られている [註333]。山梨県牛石例 [註334] は直径50mで，環状列石としては後期も含め最大であろう。この時期のものに墓壙が伴うことは認められておらず，墓地ではないらしく，東北地方後期の環状列石とは時間的にも途切れ，これに続くこ伴いらしい。

後期の秋田県大湯遺跡 [註335]（図98）の野中堂と万座の環状列石は古くからよく知られている。両者は90mほど離れて位置し，構造，寸法ともよく似ている。どちらも内帯と外帯からなり，内帯は直径約20m，外帯は円形というより隅丸方形で，1辺が40〜50m，内帯と外帯の間にはかなりの空白があるが，そこにそれぞれ1基の日時計と呼ばれる特殊な組石がある。内帯，

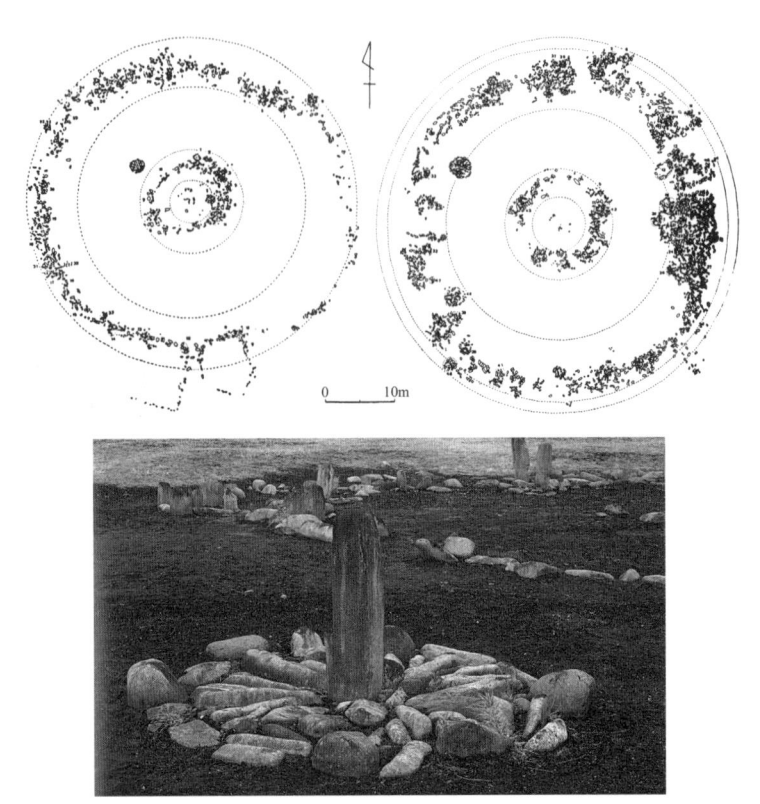

図98 秋田県大湯の野中堂（左）と万座（右）環状列石，下は野中堂の「日時計」と呼ばれる組石（秋元信夫・藤井安正 1985 〜 1993『大湯環状列石周辺遺跡発掘調査報告書 1 〜 9』）

外帯とも均一な帯を成しているわけではなく，組石が断続しながら並んでいる状態である。組石の下を掘ると，墓壙と見られる土壙が見つかることが多い。野中堂の外帯 2 か所，万座の外帯 3 か所に入り口構造とみられる 2 本ずつの石列がある。

　1984 年からの再調査で，外帯を取り巻くように掘立柱建物が立ち並んでいたことが判明するとともに，一本木後口地区でも列石が発掘され，残留脂肪酸分析などによってこれらの列石が墓地であることが確定した。

　北秋田市伊勢堂岱 (註336) では 4 つの環状列石の存在が確かめられており，

全掘された列石Cは隅丸方形で，外帯の石列が2列であることが大湯と異なる。外帯の外側にやはり掘立柱建物群が検出されている。

青森市小牧野^(註337)のものは緩斜面を削平して作られており，隅丸方形で，外帯が2列（これを外帯と内帯とすることもある）であることが伊勢堂岱と共通するが，内帯あるいは中心円は直径2.5mと非常に小さい。外帯は組石の並びではなく，斜面に石垣のように組まれている。これは長方形の石を縦横に積み分けており「小牧野式」配列と呼ばれている。環状列石の隣接地から土器棺墓，土壙墓が発掘されているが，環状の中からは見つかっておらず，葬送を主目的としたものではないらしい。

北海道森町の鷲ノ木^(註338)は全体が正円で中心円は小さく，外帯はほとんど接するほど近く並走する2列からなる。石列は組石の形をとらずに並ぶ。環状列石の外側5mほどのところに竪穴遺構があり，その中に11基の土壙墓がある。これは周堤墓の先行形態と見られるものである。

以上が環状列石最盛期の例となるが，晩期の弘前市大森勝山の例は組石が並んで外帯を形成している。組石の下に墓壙などは認められていない。くりかえしになるが，環状列石すべてが墓地とは言えず，儀礼の場としての性格も強い。石による儀礼施設の造成は，前期・中期に始まっているが後期前葉の発達が著しい。石棺墓，敷石住居もこの前後の時期から発達している。石棺墓は遺体保護のためのもので，完成時には地表からは見えない。敷石住居は地域と年代が限られるが普通の住居の施設で，土間部分と出入り口通路に敷かれたものであるから，儀礼的機能は考えにくいが，この時期にさまざまな施設に石敷きが加えられるようになるのは，大きな時代的風潮なのかもしれない。

(9) 周堤墓

北海道の周堤墓^(註339)は環に囲まれた円形の墓地として環状列石と何らかの関連がうかがわれるが，後期の後葉に環状列石の流行より少し遅れて行われた。竪穴を掘って区画することにねらいがあったようで，結果的に出た土を土手状に積み上げたものである。千歳市キウスには大規模なものが接するように群集しており，最大の2号周堤墓は外径75m，窪みの中心から土手の上まで5mを超える縄文時代最大の構築物であり，単なる廃土の処理には見

えない。

　北海道では周堤墓が発見調査される以前，明治・大正時代から列石・配石を伴う墓域が発見されていた。小樽市忍路は日本で最初に発見された環状列石であるが，それだけに石が運び出されたり，さまざまに手が加えられたりしており，本来の形を知ることは困難。土堤はなく2列の石列で囲まれた現状からみるなら，最初に呼ばれたように環状石籬（籬は囲いのこと）ということになり，周堤墓の堤が石列になった形と理解できるかもしれない。斜里町朱円栗沢 (註340) の2基の周堤墓はどちらも直径約30mで，A号は中に20か所以上の配石を持つ土壙墓があり，周堤墓と環状列石をつなぐ様相である。B号は内部に1基だけ配石がある。深川市音江の配石墓群は40×50mの土手で囲まれており朱円に類似する。どちらも周堤墓と環状列石を合わせた様相であるが，時期的に他地域の周堤墓と同時期の後期後葉で，東北地方北部の環状列石が後期前半であるのと異なり，同列には扱えない。

　一方，上述の鷲ノ木の竪穴墓壙群，北海道仁木町モンガクB遺跡などの円形に集合する土壙墓群に周堤墓の前身を見る考えもある。周堤墓については第Ⅴ部⑤章「信仰と儀礼」の節でまた取り上げる。

（10）巨木柱列

　掘立柱建物の1種であるが，その柱の巨大さゆえに，実用的な建物ではなく儀礼の場であろうという推定が

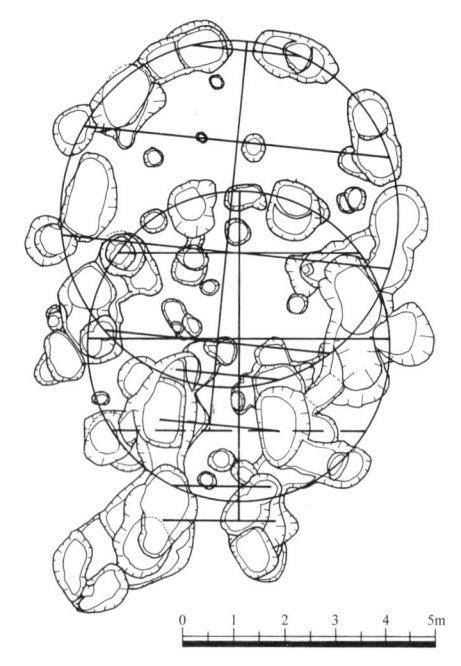

図99　富山県井口遺跡の円形巨木柱列（2基重複）
（金沢市教育委員会 1983『金沢市新保本町チカモリ遺跡
－遺構編―』金沢市文化財紀要34）

行われているものがある。代表的なのが三内丸山遺跡の 6 本柱で，直径 1m のクリ材が遺存しており，上部構造がわからないまま物見やぐらのような復元がなされている。

　石川県チカモリ遺跡など北陸の晩期 12 遺跡で環状木柱列と呼ばれる同種の遺構が検出されている（図 99）。クリの大木を断面三日月形に割り取った材を，割取り面を外側に向けて正円のプランに立て並べたもので，遺跡が低地に立地するために柱根の木質部が残ったものである。柱に囲まれた内側は直径 6〜8m ほどで，やや大きな住居址というくらいで，出入口構造もある。しかし割面を外に向けて立て並べた構造は，全体が大円柱のようになり，普通の円錐形の住居とは全く異なる外観になったであろう。太いクリ材の使用とあわせ特殊な儀礼的施設という性格付けがなされる理由である。新潟県寺地遺跡では環状木柱列のほかに川原石を敷き詰め 4 本の木柱を立てた遺構，「炉状配石」などがあり，後者からは多量の焼人骨・焼獣骨が出土した。

〔註〕
218）富山県桜町遺跡で葺材と見られるヨシの束が出ている。また高床建物の部材の可能性がある網代壁と見られるものが出ている（小矢部市教育委員会 2007『桜町遺跡発掘調査報告書　縄文時代総括編』小矢部市埋蔵文化財調査報告書 61）。新潟県加治川村青田遺跡でも草壁材が出土している（文化庁編 2001『発掘された日本列島 2001』）。
219）渡辺仁 1964「アイヌの生態と本邦先史学の問題」『人類学雑誌』72巻 1 号
220）藤原秀樹 2013「Ｔピットについて」『北海道考古学』49 輯　が北海道の陥し穴データを集成している。
221）中村信博 2002『登谷遺跡』登谷遺跡調査団
222）横山英介 1999「北海道の特殊性」『季刊考古学』69 号
223）中村信博 2003「関東の溝型陥し穴盛行期に見られる二つの配置形態」『栃木の考古学』塙静夫先生古希記念論文集刊行会；中村信博 2007「関東地方の陥し穴猟」『縄文時代の考古学』5 巻
224）今村啓爾 2004「箱根南西山麓の先土器時代陥穴の使用法」『考古学研究』51 巻 1 号；今村啓爾 2006「先土器時代陥穴の使用方法：静岡県愛鷹山麓の場合」『生業の考古学』同成社
225）佐藤宏之 2010「陥し穴猟」『旧石器時代（下）』講座日本の考古学2　青木書店

226）実証のための化石資料がまったく不足しているが，一般に AT パミス降灰頃〜縄文時代以前に絶滅したと考える人が多い。

227）池谷信之氏が愛鷹山麓の土手上遺跡で行った黒曜石の悉皆的産地分析では信州や伊豆箱根の産地の異なる黒曜石を所持した集団が土手上の環状ブロック群内で位置をずらしながら共存したことが証明された。多集団の結集を証明する最高のデータである。

228）今村啓爾 1994「陥穴（おとし穴）」『縄文文化の研究』2 生業　雄山閣

229）岩手県埋文センター 1982『御所ダム建設関連発掘調査報告書，盛岡市萪内遺跡』岩手県埋蔵文化財調査報告書 32

230）石橋孝夫 2007「定置式河川漁撈―石狩紅葉山 49 号遺跡の定置式河川漁撈」『縄文時代の考古学』5 巻

231）黒耀石ミュージアム 2004『黒耀石の原産地を探る，鷹山遺跡』新泉社

232）池谷信之 2005『黒潮を渡った黒曜石，見高段間遺跡』新泉社

233）宮坂清 2007「黒曜石鉱山」『縄文時代の考古学』6；池谷信之 2007「黒曜石の供給」『縄文時代の考古学』6

234）阿部芳郎・樋泉岳二ほか 2000『中里貝塚』東京都北区教育委員会

235）そのほか東京都伊皿子貝塚，千葉県奉免寺安楽寺貝塚，千葉市宝導寺台貝塚，愛知県大西貝塚・水神貝塚などが同じ性格の遺跡である。

236）今村啓爾 1988「土坑性格論」『論争学説日本の考古学』2 巻　雄山閣

237）佐賀県坂の下遺跡で発掘されたアラカシのドングリが研究室で発芽した。
　　小畑弘己 2008「古民族植物学からみた縄文時代の植物栽培とその起源」『極東先史古代の穀物 3』科研費報告書　熊本大学；文化庁編 2005『発掘された日本列島 2005』；水ノ江和同 2007「低湿地型貯蔵穴」『縄文時代の考古学』5

238）中村慎一ほか 2008「中国の初期稲作遺跡を掘る ―浙江省田螺山遺跡の日中共同調査―」『考古学研究』55 巻 3 号

239）松井章 2008「アメリカオレゴン州サンケン・ビレッジ遺跡」『考古学研究』54-4

240）佐々木由香 2007「水場遺構」『縄文時代の考古学』5

241）川口市遺跡調査会 1989『赤山』報告以来，谷あいの木組み遺構がこのように判断されることが多いが，粟島義明は，民俗学的なトチノミのアク抜き施設と異なる構造のものが，このような判断の再生産を受けていることに警鐘を鳴らしている（2015「木組遺構水さら

し説への疑問」『考古学研究』245 号）。なお武藤康弘は加熱せずに
トチノミのアクヌキを行う民俗例を紹介しているが，流水でさらし
続ける工程があり，当然それは水場で行われる（2007「堅果類のア
クヌキ法」『縄文時代の考古学』5）。

242）横浜市教育委員会 1995『古梅谷遺跡』

243）埼玉県教育委員会 1984『寿納泥炭層遺跡発掘調査報告書―人工遺
物・総括編』

244）川村三千男 1995『奥三面ダム関連遺跡発掘調査報告書Ⅳ　元屋敷
遺跡Ⅰ』新潟県朝日村文化財報告書 第 10，22-23 集

245）鈴木隆夫 1998『骨から見た日本人』講談社選書メチエ 142

246）渡辺仁 1981「竪穴住居の体系的分類，食物採集民の住居生態学的
研究」『北方文化研究』14 号

247）高田和徳・西山和宏 1998「縄文時代土屋根住居の復元―御所野遺
跡の実験」『先史日本の住居とその周辺』同成社

248）櫛原功一 2009「竪穴住居の型式（中期）」縄文時代の考古学 8 巻；
菅谷通保 2009「竪穴住居の型式（後晩期）」縄文時代の考古学 8 巻

249）渋谷文雄 1998「竪穴住居址の小柱穴の位置について」『松戸市立
博物館紀要』5 号

250）笹森健一 2014「竪穴住居の構造」『講座　日本の考古学』4（縄文
時代下）　青木書店

251）沼津市教育委員会 2001『葛原沢第Ⅳ遺跡発掘調査報告書』沼津市
文化財調査報告書 77 集（考古学年報 48）

252）静岡県富士郡芝川町教育委員会2003・2006（註71 に同じ）

253）戸田哲也 1983「縄文時代草創期後半の竪穴住居について」『大和
市史研究』9 号

254）東京天文台構内遺跡調査団 1983『東京天文台構内遺跡』

255）（註 253 に同じ）

256）笹森健一 2014「大型住居に伴う小型住居について」『土曜考古』36
号

257）多摩市教育委員会 2002『東京都多摩市和田西遺跡』多摩市埋蔵文
化財調査報告 46

258）大工原豊ほか 1996『中野谷松原遺跡縄文時代遺構編』安中市教育
委員会；石坂茂ほか 2001「群馬県における縄文時代集落の諸様相」『列
島における縄文時代集落の様相』

259）戸田哲也ほか 1996『郷田原遺跡』南八王子地区遺跡調査報告 10

260）笹森健一 1977「縄文時代住居址の一考察」『情報』2・3 埼玉考古
学会

261）三浦孝一 2000「壁もち住居形石製品からみた竪穴住居」『季刊考古学』73 号

262）荒川隆史 2002「新潟県における縄文晩期のムラ・墓・建物」『川辺の縄文集落』新潟県教育委員会

263）佐々木洋治・佐藤庄一ほか 1990『押出遺跡』山形県埋蔵文化財調査報告書 150 集

264）富山県教育委員会 1974『富山県朝日村不動堂遺跡第 1 次発掘調査概報』

265）武藤康弘 1998「縄文時代の大型住居」『縄紋式生活構造』同成社

266）鈴木克彦ほか 2011『縄文文化とアイヌ文化の大きい住居の比較考古学・考現学資料集』（武藤講座）

267）武藤康弘 1985「縄文集落研究の動向」『民俗建築』87

268）佐藤淳一ほか 2006『大清水上遺跡発掘調査報告書』岩手県文化振興事業団埋蔵文化財センター

269）阿部明彦・黒坂雅人 1991・1992『西海淵遺跡第一次二次発掘調査報告書』山形県教育委員会

270）高橋保ほか 1992『五丁歩遺跡・十二木遺跡』新潟県教育委員会

271）田海義正ほか 1990『清水上遺跡』新潟県教育委員会

272）宇都宮市教育委員会 1989『聖山公園遺跡Ⅴ―根古屋台遺跡発掘調査概要―』

273）梁木誠 1987「縄文前期の集落跡　宇都宮市聖山公園遺跡」『季刊考古学』21 号

274）吉田格・新藤康夫ほか 1982『神谷原Ⅱ』八王子資料刊行会

275）千葉県史料研究財団 2000『千葉県の歴史』資料編考古Ⅰ（旧石器・縄文時代）

276）同上

277）同上 2000「宮内井戸作遺跡」『千葉県の歴史』資料編考古Ⅰ

278）石井寛 2009「居住システムの変化―関東後晩期」『縄文時代の考古学』8

279）川崎市市民ミュージアム 2000『下原遺跡』川崎市市民ミュージアム考古学叢書 4；川崎市市民ミュージアム 2001『下原遺跡 2』川崎市市民ミュージアム考古学叢書 5

280）村越潔ほか 1968「大森勝山遺跡」『岩木山』岩木山刊行会

281）冨永里菜 2011「中飯降遺跡における大型建物の出現」『季刊考古学』114 号

282）長野県教育委員会 1982『長野県中央道埋蔵文化財発掘調査報告書（原村その 5）』，坂上克弘・石井寛 1976「縄文時代後期の長方形柱穴

列」『調査研究収録』2

283）石井寛 2009「居住システムの変化—関東後晩期」『縄文時代の考古学』8巻

284）岩手県教育委員会 1980『東北新幹線関係埋蔵文化財調査報告書Ⅶ 西田遺跡』岩手県教育委員会

285）鹿角市教育委員会 2002『特別史跡大湯環状列石発掘調査報告書（18）』；鹿角市教育委員会・大湯ストーンサークル館 2005『特別史跡大湯環状列石発掘調査報告書（Ⅰ）』

286）秋田県埋蔵文化財センター 1999『伊勢堂岱遺跡』

287）石井寛 2014「縄文時代の掘立柱建物跡」『講座日本の考古学』4（縄文時代下）；武藤康弘 1999「環状集落地域」『季刊考古学』69号

288）青森県教育委員会 2003『上野尻遺跡Ⅳ』青森県埋蔵文化財調査報告書 353集

289）加藤学・荒川隆史 1999『和泉A遺跡』新潟県埋蔵文化財調査事業団

290）藤巻正信 1991『城之腰遺跡』新潟県教育委員会

291）中郷村教育委員会 1987『籠峰遺跡発掘調査概報』

292）家田順一郎ほか 1983・1986『藤平遺跡発掘調査報告書Ⅰ・Ⅱ』下田村教育委員会

293）文化庁編 2016『発掘された日本列島 2016』

294）石井寛 2001『前高山遺跡』ふるさと歴史財団

295）千葉毅 2010「阿久型方形柱穴列の再検討」『山梨県考古学協会誌』19号

296）田野町教育委員会 2000『高野原遺跡B・C地区（1）掘立柱建物図面』

297）工藤雄一郎 2011「東黒土田遺跡の堅果類と縄文時代草創期土器群の年代に関する一考察」『考古学研究』58巻1号

298）坂口隆 2003『縄文時代貯蔵穴の研究』（未完成考古学叢書 5）

299）今村啓爾 1988「土坑性格論」『論争・学説 日本の考古学』雄山閣

300）伊藤由美子 2013「青森平田西端部における低湿地型貯蔵穴を備えた縄文集落の変遷について」『青森県郷土館研究紀要』37号

301）秋田県山本町教育委員会 1977『古館堤頭遺跡発掘調査報告書』

302）秋田県蛍沢遺跡発掘調査団 1976『蛍沢遺跡』

303）伊藤郭ほか 1985『三の丸遺跡調査概報』港北ニュータウン地域内埋蔵文化財調査報告Ⅵ

304）小濱学 2007「炉穴とその機能」『縄文時代の考古学』5

305）八木澤一郎 2007「集石遺構とその機能—九州島の状況から—」『縄文時代の考古学』5

306）三重県埋蔵文化財センター編 1998『一般国道 42 号松阪・多気バイパス建設地内埋蔵文化財発掘調査報告 4』三重県埋蔵文化財調査報告 123-4

307）文化庁編 1997『発掘された日本列島 '97』

308）江原英ほか 1997『寺野東遺跡Ⅴ』栃木県教育委員会

309）江原英 2009「環状盛土遺構」『縄文時代の考古学』8 巻

310）加納実 2004「縄文時代の土木工事―君津市三直貝塚」『千葉県の歴史』資料編考古 4

311）榊原滋高 2016「五月女萢遺跡」『日本考古学協会 2016 年度大会研究発表要旨』

312）林謙作 2001『縄文社会の考古学』同成社；春成秀爾 2002『縄文社会論究』塙書房

313）横浜市ふるさと歴史財団 2003『北川貝塚』港北ニュータウン地域内埋蔵文化財調査報告書 33

314）日本住宅公団東京支所 1975『飯山満東遺跡』雄山閣

315）浜田耕作 1920『河内国府石器時代遺跡第 2 回発掘報告』京都帝国大学文学部考古学研究報告 4

316）木下哲夫 1995「桑野遺跡」『金津町埋蔵文化財調査概要―平成元年〜 5 年度』；吉田泰幸 2006「玦状耳飾の装着方法」『日本考古学』22 号

317）小林克 1998「縄紋社会における祭祀の一構造」『季刊考古学』64 号；秋田県埋蔵文化財センター 1997『池内遺跡』秋田県文化財調査報告書

318）高橋龍三郎 2007「関東地方中期の廃屋墓」『縄文時代の考古学』9

319）小金井良精・松村瞭・八幡一郎 1932「下総姥山に於ける石器時代遺跡」『東京帝国大学理学部人類学教室研究報告』5

320）春成秀爾 1980「縄文合葬論」『信濃』32 巻 4 号

321）葛西励ほか 1981『堀込Ⅰ遺跡』；葛西励 2002『再葬土器棺墓の研究―縄文時代の洗骨葬』再葬土器棺墓の研究刊行会

322）児玉大成 2007「東北地方北部の再葬」『縄文時代の考古学』9　同成社

323）高橋桂 1981「宮中遺跡」『長野県史考古資料編 1・2』

324）加藤雅士 2007「関東・中部地方後晩期の石棺墓」『縄文時代の考古学』9

325）中村健二 2007「西日本の葬・墓制」『縄文時代の考古学』9 巻；下関市教育委員会 1991『御堂遺跡』

326）喜田貞吉 1934「青森県出土洗骨入土器」『歴史地理』63 巻 6 号

327) 市川金丸 1979「三戸郡倉石村出土の縄文時代後期甕棺土器について」『青森県考古学会会報』12 号

328) 阿部芳郎 1985「持ち運ばれる土器」『季刊考古学』12 号

329) 笹津備洋 1956「小形石斧を収蔵せる注口土器の一例」『石器時代』3 号

330) 谷井彪ほか 1992『坂東山』埼玉県教育委員会；児玉大成 2007「東北地方北部の再葬」『縄文時代の考古学』9 巻

331) 西本豊弘ほか 1995『茨城県取手市中妻貝塚発掘調査報告書』取手市教育委員会；菅谷通保 2007「多遺体埋葬」『縄文時代の考古学』9 巻

332) 千葉毅 2010（註 295 に同じ）

333) 石坂茂 2007「環状列石（関東・中部地方）」『縄文時代の考古学』11

334) 奈良泰史 1981「牛石遺跡の大環状列石」『どるめん』30

335) 秋元信夫・藤井安正 1985 ～ 1993『大湯環状列石周辺遺跡発掘調査報告書 1 ～ 9』

336) 秋田県埋蔵文化財センター 1999（註 286 に同じ）

337) 青森市教育委員会 1993『小牧野遺跡発掘調査概報』

338) 北海道森町教育委員会 2005『鷲ノ木 5 遺跡』森町埋蔵文化財調査概要報告書

339) 藤原秀樹 2007「北海道後期の周堤墓」『縄文時代の考古学』9

340) 河野広道 1955「先史時代史」斜里町史

IV. 生活のかたち

① 定住・季節移動と活動領域

縄文人は，植物の栽培や動物の一時的飼育も行っていたが，基本的に自然物に依存する生活であったため，利用できる季節も場所も偏るさまざまな資源を広い地域で開発する必要があった。その方策のひとつとしてありえたのが広い地域内を移動し続ける遊動生活であり，それと対極にあるのが，1地点に定住し，近場だけでなく遠隔地への遠征も繰り返し，食料を持ち帰り蓄える通年定住である。

両者の中間的な形，すなわち季節によって狩猟・採集・漁撈の獲物が多く得られる場所の近くに居住地を替える季節移動を伴う定住が，常識的には有利な戦略となり，実際に多くの狩猟採集民によってとられていた方策であることが民族学の知識として知られている。

海岸は比較的多くの季節にわたって漁撈や貝の採集が可能であったとみられるが，いくつかの異なる環境と資源分布の接点に居を構えることはさらに有利になったであろう。季節的であるにせよ，通年であるにせよ，定住民の間では，季節的に豊かな食料，たとえば秋に実り，長期保存の可能なナッツ類や，やはり秋に群れをなして川を遡上してくるサケ・マスを干物や燻製にして保存することが普通である。そのような保存食料の量が非常に多くなると季節移動の必要はなくなり，移動することもできなくなる。

縄文時代の地域と時代によって，遊動・季節定住・通年定住のどの生活形態が選ばれていたのか，生活形態そのものは残らないため，間接的証拠から解明しなければならない難しい課題になる。

羽生淳子は，民族学の知見によると，狩猟採集民はすべからず遊動か季節移動の生活形態をとっている，だから狩猟採集民である縄文人が通年定住をした可能性は，たとえ三内丸山のような巨大集落の居住者についてもない，と主張する [註341]。具体例として，中部日本の縄文前期諸磯式期の場合，遺跡ごとの大小が激しく，石器の組成比率も大きく異なるが，これは場所ごとに居住された季節が異なり，それぞれの場所で行われた活動の種類が異なるからで，冬には集住し大きな集落となるが，春や夏には別の地域に行って分散することによって広い地域の資源を利用した証拠であるとして，かれら

の生活形態は季節移動を伴う定住であったと結論した。羽生の議論は抽象的で，季節によって居住地が交替したといっても，どの遺跡がどの季節の居住地で，どのような作業が行われたのかという具体的比定がほとんどなされていない。

さきに私は洞穴利用の背景の推定から，先土器時代は遊動生活であるが，洞穴遺跡の多く利用された草創期には定住性が増し，台地上の集落を拠点としながらも遠出をする生活形態が生まれ，そのような遠出のときに洞穴が利用されたのであろうと論じた。

草創期にはすでに見た栃木県登谷遺跡ように相当規模の陥し穴群が知られている。縄文の陥し穴は基本的に動物が落ちるのを待って捕る施設で，しかも設置の労働から獲物捕獲の成果が得られるまで時間がかかり，さらに定期的に見回る必要があるから，定住でなければ作る意味がない。少なくとも季節的な定住は草創期からあったはずである。先に述べたように南九州の草創期はさらに定住度が高かった。

石器が狩猟具に偏る，南九州以外の草創期の食料資源は，狩猟中心であったはずで，植物食利用の痕跡が乏しく，漁撈については今のところ内陸のサケ産卵地での捕獲しか証拠がない。移動性の高い生活を示唆するが，実際に季節的食料資源を求めてどのように居住地を替えたかという論証は難しい。

ともかく草創期に，少なくとも季節的定住が行われたことが縄文の定住性評価の出発点になる。縄文前期・中期と進むにつれて草創期とは比較にならないほど多くの住居址を有する大集落遺跡が増える。南九州以外ではわずかしか住居址が発見されていない草創期に比べると，人口は数百倍に増えたことであろう。このような人口増加は，１つの集団が広大な地域を独占し，その中で自由に季節移動するような生活形態をとることを困難にしたにちがいない。東日本の前期・中期の集落に群集する大きな貯蔵穴は，秋に大量のナッツ類を蓄えたものとして，定住生活の証拠そのものである。しかしそれでも通年定住の決定的証拠にはならない。

ここで土器型式の分布が問題になる。土器型式はだいたいにおいて遺跡の少ない時期に広く分布する傾向がある。本州と九州に広く分布する「隆起線文土器」（かなりの地域差が内包されているが，全体としてこの呼び名が用いられるくらいの類似性がある）は例外的としても，早期の東日本の貝殻沈

線文系土器・西日本の押型文土器などの広い分布から転じて，前期には日本
列島を 10 前後の地域に分ける型式分布に分れ，中期前半にはひとつの県単
位を下回るほどの狭い型式分布の分立になる。このような型式分布の狭小化
の背景にあったのは，人口の増加と普段の生活のための移動距離が短くなっ
たことであろう。

西野雅夫は中期の東京湾岸の環状貝塚が通年定住型集落とみられる理由を

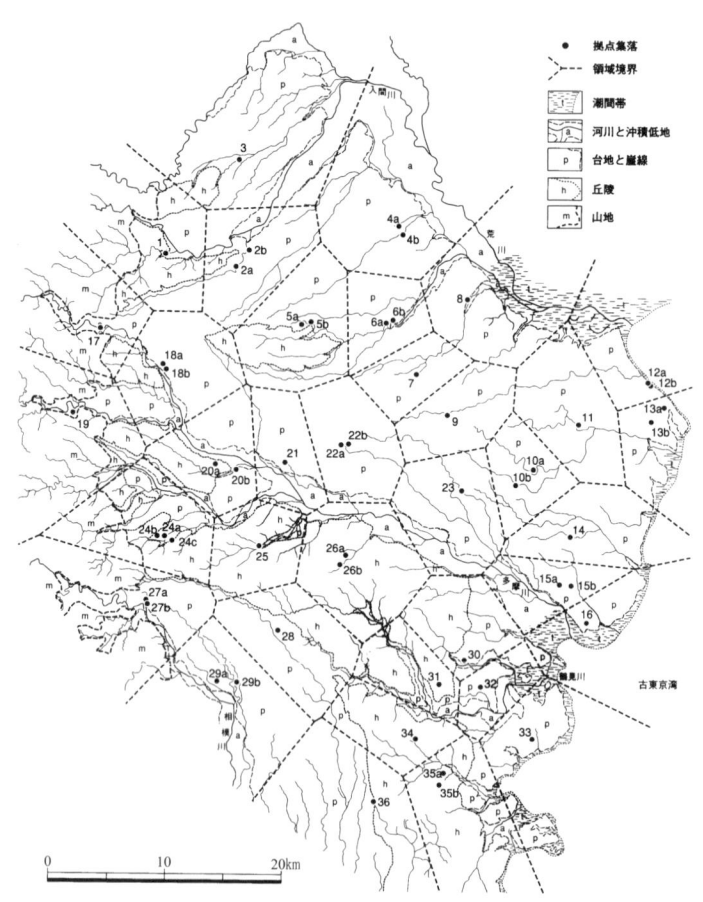

図 100　南西関東の縄文中期の拠点的集落と領域（谷口康浩による）
（谷口康浩 2005『環状集落と縄文社会構造』）

列挙しているが^(註342)，谷口康浩によると，南関東縄文中期の，多くが環状をなす拠点的集落は，平均8kmの距離をおいて長期に並存しており，各集落が占有できる領域は半径4〜5kmにすぎない（図100）^(註343)。このような状況の下で一つの領域を占拠する集団がその地を季節的に離れることは，生存の基盤を失う危険を冒すことになる。

　もし近距離に併存する多数の集落群が，季節的に別の環境の地域に大挙移動するというありそうもない状況を想像するなら，行く先にもきわめて広い地域が必要で，それを満たせるのは，遠く離れた地域間の移動しかないことになる。この想像を妨げるのが上述の土器型式分布圏の問題である。同じ集団が行く先ごとに別の型式の土器を作って使ったことはありえない。すでに述べたように中部日本の中期前半の土器型式は，現在の県の広さよりも小さい概略直径50kmほどの分布圏に分かれている。狩猟採集民の1日の活動範囲は半径10km，直径では20kmくらいと言われる^(註344)。中期の土器型式分布圏内には2つか3つの狩猟採集民の集団の理論的領域しか収まらない。類似の隣接地間を交互に交替する季節移動に生業上有利な意味が認められるだろうか。内陸の西関東と海に近い東関東の間の季節移動なら生業的意味があるかもしれない。しかし両地域は，勝坂式と阿玉台式というまったく別の土器型式の分布圏である。さらに勝坂式も阿玉台式も分布の内部にさらに小さな地域色を含む。

　青森県の前期末〜中期初頭の土器は，円筒下層・上層式の名がつけられているため同じような土器が分布していると思われがちであるが，太平洋岸と日本海側では細部に明瞭な違いがある。そのような地域色の範囲は直径50〜100km以下で，土器を詳細に検討するともっと狭くなるであろう。季節的移動があったとするとそれは50km以内の距離で行われたと考えなければならない。

　大集落がひしめき合う中期には一つの集落が独占できる領域は狭くなり，逆に減少の方向で変化した時期には領域を広くとれる。縄文の人口は安定したものではなく，大きな増減をくりかえした（172頁図102参照）。安定していた前期と中期の間の前期末は，激しい衰退の時期であり，前後の時期のなかでも領域がもっとも広くなった可能性の強い時期であるが，そのような時期においてさえ，分布の狭い粗製土器のなかには，直径20kmの範囲にし

か分布しないものがある[註345]。縄文時代のいつからとは言えないが，すくなくとも東日本の縄文前期・中期には基本的に通年定住[註346]が成立していたと考える。言うまでもなくこれは小グループでの季節的遠出の可能性を妨げるものではない。

　貝類は樹木の年輪のような「日輪」を作りながら成長する。それは春から夏に成長速度が速く，幅の広い日輪が形成される。小池裕子の貝殻日輪による採集季節分析[註347]では，後期の東京都伊皿子貝塚のように大規模で季節が春に集中する貝塚もあるが（生活関連遺物はきわめて少ない），後期の千葉県木戸作貝塚のように通年採集を示す「大規模周年廃棄タイプ」もある（さまざまな生活関連遺物が多い）[註348]。

　羽生淳子の議論は，現生の狩猟採集民は通年定住しないという一般的原則から始められた。しかし豊かな土地を農耕民に奪われ，やせた土地に押し出された近代の狩猟採集民の姿を遠い過去の縄文人にあてはまることが適当だろうか。もう一つの問題は，縄文人はすでに植物栽培，一時的な動物飼育を行っており，純粋な狩猟採集民ではなく，当然生活形態も異なったとみられることである。またそうでなければ，中期に半径4〜5kmの領域をもって大集落がひしめき合うことの説明ができない。

　忘れてならないのは，縄文文化の中だけを細かく区別しようとするのではなく，前の先土器時代，次の弥生時代まで視野に入れて居住形態を考える必要である。考古学が専門化，細分化されるほどに，自分の研究の守備範囲を狭め，その中だけで物事を考える傾向が強まることに自戒しなければならない。

　先土器時代は基本的に遊動，水田が命の綱である弥生時代は基本的に通年定住，その間の縄文時代は季節的定住または通年定住で，どちらであったかは時期と地域によって異なる，というのが私の振り分け方であるが，今後さらなる検討が必要である。

　定住・季節移動の問題は食料の途切れることのない確保の問題と表裏一体である。どの季節にどこでどの食料が入手可能であったか？　そしてこれには貯蔵技術の問題，交易による食料入手といった縄文時代のさまざまな側面が関係してくる。これらが一体のものとして解明されたとき，定住・季節移動の問題は本当に解決されたと言えるであろう。

〔註〕

341）Junko Habu 2004 "Ancient Jomon of Japan" Cambridge University Press

342）西野雅夫 2008「中期の環状貝塚と集落」『季刊考古学』105 号

343）谷口康浩 2005『環状集落と縄文社会構造』学生社

344）Jarman, M. R. 1972 A territorial model for archaeology. Models in Archaeology. Methuen, London

345）今村啓爾 2010「前期末〜中期初頭の粗製土器」『土器から見る縄文人の生態』同成社

346）西野雅人 2008「中期の環状貝塚と集落」『季刊考古学』105 号

347）小池裕子 1983「貝類分析」『縄文文化の研究』2　雄山閣；樋泉岳二・西野雅人 1999「縄文後期の都川・村田川流域貝塚群」『千葉県文化財センター研究紀要』19 号；富岡直人 2010「貝類」『縄文時代の考古学』4

348）樋泉岳二 2003「貝塚からみた生業活動と縄文社会」シンポジウム実行委員会『縄文社会を探る』学生社

② 食の多様性

　南北に長い日本列島は冷温帯から亜熱帯までの気候と山地・丘陵・台地・海浜のさまざまな環境があり，魚貝の豊かな海と水量豊かな多数の川・湖に恵まれ，多彩な食料資源を有していた。魚の場合，内湾性・外洋性，あるいは季節による回遊といった要因が複雑さを加えている。それらを分析する出発点はなんといっても木の実の殻・鳥獣魚骨・貝殻など遺存体の検出であるが，すでに述べたように残りやすいもの（たとえばクルミの殻），残りにくいもの（たとえばイモ類，山菜，キノコ，海藻）の差はきわめて大きい。

　縄文の食料について概観する前に，日本本来の自然は森林であったことを確認しておこう。縄文時代の日本には羊・牛・馬などの草原に群棲する哺乳類がまったくいなかった。もちろんこれは更新世以来の哺乳類分布の変化にかかわることであるが，ともかく縄文時代の日本で最も重要な食肉の供給源になったのは，森林に棲み比較的体の大きいシカとイノシシであった。ウサギ・キツネ・イタチ・タヌキ・カワウソ・アナグマなども捕獲されていたことが貝塚などから出る骨からわかるが，食肉以上に毛皮が重要であったろう。サル・ムササビ・クマ・カモシカなどの骨もあるが，後2者は山地の洞穴遺跡などでの出土が目立っている。三内丸山遺跡ではイノシシとシカが少なく，ムササビとウサギが多いという例外的な骨の比率である[註349]。人口の多い大集落の周辺ではシカとイノシシが狩りつくされてしまうといった事態も起こったのであろう。

　キジなどの鳥類も重要で，とくに群れを成して飛来するガン・カモなど水鳥の渡り鳥が重要であった。

　漁撈については先土器時代や縄文草創期について証拠がなく，行われていなかったのか後氷期の急激な海面上昇によって漁撈遺跡が海没してしまったのか判断が難しかったが，先述のように沖縄サキタリ洞穴における先土器時代貝製釣り針の発見は，人間が早くから漁撈を行っていたことを裏付けた。時期の限定はできないようだが，同遺跡では上海ガニの仲間で海と川を回遊するモクズガニの爪が約1万点出土し，オオウナギや，アオブダイなど川やサンゴ礁に棲息する魚の骨も見つかった。

　縄文早期,8千年前の先苅貝塚ですら10mの厚さの海成層に埋もれていた。

それよりはるかに海面が低かった縄文草創期の海浜遺跡は海没している可能性が高いとみるべきであろう。

　草創期に魚骨の遺存はほとんど知られていないが，早期以後には現在と変わらないほどさまざまな魚類が利用され，漁法も魚によって使い分けられた。これについては不十分ながら「生産用具」の節でとりあげた。内陸ではコイ・フナ・マスやアユなどの淡水魚がとれ，地域によっては秋にサケ・マスが産卵のために遡上した。海の哺乳類の狩猟になるが，トドとアザラシ類は北海道に限られ，アシカ類は東北地方太平洋岸でも骨の出土がある（註350）。イルカの捕獲は追い込みが可能な地形の場所を選んで船の集団で行われた（註351）。沖合をイルカの群れが回遊する湾の奥にある能登半島の真脇遺跡では大量のイルカの骨が層をなして堆積していた。江戸時代におけるここでのイルカ猟は，『能登国採魚図絵』に記録されている。後期の横浜市称名寺貝塚でもイルカの骨が多く出土しているが，砂州が伸びて湾口が狭くなった地形を利用したらしい。陸上での追い込み猟も稀には行われたらしいことを茨城県武田西塙遺跡の陥し穴から推定した。

　植物としては，ナッツ類が保存もできるので重要であり，クリ・クルミ・シイ・ドングリ・トチノミなどが利用された。西日本で照葉樹林の中で得られシブヌキの必要のないシイや，シブヌキが容易なカシのドングリなどが重要で，東日本の落葉広葉樹の森ではクリが重要であるが，北海道での出土例は少ない。

　現在八百屋や果物屋の店先に見る野菜，果物はほとんどが縄文時代の日本には見られなかったものである。野菜に代わるものとして山菜の類が利用されたことはいうまでもないが，その残りにくい遺存体が発見されたことはほとんどない（註352）。

　そのほか利用は疑えないがヤマイモ（註353），キノコ，海藻も残りにくく，遺存例は極めて少ないが，北海道忍路土場遺跡ではキノコが，秋田県由利本荘市菖蒲崎貝塚ではアサの実（註354）（食用可能，日本土着の麻には麻薬成分はない）が付着した土器が検出されている。アマモ（現在ではほとんど食用にされない）に着生する微小な貝であるシマハマツボが貝塚から検出されるため，海藻の利用が間接的に推定される（註355）。

　縄文時代に多彩な食料が利用されたことは確かであるが，言うまでもなく同じ比率で用いられたわけではない，地域による違いもあるが，主食というべき

主要なものがあったかどうかが問題になる。主食については山内清男の有名な
サケマス・ドングリ論[註356]がある。これは農耕を行っていなかった、そして
太平洋をへだてて日本とほぼ同じ緯度にあるカリフォルニア＝インディアンの
食生活を参考にしたもので、北半では秋に産卵に遡上するサケ・マスとドング
リ、南半ではサケ・マスが脱落してドングリだけになるから、縄文遺跡が東北
日本に多いのは、カリフォルニア北部と同じように2種の主食が利用でき、人
口が多かったからだと論じた。これについてはさまざまな批判もある。縄文遺
跡からサケの骨の出土は多くないことなどが主な理由である[註357]。しかしサ
ケ・マスについては捕獲・解体・保存処理の場と、消費の場が異なっていたこ
とがわかっており[註358]、その重要性ゆえに保存などのために特殊な処理が行
われていたとすれば、骨の少なさは必ずしも理由にはならない。慎重なサンプ
リングによって検出例は着実に増えているし、すでにのべた石狩市紅葉山遺跡
でサケ・マス用の簗（やな）の発見なども、その重要な役割を示す。

　山内の議論にはサケ・マス漁の本場がカリフォルニアよりも北のアメリカ大
陸北西海岸であることを誤解していたらしい混乱があるが、後でも述べる炭素
窒素の同位体分析からも北日本における大型魚類の重要性が認められている。

　塩については後期末以後東関東、東北地方などで土器による製塩が知られ
ている[註359]。『万葉集』の「藻塩焼く」の言葉は、藻灰を結晶媒体として使用し
たものであることを阿部芳郎が実験で解明し、縄文の製塩遺跡から出土する焼
けたウズマキゴカイはこのときにできたものだとしている[註360]。原理的には
天日で乾燥を続ければ塩がえられるから（天日製塩）、製塩土器がなければ塩が
得られなかったというものではない。しかし土器製塩は塩造りを効率化し、得
られた塩は味付けだけでなく魚の保存などにも利用されたことであろう。

　現在われわれが食用とする果物はほとんどすべてが縄文時代よりずっと後
に海外からもたらされたものであり、縄文人にとって甘味はほとんど経験す
ることのできないものであった。わずかにキイチゴ、ヤマブドウ、クワの実
などに甘味を感じたかもしれない。地蜂の蜜も考えたいが実証は困難。

　長野県曽利遺跡などで発見されたパン状炭化物[註361]の中にはエゴマの種
子の混和がみられるものが少なくない。これは木の実などから得られた味の
薄いでんぷんに油分の多いエゴマの種子を混ぜて味付けをする工夫で、韓国
の伝統菓子、日本のふりかけなどにもみられる。エゴマは江戸時代にナタネ

が普及するまで重要な油脂植物であった。

　縄文後期から一般的になる小型の注口土器は，丁寧な文様で飾られ，貴重な液体—おそらく酒，を容れたものと想像されるが，実際に酒作りの証拠が確認された例として秋田県池内遺跡と青森県三内丸山がある。これらの遺跡ではニワトコの種子を主体とし，ヤマグワ，ヤマブドウ，キイチゴ，マタタビ，サルナシの種子を含む団子状の遺存体が検出されているが，これは果汁を絞ったカスとみられる。ニワトコの実には天然のコウジが含まれており，これを含む果汁は置いておくと自然に酒になると言われ，ヨーロッパの一部では今でもニワトコ製の酒が商品として生産されている[註362]。

〔註〕

349) 新美倫子 2010「鳥獣類相の変遷」『縄文時代の考古学』第 4 巻

350) 内山幸子 2010「海獣類②アシカ・アザラシ類」『縄文時代の考古学』第 4 巻

351) 平口哲夫 2010「海獣類①クジラ・イルカ」『縄文時代の考古学』4　真脇の大量の石槍はカマイルカ捕獲のためのものと見られる。

352) 山菜としては富山県桜町でコゴミが検出されている。

353) 京都府網野町松ヶ崎ではサンショウ，オニバスとともにヤマイモのムカゴ（茎にできる小イモ）が検出されている。文化庁編 2000『発掘された日本列島 2000』

354) 文化庁編 2011『発掘された日本列島 2011』

355) 加納哲哉 2001『微小動物遺存体の研究』国学院大学大学院研究叢書文学研究科 7

356) 山内清男 1969「縄紋時代研究の現段階」『日本と世界の歴史』第 1 巻　学習研究社

357) 渡辺誠 1984『縄文時代の漁業』雄山閣

358) 松井章 1985「サケ・マス論の評価と今後の展望」『考古学研究』33-4

359) 近藤義郎 1962「縄文時代における土器製塩の研究」『岡山大学法文学部学術紀要』15；寺門義範 1983「製塩」『縄文文化の研究』2；高橋満 2007「土器製塩と供給」『縄文時代の考古学』6；川崎純徳 1982「製塩」『季刊考古学』1

360) 阿部芳郎 2016「藻塩焼くの考古学」『考古学研究』63 巻 1 号

361) 中村耕作 2007「クッキー状・パン状食品」『縄文時代の考古学』5

362) 辻誠一郎 2001「縄文の酒」『縄文文化の扉を開く』国立歴史民俗博物館

③ 栽培と飼育

　縄文人はかれらの置かれた豊かな自然環境に加えて植物の栽培，イノシシの一時的飼育も行っていた。栽培の証拠は本来日本にはない種の導入，野生種より優れた大きな実，高い頻度での利用などである。栽培されたとされているのはエゴマ[註363]，リョクトウ，ダイズ，アズキ，クリ，ヒョウタンなどで，ヤマイモ・クルミ・トチなども人間の保護を受けていた可能性がある。近年ダイズ・アズキの圧痕が注目され[註364]，ダイズは日本野生種のツルマメから中期頃に栽培化された可能性が高いという。意図的に粘土に混ぜたのではないかと思われるほどたくさんの粒が土器胎土中に見られるものもある[註365]。

　これらの栽培がどのようなものであったのかは想像の域を出ないが，三内丸山遺跡中央湿地における全花粉の8～9割に及ぶクリ花粉の高い比率は，人為なしでは説明できない。我々は縄文人がクリを苗から育てたと想像しやすいが，クリは日当たりのよい環境を好む陽樹であり，株が火に強いので，山焼きを繰り返して他の樹種を減らすだけでクリ主体の森林に変えることができる[註366]とも言われる。三内丸山ではナラ類など落葉広葉樹林の花粉の減少と木炭粒の増加の後でクリ花粉の増加が起こっており[註367]，山焼きなど人為的な森林の改変が行われたことは疑えない。クリは美味な実を提供するだけでなく，幹に油脂分が多いため燃料として優れており，耐久性も高い。コンクリート化されるまで鉄道の枕木がクリ材であったのはこの耐久性の故である。クリは人為的保護や栽培の証拠としてしばしば実の大型化が言われるが，野生クリに比較した平均値の大型化が確かに認められるのは石川県米泉，新潟県青田など晩期の遺跡だという[註368]。

　エゴマは植物学的にはシソにごく近い植物で，少し前まで，家の庭先ではとんど世話も受けずにシソが育っているのは普通に見る光景であった。

　焼畑は山の木を切り倒し，火入れをしたあとの開地で雑穀などを栽培する農耕であるが，日本で稲作が始まる前の縄文後期ころからこれが行われ，稲作受容の準備期間になったという説が佐々木高名らによって主張され[註369]，一時は定説になった観を呈するほど盛んに引用された。焼畑は山間部で未整

備な畑で行われるため外観は原始的であるが，大量の労働力投入を必要とする生業で，とくに日本のように雑草の繁茂が激しい地域では縄文のほかの生業と両立しがたいこと，栽培されたとされる雑穀も弥生時代より前には確実に検出されたことがないことから，私は縄文焼畑説に一貫して反対してきた。

　後で詳しく述べるが，植物はその光合成のしくみによってC3植物とC4植物に分かれ，植物体の炭素と窒素の同位体組成に影響する。縄文人が利用した植物の大部分はC3植物であるが，佐々木が焼畑で栽培したと主張したアワ・ヒエ・キビなどの雑穀はC4植物であるから，それらが栽培され大量に摂取されたのなら，当時の人の骨の同位体組成に影響が現れるはずである。南川雅男は縄文時代から現代に至る多数の人骨資料を分析し，縄文時代にC4植物の摂取がほとんど認められないばかりか，山間部で米とともに雑穀栽培が行われたことが確かな江戸時代の人骨についてさえ，C4植物の摂取は，中部高地などの限られた地域のわずかの個体にかろうじて認められるに過ぎない[註370]ことを明らかにした。もっとも南川は江戸時代の食料摂取には収入や階層差が影響した可能性を指摘し，「雑穀」には米以外のC3植物である芋や豆類も含まれていたのではないかと保留を加えているが，縄文時代に焼畑で雑穀が栽培され，食料の重要部分を賄った可能性は否定されたといえよう。

　なお晩期末中部高地の浮線網状文期にアワ・キビなどの穀物圧痕があり，コメも認められるが，年代的には弥生早期の突帯文土器期に相当するので，西からの影響といえるが，弥生時代に入ると圧倒的なコメ資料に隠れていく。

　人間にとって一番古い家畜はオオカミから飼いならされ，分化した犬である[註371]。草創期には獣骨も人骨もほとんど発見例がないので言及できないが，縄文最古の貝塚である夏島貝塚からは犬の骨が検出されている。縄文で一番古い犬の埋葬は愛媛県上黒岩岩陰[註372]の，早期中葉のものである。以後横浜市菊名貝塚（前期初頭）などで多くの犬の墓が見つかっているが，確かに解体され食用とされた骨はまれである。中国では新石器時代以来犬を食用にすることが普通であったが，このような犬に対する意識の違いは，縄文人が犬を狩猟の伴侶として大事に扱ったことに発しているのであろう。

　イノシシの一時的飼育も行われた。伊豆諸島や北海道といった本来イノシシが生息しない地域への移入が証拠になる。イノシシは予想外によく泳ぐと

いうが，数十キロ離れた伊豆の島々に到達したとは思われない。伊豆諸島の
イノシシは，骨からみて本土のものより少し小型であるが，一般に動物は狭
い環境で何世代にもわたって生息すると小型化につながるといわれ，伊豆諸
島にイノシシが生息した証拠になる。海底火山の噴火でできた伊豆の島々に
もともとイノシシがいたとは考えられない。イノシシは多産であるが，子供
は経験不足から陥し穴に落ちたり，罠にかかったりして生け捕りにされるこ
とも多かったであろう。それが島に運ばれ，放し飼いにされるうちに自然に
増えたのであろう。一時的にせよ飼育という行動があったことを物語ってい
る。東南アジアにおける半野生とも言うべき豚の放し飼いについて松井章が
紹介している[註373]。しかしながらそのようなイノシシの飼育が，豚という
異なる形態を生み出すほどさかんに行われたわけではない。

　伊豆の島々と同じようなことは本来イノシシの生息しない北海道でも縄文
後期に起こった。もともと北海道にイノシシはいなかったと思われていたが，
三ツ谷貝塚，柏原5遺跡など相当数の骨が60以上の遺跡で検出されている。
ほとんどが縄文後期・晩期・続縄文の遺跡である。北海道の出土骨では犬歯
を装飾品などに使うような特別な扱いが見られる[註374]。そのようなイノシ
シの特別視がイノシシを生きたままの移入することにつながった理由のひと
つと思われる。先述の北海道におけるイノシシ用陥し穴の存在は，山野で自
然に増殖していたことを思わせる。しかし本来生息条件のなかった北海道か
らは再び絶滅していった。山梨県晩期の金生遺跡[註375]ではイノシシの幼獣
の骨が100個体以上も出ており，やはりイノシシの飼育との関連が疑われる。

　奇妙なことに子供のイノシシの墓が千葉県下太田遺跡[註376]や宮城県田柄
貝塚[註377]で見つかっている。イノシシの子供は背中に縞があり，ウリボウ
と呼ばれるかわいい生き物である。育ててから食用にするつもりだったのが，
幼いまま死んでしまい，食べるにしのびなく墓に埋めたのであろう。このよ
うな例や既述の子供の手形足形土版に縄文人の心情を垣間見る機会がある。

〔註〕

363）松谷暁子 1983「エゴマ・シソ」『縄文文化の研究』2；須田英一 2009「エ
　ゴマの栽培と利用法」『縄文時代の考古学』3

364）中山誠二 2010『植物考古学と日本の農耕の起源』同成社；小畑弘
　己 2011『東北アジア古民族植物学』同成社

365）金子直行・中山誠二・佐野隆 2015「ダイズ属の種子を混入した縄文土器」『埼玉考古』50 号

366）福井勝義 1983「焼畑農耕の普遍性」『日本民俗文化体系』5（山民と海人）

367）吉川昌伸・鈴木茂・辻誠一郎・後藤香奈子・村田泰輔 2006「三内丸山遺跡の植生史と人の活動」『植生史研究』特別 2 号

368）新美倫子 2009「クリ」『縄文時代の考古学』3

369）佐々木高名 1991『日本史誕生』（日本の歴史 1）集英社

370）南川雅男 2014『日本人の食性―食性分析による日本人像の探究』敬文社

371）田名部雄一 1989「アジア野犬の系譜」『季刊考古学』29 号

372）日本考古学協会洞穴遺跡調査特別委員会 1967（註 11 に同じ）

373）松井章 2014「狩猟の対象」『講座日本考古学』（縄文時代下）青木書店

374）山崎京美 2010「イノシシ飼育」『縄文時代の考古学』4

375）新津健 1989『金生遺跡Ⅱ』山梨県教育委員会

376）藤沼邦彦ほか 1986『田柄貝塚Ⅰ・Ⅱ・Ⅲ』

377）総南文化財センター 2003『千葉県茂原市下太田貝塚』総南文化財センター調査報告 50 集

④ 各生業の比重とその変化

　細かい種類とは別に食性の大きな傾向を知るには，すでに焼畑との関連でとりあげた炭素と窒素の同位体比を手掛かりにする方法がある[註378]。C3 植物，C4 植物，草食動物，淡水魚，海産魚類の小型と大型，海産哺乳類の違いによって，その体を構成する窒素と炭素の同位体比が一定の範囲内に収まることを利用する方法で，たとえば仮に生前 C3 植物だけを食べていた人がいたとすると，その人の骨は，それに近い比率の窒素炭素同位体を含むことになる。ただし問題は，生前に C3 植物だけを食べていたというようなことはありえず，人の体は，さまざまな食物を合わせて食べた結果，それらの総合の値としての同位体比率になる。また海産哺乳類に典型的に見られるように，生物が食物を摂取するときには「同位体効果」によって重い同位体を余分に取り入れるので，食物連鎖の上位にある生物ほど重い同位体の比率が増加する。それを食べた人間はもう一段，重い同位体比が増加するのである。この複雑な関係を炭素と窒素という 2 種類の元素の同位体比という単純な数値から復元してやることが相当に困難な仕事になることは想像に難くない。

　南川雅男は縄文に限らないさまざまな年代と地域の人骨を分析した結果，本州と以南の縄文人の食性には陸上の C3 植物が圧倒的に重要で，魚類・動物も一定の寄与をしていること，北海道では縄文以来近世アイヌに至るまで大型魚類と海産哺乳類の影響が大きいことを示した（図101）。紅葉山 49 号遺跡の簗の発掘もあり，大型魚類のなかでサケ・マスが占めた比率が高かったことであろう。

　縄文時代の食料事情はずっと同じであったわけではない。人口増加が著しい中期には東関東では主にナッツを蓄えたとみられる貯蔵穴が集落内に密集して造られた，同じころ関東西部から中部高地にかけて貯蔵穴は少ないのに打製石斧が非常に多いのは，根茎類の利用，とくにヤマイモの保護栽培的利用が盛んであったことを示唆する[註379]。ヤマイモは養分を蓄えた状態で越冬するから，秋に掘り出して貯蔵穴に蓄える意味はない。

　動物食対植物食の比率では，草創期や中部日本の前期末，晩期などで，狩猟用石器の量や遺跡から出る獣骨の量から判断して狩猟が盛んであったとみ

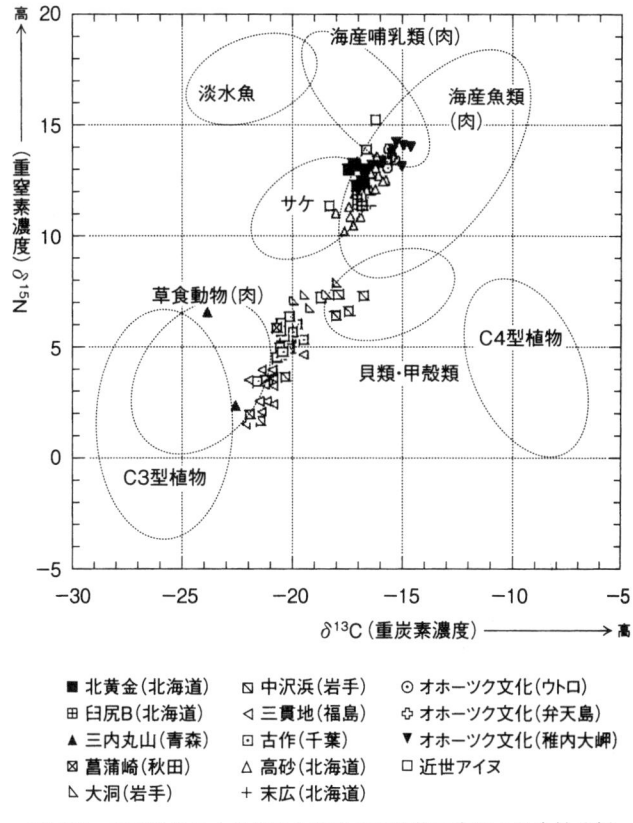

図 101 南川雅男による炭素と窒素の同位体元素による食性分析
（南川雅男 2014『日本人の食性―食性分析による日本人像の探究』）

られる。いずれも人口の少ない時期である（図 102）。

　人口が多い時期ほど食料としての肉の入手が求められたはずなのにと思われる方が多いであろう。しかし環境が大きく変わらない限り一定面積あたりに生息する動物の数に大きな変動はないであろう。人口の減少にはいろいろな要因が考えられるが，その年の天候によって基本的食料である植物質食料の不作が起こりうる。それがひどかったり何年も続いたりすると，人口の減少は避けられない。人口が減ると一人当たり利用可能な動物数は増えることになる。これが人口減少時に狩猟が相対的に盛んになったひとつの原因であろう[註380]。三内丸山遺跡にシカ，イノシシの骨が少ないのは，これとは逆方向に変わったためであろうとすでに述べた。

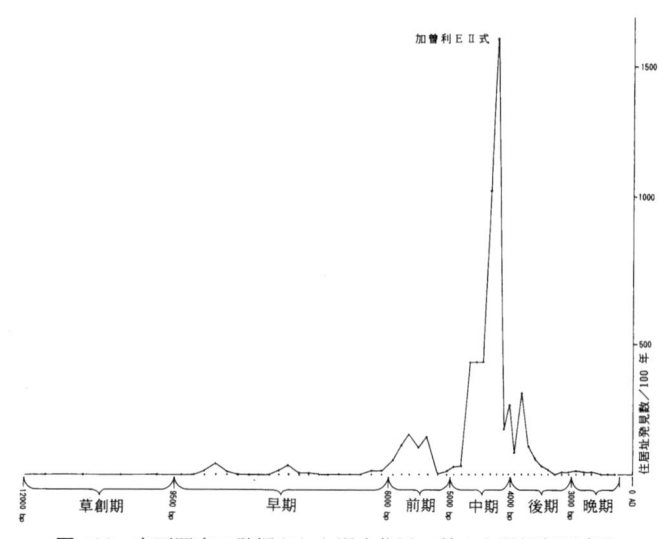

図 102 南西関東で発掘された竪穴住居の数の土器編年別変化
（100 年あたりの軒数に換算）（今村啓爾 1977「縄文時代の住居址数と人口の変動」『住の考古学』）

　植物資源に比べ漁業資源は安定度が高かった。後期の西関東で遺跡数が
減っていくときに東関東で遺跡数が維持された[註381]のは，埋積が進んだと
はいえまだ入り江が残り，漁撈に適する環境が残っていたことが一因であろ
う。同じ地域の遺跡では晩期になると貝塚が減り，貝の種類もシジミなど淡
水貝が主体になる。海退が推定される。かつて繁栄したこの地域の大貝塚の
一角に黒色土からなる晩期の包含層が小規模に残るのは，命の綱であった海
産資源も枯渇しつつあったことを暗示する。

〔註〕
378）南川雅男 2014（註 370 に同じ）
379）今村啓爾 2006「群集貯蔵穴と打製石斧」『考古学と民族誌』六興
　　出版
380）今村啓爾 1992「縄文前期末の関東における人口減少とそれに関連
　　する諸現象」『武蔵野の考古学』
381）阿部芳郎 2003「遺跡群と生業活動からみた縄文後期の地域社会」『縄
　　文社会を探る』大学合同考古学シンポジウム実行委員会編

V. 社会のかたち

　社会というのはつまるところ人間たちの関係性の総体であるが，社会そのものは残らないし，縄文時代については文字による記録もない。社会のあり方を知ることは相当に困難である。しかし一定の社会が残した物的痕跡を調べると，そこに社会の形態が反映されている可能性があるし，社会が人間関係を表示するような物的媒体物を生み出すこともあった。

　そのものが残ることのない社会というものの，考古学による復元は，縄文時代に限らず考古学の最先端とみなされ，多くの仮説が提出されている[註382]。遺構・遺物の分類や描写よりも社会の復元は高次の研究目標とみなされることが多いことも近年の考古学における社会の重視につながっている。戒めるべきは，断片的な物的証拠から社会を読み取ることに熱心になるあまり，自分のもつイメージのほうが先行して，イメージに遺跡や遺物などの証拠をはめこむような形で研究が行われる危険性である。またそのような先行イメージは，しばしば比較材料として適当とは思われないような民族学的知見から生まれやすいことも銘記すべきであろう。

〔註〕

382）高橋龍三郎 2004『縄文文化研究の最前線』早稲田大学；
　　　高橋龍三郎 2014「縄文社会の複雑化」『講座日本の考古学』
　　　4　青木書店

1 家族，親族

　社会の最小単位は，婚姻と親子関係によって成立する家族であり，その延長上の血縁的つながりで結ばれる人たちが親族と呼ばれる。多くの集落が発掘されている関東や中部高地の中期の集落を見ると，既述の大型住居を除き，極端に大きい，あるいは小さい住居の数は少なく，直径 4～5m の同じくらいの大きさの住居が集合しているのが普通である。各住居に何人が暮らしていたかが問題になるが，この大きさの家に 10 人以上が寝るのは相当苦しく，夫婦とその子供数人といったいわゆる核家族の生活の場としてふさわしい。もちろん婚姻の形が一夫一婦であったということですら証明は難しいのであるが。当時の寿命は現在よりはるかに短かったが，長生きして自活の困難になった祖父母が同居したこともあるだろう。

　関東の場合，中期も後半に入ると住居面積がゆっくり拡大していく[註383]。そして土器型式ごとに数えた住居の数も増えるから，生活の安定による人口増があったことは間違いない。原始的な社会は高い出生率と高い死亡率のせめぎあいのなかにあった。食料の獲得の向上など小さな生活の改善が嬰児の死亡を減らし，老人の生存率を延ばしたことが，住居拡大の基本的原因であろう。

　家族の中で育ち，通期儀礼を経て成人と認められた男女は次にどのような形で自分たちの家庭を持ったのだろうか。婚姻は地域社会の広いつながりを強固に維持するうえで最大の機会であったはずであり，土器型式の分布範囲とも関係したに違いない。林謙作による集落や墓地の分析[註384]，春成秀爾による抜歯の方式を中心にする縄文の親族組織についての研究[註385]がこの問題に関する本格的な取り組みであった。

　春成は，成人式を機会として最初に行われたとみる上顎両犬歯の抜去の次に行われた抜歯は結婚を機会とするもので，それに 2 種類（春成の言う 4I 型と 2C 型）からの選択が行われたのは，当該集落出身者と他集落出身で婚入してきた者の違いを表示するためであったと解釈し，それを出発点に東海・中国地方の縄文晩期の結婚の形態を推定した（図 103，104）。

　近年はミトコンドリア DNA という，ヒト自身の DNA ではないがヒトの

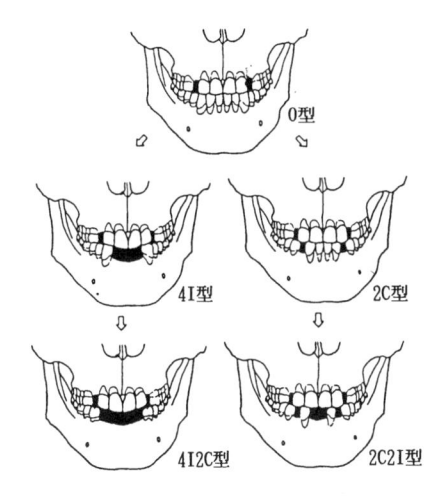

図 103　西日本東海地方における晩期の抜歯進行図（春成秀爾 1979「縄文晩期の婚後居住規定」『岡山大学法文学部学術紀要』40 号（史学篇））

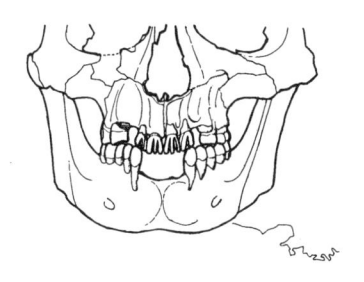

図 104　叉状研歯（春成秀爾 1979 より）

細胞に宿り，卵子によって母から娘へと母系に沿って受け継がれていく遺伝子を，保存の良い人骨から抽出する分析が行われるようになり，大きな成果をあげている。後期の茨城県中妻貝塚で 1 つの土壙に一括埋葬された多数の人骨の血縁関係の解明が試みられた[註386]結果，そこに埋葬された女性の大多数が同じタイプのミトコンドリア DNA を持ち，1 つの母系出身であった可能性が高いと認められた。男も半数は同じタイプの DNA であるが，半数はさまざまであった。この結果の解釈にはいくつかの仮定を設けなければならないのであるが，もっとも単純な解釈は，一定の母系家族の娘たちが出身集落に居残って外から来た男と結婚するのが普通であり，そのような人たちが死後その地に葬られたという想定になる。男の半数がその集落と同じ母系を引いているのは，近隣にそのような人が多い集落があり，そこから婿入りしてきたとして説明できる。

〔註〕

383）渋谷文雄 1982「竪穴住居址の柱穴位置と規模について」『考古学雑誌』67 巻 4 号

384）林謙作 2001『縄文社会の考古学』同成社

385）春成秀爾 2002『縄文社会論究』塙書房

386）西本豊弘 2008「血縁関係の推定―中妻貝塚の事例」『縄文時代の考古学』10

② 酋長と階層

　縄文の大集落の多くが円環状の住居配置をとることは，世帯間の対等な関係を暗示する。環状集落で中央の空き地に共同墓地が存在する例は多い。というよりも，共同墓地の位置を避けて住居の建て替えを続けた結果，円環状になったことが，集落がこの形になる理由のひとつであろう。

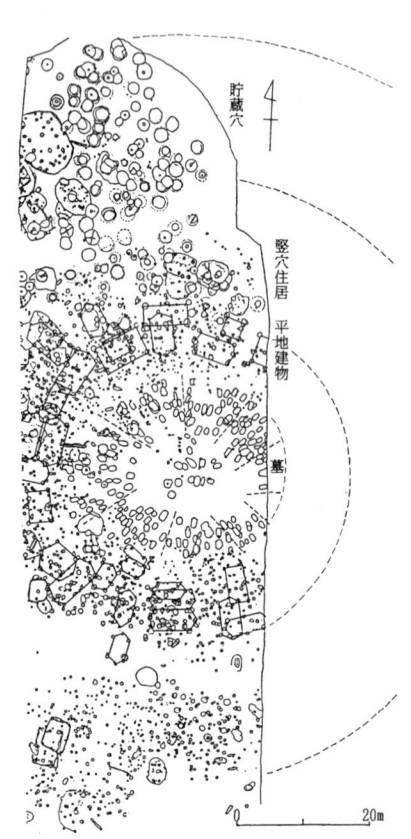

図 105　岩手県西田遺跡（中期）における集落の各種遺構の同心円状配置（永峯光一編 1981『縄文土器大成』2)

　岩手県西田遺跡[註387]（図 105）の中期の集落は全掘されていないが，掘られた部分だけでも円環状であったことがわかる。その集落の中央に共同墓地があり，その墓地内の土壙墓配置もまた円環状である，円環状に配置された土壙墓群は，横に対等な身分を表示する。個々の墓の長軸を中央に向ける土壙墓の配置のしかたも，葬られた人々の均一な関係を暗示する。大事なことは，その円環状墓群の中央に位置する少数の墓があることで，このような集落では墓の位置が集落の人間関係を象徴する性質があることからして，酋長のような村の統率者の墓とみてよいであろう。しかしそのような統率者も一般の集落構成員と同じ墓地に近接して葬られた。家屋の配置と並び，墓地もまた社会の構造を反映するのである。

　自然的な社会の基本は家族・親族・隣人関係であり，そのような

なかに権力的な支配関係は生じにくいが，どのような社会でも統率者は必要
であり，集団が大きくなるほどその必要性は増す。未開な社会の統率者は集
団構成員の同意のもとにその身分を保持するが，集団が大きくなり，内在す
る利害関係が複雑化すると，調整力の強化が必要になる。とくに外部に対立
的集団が現れたり，そのような集団との抗争・征服関係が生まれたりすると，
急速に権力者・支配者の誕生を促す。権力が世襲されるようになると，社会
は新しい段階に入る。社会構成員の合意のもとに与えられていた地位が権力
者の所有物と意識されるようになったからである。

　古墳時代にはその築造に膨大な労働力を必要とした古墳の存在自体が，一
般の人々から隔絶した権力者の存在を示し，その前の弥生時代は，縄文時代
との過渡期として権力者の誕生過程にあったことが，北九州における，特別
に豊かな副葬品を有し，一般の墓から位置的にも隔離された「王墓」と呼ば
れる甕棺や墳丘墓が示す。

　それ以前の縄文時代は平等社会とされるのが普通であったが，一部に装飾
品を身に付け，身分の違いを表示したり，副葬品の種類と数で一定の格差を
表示する人がいたりしたことも確かである。「階層化」という観点から，個々
の墓ごとの副葬品の違いが問題にされることがある。

　死者が身につけていた装飾品も「副葬品」として扱われることが多いが，
埋葬に際して死者に供えられた副葬品とは区別されるべきであろう。副葬品
の豊かな墓は 56 個の石鏃や磨製石斧を副葬された秋田県池内遺跡の 208 号
土壙墓，青森市石江遺跡[註388]のように前期から散発的にみられる。池内遺
跡では 30 基の土壙墓のうち 22 基に副葬品が見られたが，ほかの遺跡も含め
ると持続的な伝統を形成していたようにはみえない。後期になると福岡県山
鹿貝塚[註389]の豊かな装飾品を身に着けた埋葬群や，北海道礼文島船泊遺跡
のように貝製平玉を紐でつないだ装飾品などを豊かに伴うものがある。これ
ら北と南の遺跡に埋葬された人物たちは，縄文時代一般の埋葬の中ではきわ
だった数の装飾品を有する。縄文時代に階層があったとする[註390]人には有
利な資料に見えるかもしれない。しかしひとつの問題はこのような豊かな副
葬品を有する墓の全体の中での比率である。どちらも全体の 4 分の 1 を占め
る。言葉の問題になるが，集落の構成員の 4 分の 1 が上層，4 分の 3 が下層
という社会は，階層化社会とは認識しにくいのではないだろうか。またこの

ような格差は一つの墓地の埋葬間よりも遺跡間での違いが目立っている。とくに後者の場合，遺跡が貝製平玉の生産と交易のセンターであることを忘れてはならない。これらの墓は何らかの有利な条件によって装飾品などを入手しやすい条件下にあった集団のものとみなすべきであろう。

　副葬という習慣が一定の頻度で見られるようになるのは東日本の後期からであるが，晩期に入ると，少数の墓が突出した副葬品を持つことにより特別な地位を表現することがある。特別豊かな副葬品をもった墓は，東北地方，北海道の縄文晩期，続縄文時代に見られる[註391]。晩期中葉には他と隔絶した数量の副葬品をもつ「多副葬墓」が現れ，1基で300点以上の石鏃を副葬されるなど，特定の道具を集中埋葬される特徴がある。晩期後葉になると石狩低地帯より東ではコハク玉を大量副葬するものが現れる。このような特定器種を集中的に副葬されたものに対し続縄文期前半の多副葬墓は各種石器・玉類・鉄製品など多様な副葬品から構成されるが，副葬という習慣自体が一般化する[註392]。このような北の地域における副葬の風習は，地理的に反対側の地域から起こってくる北九州弥生時代における隔絶した「王墓」における副葬とは関係しないであろう。

〔註〕

387) 永峯光一編 1981『縄文土器大成』2　講談社
388) 青森市教育委員会 2007『石江遺跡群発掘調査報告書』青森市埋蔵文化財調査報告書 94
389) 永井昌文 1965「福岡県遠賀郡山鹿貝塚人骨発掘概報」『九州考古学』25・26 号
390) 渡辺仁 1990『縄文式階層化社会』六興出版，など
391) 高瀬克範 2010「続縄文文化と縄文文化」『縄文時代の考古学』1 巻：瀬川拓郎 2007「縄文―続縄移行期の葬制変化」『縄文時代の考古学』9 巻
392) 長沼孝 2000「狩猟採集民の副葬行為―続縄文文化」『季刊考古学』70 号

③ 集落内と集団間の関係

1. 遺構の環状分布と社会の研究

　縄文時代にはさまざまな遺構の環状分布が見られる。竪穴住居や掘立柱建物が環状に分布する集落があり、その中央の空間に墓がある場合その墓群も環状になる場合がある。住居址の輪の中に貯蔵穴が一回り小さな環状に分布するものもある。円形の墓地の周囲を掘立柱建物が環状に取り巻くものがあるが、墓地部分が環状列石（ストーンサークル）になり、それを掘立柱建物がとりまく事例も増えている。円形に墓地を掘り下げ土手で墓地を取り囲む周堤墓（環状土籠）は、外周の列石が土手に置き換えられているとみれば、類似の性格の遺構である。意図的な形か自然に堆積しただけなのか問題があるが、環状盛土、環状貝塚も議論に含めなければならない。弥生時代にはこのような形での遺構の並びがあまり見られないことを考えると、円環状配置は縄文時代に特徴的な現象のひとつに数えられ、縄文社会の構造を反映している可能性も考えられる。

　集落全体を発掘して縄文集落の構造と社会を探ろうとした初期の調査に1955年の横浜市南堀貝塚[註393]の例がある。台地の1つの縁辺には住居がないので環状とはいえないが、台地の縁辺部に沿って分布する住居群は、「広場を取り囲む共同体」のイメージを強く刻むことになった。1984年に行われたこの遺跡の再調査では、台地中央部に自然の窪地があることがわかった[註394]。同じようなことは古く加曾利貝塚でも指摘されており、2つの窪地を避けて竪穴住居を繰り返し建て替えたことが双環状集落形成の原因であろうとされた[註395]。まったくの平地では雨水が長く滞留し生活に支障をきたすおそれがあるし、大雨のときには家の中に水が流入するおそれもある。近くに窪地があれば、家の周囲に浅い溝を掘って雨水を窪地のほうへ逃がしてやれば家屋内部への侵入を防げる。舌状台地の縁辺部も外側に向かって傾斜しているところでは同じことができる。環状集落の成立についてこのような説明も可能であるが、多くの環状集落について中央に自然の窪地があったかどうか検討されているわけではない。むしろ自然的理由から始まった環状に近い住居配置の中で、中央の空地が広場や共同墓地として使用されること

が増えた結果, 縄文人の間に円環状の集落イメージ, ひいては円環状の世界観が共有されることになったのではないだろうか。ただし中央空き地に墓地を設ける例は地域的に限られており, 関東でも東京都や神奈川県の中期には多いが, 千葉県の環状貝塚遺跡や埼玉県の環状集落で, 中央広場に共同墓地が確認されたものはないし, 千葉県では市原市草刈貝塚^(註396)のように住居址の環状の内側に沿って多数の貯蔵穴がある例が目立っている。

縄文の環状集落はいつでもどこにでもあったわけではない。草創期では1集落に住居20軒を超す例が知られていないから論ずることは困難としても, 鹿児島県早期前半の上野原遺跡の50軒を超す竪穴住居配置も環状には見えない。しかし早期後半の遺物の分布を詳細に検討すると2重の環状に分布するという^(註397)。函館市早期の中野B遺跡にも600軒を超す竪穴住居址がある。同時共存の数はずっと少ないとしても, これらの遺跡に累積的な環状の分布は認められていない。これに限らず北海道と西日本には縄文全時期を通じても住居の確かな環状分布はほとんど認められていない。

北海道前期の南茅部町ハマナス野遺跡のように2群の住居址群が対置する例はあるが, 円筒式の地域では列状ないし不定形の配置が目立っている。青森県三内丸山もこれに属するといってよい (図106)。後期の宮崎市本野原遺跡^(註398)では中央に竪穴住居がなく, 配石遺構, 土坑, 掘立柱建物・掘立柱が同心円状に巡り, 空白域の外側に100軒以上の竪穴住居が分布し^(註399), 九州初の環状集落の発見とも言われる。

確かな環状分布が出現するのは東北地方の前期であろう。大型住居を主体とする集落においてその傾向が顕著である。代表例が秋田県上ノ山Ⅱ遺跡, 岩手県大清水上遺跡 (56頁図24参照) である。どちらも大型住居が長軸を中央広場に向けるみごとな放射状の配置をとる。岩手県遠野市新田Ⅱ遺跡^(註400), 岩手県北上市蟹沢館遺跡^(註401)などもある。ただ中央空き地に墓地だとか貯蔵穴のような特別な施設はない。

関東でも前期に横浜市北川貝塚^(註402), 同西ノ谷貝塚^(註403)などのように, ふつう規模の竪穴住居が集落内墓域を囲む環状が出現するとされるが, 南堀を環状集落と認めるかどうかというのと同じ問題がある。群馬県中野谷松原は中心の墓域を竪穴住居や大型掘立柱建物が取り巻く環状であるが, 前後の時期は同じ形態をとらない。

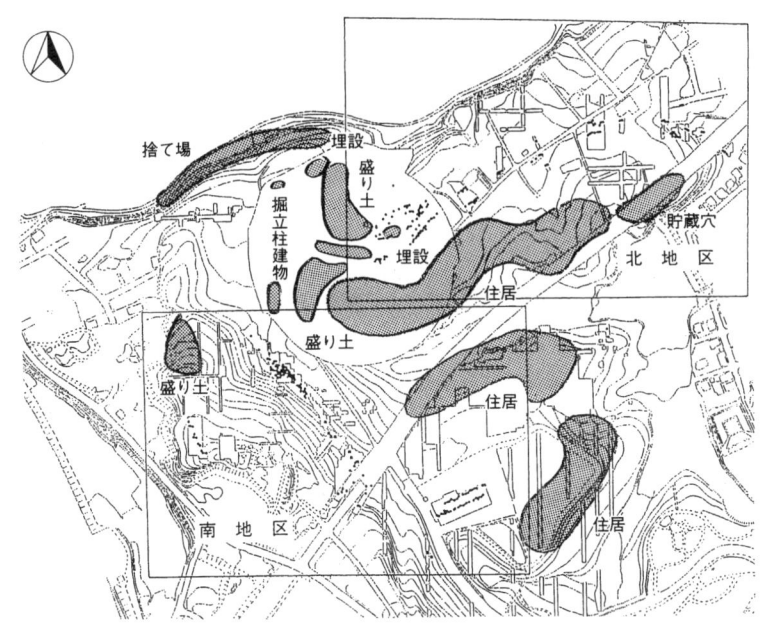

図106 青森県三内丸山遺跡の遺構分布（前期・中期）
（成田慈彦「東北地方円筒土器文化の葬制」『縄文時代の考古学』9）

　中期になると何種類かの遺構が明瞭な同心円構造をとるものが現れる。すでにみたように岩手県西田遺跡では墓壙群を中心に特殊な機能を持つとみられる掘立柱建物が取り巻き，さらに外側を竪穴住居や貯蔵穴群が取り囲む。山形県西海淵遺跡（中期）（図107）[註404]では，やはり墓壙群を中心に土坑群，その外側を大型住居が放射状に取り巻く。

　関東では中期の東京都や神奈川県の拠点的集落の多くが中央墓壙群を備えた環状集落の形をとり，人口増加の結果か，千葉市加曾利貝塚，西東京市下野谷遺跡のように双環状を呈するものもみられるようになるが，中期末〜後期初頭の人口と住居址数の減少の中で環状は維持されなくなる。後期前葉〜中葉に横浜市小丸遺跡・川和向原遺跡など小規模ながら復活が見られ，後期末〜晩期にも集落遺跡自体が激減する中で横浜市華蔵台や町田市なすな原遺跡などでかろうじて環状配置に近いものが維持される。

　新潟県では中期の中郷村和泉Ａ[註405]遺跡で掘立柱建物が西田遺跡のよう

図107 山形県西海淵遺跡（小林圭一 2001「山形県における縄文集落の諸様相」『列島における縄文時代集落の諸様相』縄文時代文化研究会）

に長軸を円周方向に向け環状に分布する。外側に周堤を伴う楕円形の大型住居 3 軒がある。塩沢町五丁歩遺跡（図108）[註406] は長方形の大型住居と同じ機能を持つとみられる大型掘立柱建物が円形放射状に並び，円形住居を交える。堀之内町清水上もほぼ同じ放射状配置であるが，長方形建物は 2 群または 4 群に分かれ，円形住居が外側をとりまく。晩期の朝日村元屋敷[註407] は，

図 108 新潟県五丁歩遺跡（新潟県教育委員会 1992『関越自動車道関係
発掘調査報告書　五丁歩・十二木』新潟県埋蔵文化財調査報告書 57 集）

24 軒の掘立柱建物が長軸を放射状に向け弧状に配置されている。

　このように見てくると，縄文時代集落の中には整然とした計画的環状ある
いは同心円状配置が存在することは間違いないが，それが整然とした形で存
在するのは縄文時代全体の中では地域的にも時間的にもかなり限られてい
る。またその延長上といってもよい不完全な環状をどこまで取り込むかに
よって環状集落の分布も時代も左右されることになる。

　環状配置と一言で言っても，意図的配置が疑えない事例から偶然の結果で
はないかと疑われる事例までさまざまなのである。意図的配置が確かな事例
として，すでにとり上げた岩手県西田遺跡や長野県居平遺跡では環状集落の
中央に墓群が環状をなして 2 重の同心円になっており，意識的に配列された
ことは疑えない。東北地方や新潟県の前期・中期に見られる大型住居は長軸

方向がはっきりしているので，中央広場に方向を向けるような花びら状の意図的配置が明瞭。

一方，意図的配置というより物理的な制約か何かの原因で遺構が環状に累積した可能性のあるものとして，中央凹地の存在でも例にあげた，南堀などの集落，環状盛土，環状貝塚などがあるが，そもそも集落の住居の並びが環状であったので，そこから出た廃棄物によって貝塚や盛土も環状になった，意図的配置ではないとしても単なる偶然でもないという見方もできよう。

環状集落と中央墓域は後期になると減少し，晩期には確かな例を挙げるのも困難になる。東北地方でも同じような経過をたどる。

このようにありかたも変遷も単純ではない環状集落であるが，縄文社会論の一つである双分制論や分節構造論の材料になっている。環状集落や環状墓地の遺構配置に輪を２分するような切れ目をみつけ，双分制という社会の反映であるとみなす議論，遺構の群れどうしの間に切れ目を見つけ，そのような群れの集合体が社会構造を反映しているとみなす分節構造論などが行われている。環状集落は縄文時代にあっても地域と時期が限られる特別な存在であるが，その特別な存在のなかから大規模で２分構造や分節構造などと話がうまく合う事例をみつけてきて縄文社会全体にかかわるような議論をしているのである。

環状集落を地域の継続的に維持された拠点とする見方に対して，住居が立ち並ぶ大集落の景観がずっと維持されたわけではなく，長期にわたる住居の建て替えの繰り返しが遺跡における遺構の集積を招き，発掘時点で環状に配置されたように見える住居址群の存在につながっただけだとする「見直し派」は，詳細に時期を分ける土器編年の整備，土器の接合調査を徹底する現場での同時性の確認の方針へ進み，竪穴住居の建築から放棄後の捨て場としての利用までを含むライフサイクル論の視点から検討され，その主張の正しさが証明された東京都八王子市宇津木台遺跡，集落の変遷が詳細に解明された目黒区大橋遺跡の事例もある。分節構造派の急先鋒である谷口康浩ですら，集落形成の初期には数軒の住居から集落が始まる事例，集落変遷過程の途中で数軒にまで減ってしまう事例などがあり，円環状の住居配置の景観がずっと維持されたわけではないことを認めている。

現在の縄文社会研究の大きな柱は環状集落にある。遺跡として残されたモ

ノが当時の社会の形をコピーしているにちがいないという発想に始まり，住居址や墓の群れの配置に集団の構造を直接読み取ろうとする。当然ながらそのような縄文社会論は，環状集落の形成が意図的なものだったのか偶然的な結果にすぎないのかに決定的な影響を受ける。

さまざまな事例で見たように縄文人が円環状の世界観を持っていたことは確かである。しかし初めに取り上げたように物理的な制約が原因になって環状の配置が生まれることがあり，そこからさらに縄文人の間に円環状世界観が形成され，その観念が今度は意図的な環状配置にフィードバックされることが起こったと私は見ており，それがどこまで社会の構造を忠実に反映しているのか，主観に偏らない分析が求められる。

北海道の後期後葉の周堤墓は，それぞれが一定の紐帯で結ばれた人々の墓地であることは疑いなく，そこに縄文の社会構造を読み取ろうとする努力が繰り返し行われてきた。有名な国史跡キウス遺跡に近いキウス4遺跡

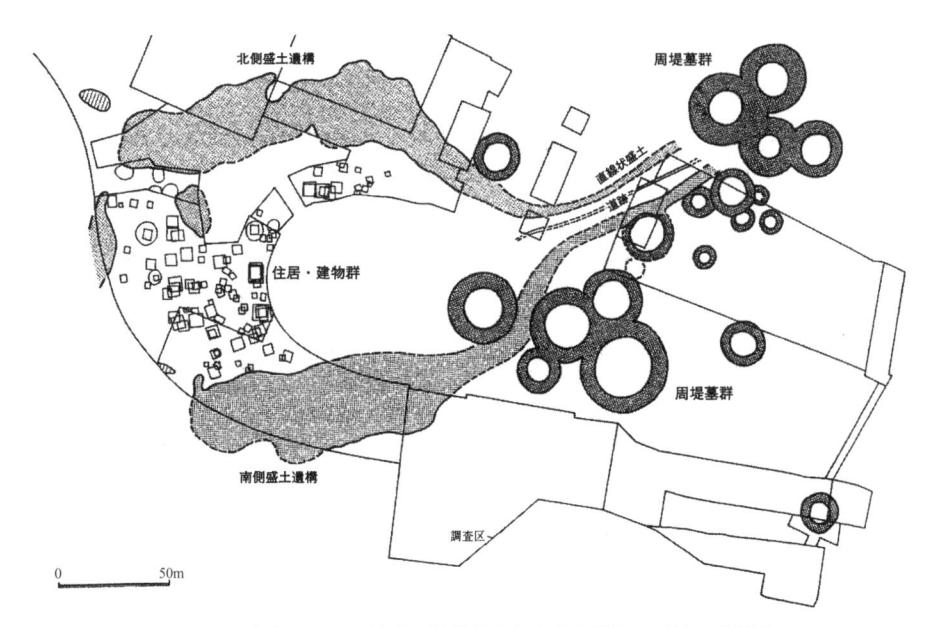

図109 千歳市キウス4遺跡の周堤墓群と盛土遺構住居址群の位置関係
（阿部明義 2009「周堤墓と集落の祭祀」『季刊考古学』107号）

では，周堤墓群から少し離れて南北に相対する盛土遺構があり，その間に住居が分布し，住居址群と周堤墓群をつなぐような道跡が検出されている（図109）[註408]。生者の村に対する死者の村として祀られ，当時の世界観を表現するものであろう。周堤墓では中央の墓が特別に扱われることがあり，身分の表示とみられるが，周堤墓の大型化に伴い，埋葬される構成員の範囲も変わったと考えなければならず，死者の村の構造も単純ではなかったであろう。ただ上記した環状集落内の墓地の一体性に比べると，構成する単位集団の独立性が強調される配置になっている。周堤墓は被葬者の性別年齢の認定が困難な場合が多く，副葬品に頼らなければならない部分が大きい。そして周堤墓のような特別な構造の墓も環状集落も少なくなる晩期には社会構造の研究は副葬品による階層論に重点を移す。

2．関東後期の地域間連鎖

すでに触れたように，関東の縄文後期になると一般の竪穴住居とは異なる大型の建物が集落全体の中に1，2軒存在する例が増える（加曾利，吉見台など）。これは前〜中期の大型住居のような共同住宅であったとは考えられず，特殊な遺物の出土からも，集落内で特別な機能を帯びた建物とみられる。

関東地方の場合，後期に入ると西関東が衰退し集落の数も規模も小さくなるが，東関東の千葉県・茨城県では「貝塚文化」とも呼ばれるように海の資源をテコとして安定を維持する。といっても東関東全体に同じような状況があったわけではない。阿部芳郎によると，印旛沼南岸地域には多くの集落が1〜2kmの距離をおいて群集する。それらの集落は出土遺物の種類の偏りからみて役割を分担していたとみられ，そのような分担協力の体制をとることによって高い生産性と人口を維持したという[註409]。集落の外にはさらに多くの活動地点があったが，その中には複数の集落が共同で使う作業場もあったという。このような東関東の後期集落のあり方は，千葉県中期の環状貝塚群が，構造・出土遺物において斉一的であると指摘されている[註410]のと対照的である。ところが大規模な環状盛土で知られた栃木県小山市寺野東遺跡では，後期後半の同時期の遺跡は10km前後も離れており，すべての機能が寺野東に集中していたとみられる。次の晩期の遺跡のありかたに続くところがある。

3. 晩期の一極集中集落

　晩期についてはすでに第Ⅱ部「年代差と地域差」7章で概説した。集落群の動向として，中部日本，とくに関東と中部高地で遺跡の全体数が激減する。東関東も後期末に向かって衰退し，晩期に入るとかつての大集落の一角にこの時期の包含層が残される程度になり，晩期末に向かって集落の数も激減する。そのような中に群馬県千網谷戸[註411]，東京都なすな原[註412]，東京都下布田[註413]，千葉県荒海[註414]，山梨県金生[註415]などの大集落が少数残り，そこに人口が集中する。1集落が独占する領域が拡大し，かつては多くの集落に分かれ住んでいた人々が特定の集落に集中する状況とみてよい。これは上述の後期の寺野東のような集落のありかたがより一般的になったのだといえる。

　中期における拠点集落への集中は，人口増加により各集落の領域が狭まった結果であった。そのような状況下で人はいずれかの拠点集落に所属しないと生活ができなくなったと考えられるが，後期の衰退傾向を経て，晩期，とくに晩期の後半は遺跡自体が激減する。これは資源状況の悪化を意味すると考えてよいが，これを乗り切るため，広い領域を確保し，人間同士の結束や規範を強める必要が，このような集中の原因であろう。結束を高めるために儀礼が盛んに行われたことを，後期から晩期にかけて種類，量ともに増え続けた儀礼用具が物語るし，次々に歯を抜いていく晩期の抜歯（175頁図103参照）は，通過儀礼の厳しさを物語る。

　そのような厳しい環境を乗り越える方策のひとつに後述する商品的特産物の生産もあった。

　〔註〕
393）和島誠一ほか1958『横浜市史第1編（原始時代・古代）』
394）横浜市教育委員会2008『南堀貝塚』
395）貝塚爽平・杉原重夫1976「加曾利南貝塚の地理」『加曾利南貝塚』中央公論美術出版；杉原荘介1977「加曾利北貝塚について」『加曾利北貝塚』中央公論美術出版
396）千葉県史料研究財団2000『千葉県の歴史資料編考古1』；鈴木保彦2009「関東・東海地方の縄文集落の変遷と特徴」『縄文集落の多

様性』Ⅰ

397）水ノ江和同 2012『九州縄文文化の研究』雄山閣

398）田野町教育委員会 2002，2004，2005，2006『縄文集落本野原遺跡・本野原遺跡 1・2・3』

399）林潤也 2011「九州の縄文集落と地域社会」『季刊考古学』114 号

400）文化庁編 2000『発掘された日本列島 2000』；岩手県文化振興事業団埋蔵文化財センター 2008『新田Ⅱ遺跡発掘調査報告書』岩手県文化振興事業団埋蔵文化財調査報告書 572（遠野市綾織新田）

401）北上市教育委員会 1993「蟹沢館遺跡発掘調査概報」『北上市埋蔵文化財調査報告』第 14 集

402）横浜市ふるさと歴史財団 2007『北川貝塚』港北ニュータウン地域内埋蔵文化財調査報告 39

403）横浜市ふるさと歴史財団 2003『西ノ谷貝塚』港北ニュータウン地域内埋蔵文化財調査報告 33

404）小林圭一 2001「山形県における縄文時代集落の諸様相」『列島における縄文時代集落の諸様相』

405）新潟県教育委員会 1999『上信越自動車道関係発掘調査報告書Ⅴ 和泉 A 遺跡』

406）新潟県教育委員会 1992『関越自動車道関係発掘調査報告書 五丁歩・十二木』新潟県埋蔵文化財調査報告書 57 集

407）川村三千男 1995『奥三面ダム関連遺跡発掘調査報告書Ⅳ 元屋敷遺跡Ⅰ』朝日村教育委員会

408）阿部明義 2009「周堤墓と集落の祭祀」『季刊考古学』107 号

409）阿部芳郎 2003「遺跡群と生業活動からみた縄文後期の地域社会」『縄文社会を探る』大学合同考古学シンポジウム実行委員会編

410）西野雅人 2008「中期の環状貝塚と集落」『季刊考古学』105 号

411）千網谷戸遺跡発掘調査会 1978『群馬県桐生市千網谷戸遺跡発掘調査報告』

412）なすな原遺跡調査会 1984『なすな原遺跡 No.1 地区調査』

413）調布市教育委員会 1982『調布市下布田遺跡』調布市埋蔵文化財調査報告書 16

414）西村正衛 1984『石器時代における利根川下流域の研究—貝塚を中心として—』早稲田大学出版部

415）山梨県埋蔵文化財センター 1988・1989『金生遺跡・県営圃場整備事業に伴う発掘調査報告書 1・2』

④ 交通・交流・交易・専業生産と地域差

1. 交通・移動

　縄文時代の交通・移動はどのようなものであったか。それは先土器時代や弥生時代と違いがあったのかなかったのか？　先土器時代の生活形態は基本的に「遊動」としてとらえられている[註416]。一年のうちでも次々と居住地を替えながら，狩猟対象獣などの資源をつないでいく生活形態である。縄文時代になると時期差・地方差はあるとしても一般に定住度が高まり，居住地から必要物資を求めて周辺地域，あるいは遠方へ出むいてもどる移動になったと考えられている。といってもその転換はある日突然なされたのではないであろう。

　さきに縄文の土器出現期はまだ「遊動」の生活形態に近いであろうと述べた。ただそこに見られるデポや石器の集中的な生産の跡は，遊動のルートが以前より固定的になり，一定の場所には長く居住するようになったことの現れであろう。東京都前田耕地遺跡の，産卵のために多摩川を遡上したサケの集中的な利用は，保存加工を伴ったであろう。

　縄文における通年定住がいつ成立したのかはなお不明であることを先に述べた。しかしクリ林の管理，大型住居が環状に並ぶ集落，縄文の精神的活動において土偶とならぶ重要な儀礼具である石棒などがそろって現れる東北地方の前期は大きな画期とみてよい。忘れてならないのは，縄文文化は安定と衰退を繰り返しており，一度通年居住が達成されてもまたもとに戻ることを繰り返した可能性は小さくない。

　交通の具体的方法であるが，言うまでもなく陸地は歩行が基本である。丸木舟で川を遡ることもあったかもしれない。とくに早期末〜前期初頭の，溺れ谷が内陸深く入っていた時期には舟での内陸への交通は有利であったろう。

　土器型式の分布にはさまざまな形があるが，普通はいくつかの川の流域からなる平野の広がりに対応し，高く大きな山脈によってさえぎられる傾向が強い。山脈は情報共有の障害であることが普通であった。特別な物資を獲得するために山奥深く分け入ることがあったとしても，それは山脈の向こう側

との交流のためではなかった。

　しかし少し目を地図から離してみると，土器型式が峠を越えてつながっていたことが見えるところもある。たとえば群馬県と長野県の境にある碓氷峠のような，山脈の途中に開かれた門戸のような峠では，中期初頭や中期後半の群馬県と長野県の土器が相互に山の向こう側に延びる時期がある。人は山脈の切れ目になる峠を交通路として使っていたという，いわば当然のことが見えてくる。

　周辺を山に囲まれた山梨県の土器が，東京西部・静岡東部・長野などとそれぞれ川に沿う谷と峠を通して緊密な類似性を帯びていることは，峠を越える交流の道が存在した証拠になる。

　海では舟が唯一の交通手段である。縄文土器は，北陸と秋田の海上往復が行われた縄文前期末には，太平洋側で伊豆半島の南端から200km離れた八丈島にも到達している[註417]。御蔵島など中間の島があるが，それでも八丈島まで80kmある。彼らが，行ったきりではなく，何度も往復して本土から土器を運んでいることを見ると，縄文人の渡海術は相当高度なものであったことがわかる。吃水線の浅い手漕ぎの丸木舟で黒潮を横切ったことは信じられないほどである。

　海路と陸路がともに可能な場合，どちらが好まれたであろうか。たとえば駿河湾岸から相模湾岸に行く場合，箱根や御殿場の山道をとったか，遠回りでも伊豆半島を周回する海路を選んだか，どちらであろうか。身軽なら前者であろうが，重い荷物を運んでいる場合には後者が有利であろう。

　幅の狭い海峡，たとえば津軽海峡（最短19km）を挟む北海道南部と東北地方北部には，円筒下層式上層式や亀ヶ岡系の土器など類似の型式が分布することが多く，土器型式情報伝播の大きな障害にはなっていない。津軽海峡は対馬海流の支流が日本海側から太平洋側に通過し，横断は相当危険と言われているが，縄文人にとっては交通の障害というより交通路であったことを示す[註418]。

　海はいつでも交通路であったわけではない。すでに縄文文化の限界に関して見たように，北海道の北，宗谷海峡（42km）は縄文時代には縄文という文様の限界線になっており，縄文時代を通じて伝播の障害であったらしい。

　では隔てる距離の問題なのだろうか。沖縄諸島で見ると，九州南端から沖

縄本島まで 500km離れているが，飛び石状の島を伝って渡ることができる。島と島は相互に視認できる。ところが本島と先島諸島の間の海（約 300km）は完全な障害であった。島の中央の山に登っても相互に視認できないことが障害になる重要な原因になっていたのであろう。では視認できれば障害にはならないのか。そうとも言えない。宗谷海峡や朝鮮海峡（対馬を介して）はこれを越えて互いに視認できる。交易や人の行き来もあったが，土器で見る文化の影響関係にとっては障害であったことになる。

　結局第一の問題は幅よりも視認できるかどうかどうかである。見えれば行ってみようという気も起きるが，見えなければ起きない。しかし視認できても文化のつながりがないかごく弱い場合があることは，視認さえできれば人は往復し，文化交流が行われるほど話は単純ではないということである。伊豆諸島・千島南部・沖縄諸島のように日本本土に比べてかなり面積の小さい島は，相互の影響力に大きな差があり，島は外からの文化を受けやすいが影響を与えるものではなかったであろうが，日本と朝鮮半島のようにどちらも大きく，それぞれに独自の文化を保持している場合には，その両側で別個に完結する仲間意識が強くあって，視認でき，行くことはできても相互の文化的影響力が相手を圧倒するほどにはなりにくかったのではないか。とくに言語において互いに意思疎通ができるほどの共通基盤があったかどうかが重要で，それが文化や情報を受け入れるかどうかのカギになっていたという考えもある^(註419)。

2. 交易

　縄文人の生活は基本的に自給自足であるが，生活に必要な物資がすべて身近で得られたわけではない。遠方でなければ入手できない特別な物資を得るために交易も盛んに行われた。石器は基本的な生活の道具であり，機能的に優れた石器を作るには適した材料を入手しなければならない。石器材料のうち入手，輸送，消費について一番詳しく集中的な研究が行われているのが黒曜石^(註420)である。

　黒曜石は特殊なマグマ（いわゆる酸性岩になるマグマ）が急冷したときにできる自然ガラスであるが，地下深くにあったときによく混ざっているので，1 つの露頭から出る黒曜石はまったく同じ化学組成を有している。そしてそ

　の化学組成は，蛍光Ⅹ線分析装置などの機器によって，短時間で分析することができるようになった。

　調査と分析技術の前進により，かつて想像もされなかったほど多くの黒曜石原産地が区別され，さらに消費地である遺跡で出た黒曜石が多数分析され，どこの産地の黒曜石が，どのようなルートで，どのくらいの量，どの地域に運ばれ消費されたかなど解明されてきた。同時に黒曜石産地における採掘跡（黒曜石鉱山）も発見調査されるようになり，採掘法と産出量の関係，搬出の形態（原石・剥片・石器で）(註421)。中間地点でのストック，交換の集落間ネットワーク，交易の拠点的集落，専門的輸送集団の存在の問題などまで議論の俎上に上るようになった。

　代表的問題として，縄文前期末における信州系黒曜石の群馬ルートから山梨ルートへの転換，前期末の南関東における神津島黒曜石の盛行とその後の衰退，後晩期の信州系黒曜石の復活等々があげられる。それは縄文社会の変化を覗き見る窓を提供するが，そこに垣間見える印象は，相当に高度な供給体制組織化の進行である。といっても上記のようなさまざまな課題を具体的に解明する仕事は，まだ緒についたばかりで，今後の進展に待つものが大きい。

　すでにⅢ－③「1．集落外施設」（111頁）でとりあげたように，長野県星ヶ塔（晩期が主）や鷹山（星糞峠，後期が主）では縄文の黒曜石採掘跡（黒曜石鉱山）も発掘されたが，調査はまだごく一部である。周辺に広がる無数ともいえる採掘跡の窪み，採掘の結果散布した黒曜石塊は，長期にわたり想像もできない量の黒曜石が搬出されたことを物語る。採取法の変化が主要供給地の交替に影響しているらしい。

　産地と消費地の中間地点や最終到達地の証拠には物品の貯蔵もある。埼玉県吉田町塚越向山(註422)では磨製石斧と黒曜石を蓄えた注口土器が発見されている。交易の中間地点というよりも，資産という意味が強かったのであろう。他に注口土器に磨製石斧が貯蔵された例として八王子市桜塚遺跡など，貯蔵用に特別に作られた蓋付土器2個にたくさんの貝輪が入れられた千葉県古作貝塚の例などもある。

　黒曜石の分析は産地の多い北海道でも大きく進展しており，黒曜石ほどの精密度はないが，東北地方の珪質頁岩，飛騨地方の下呂石，西日本のサヌカ

イトの動きも追究されており，在地的なチャートや頁岩の動きと利用も黒曜石などの主要石材と補完・競合の関係にあるものとして注意しなければならない。

　ヒスイは装飾品の材料として愛好され，中期以後日本各地に搬出された。今のところ日本におけるヒスイの大きな産地は新潟県姫川が唯一なので，そこのヒスイが，ときには北海道，沖縄にまで搬出されたと分析されている。

　琥珀も従来銚子産が想定されていたが，化学的分析の前進によって岩手久慈産が注目されている。

　朱，アスファルトもまた産地が限られる。縄文時代の赤色顔料としては酸化鉄であるベンガラが広く用いられたが，硫化水銀である朱は辰砂を精製して作られ，ずっと鮮やかな赤色を呈する。縄文中期から少数の使用例があるが，ある程度広く用いられたのは後期中ごろからで，精製関係の遺物が出ている遺跡は産地との関係で近畿地方に多い^(註423)。

　アスファルトは漆と同様に接着剤としての用途が重要であった。秋田・新潟など油田の分布する地域に産出し，石鏃や銛の接着，土器の補修などに用いられた。利用例は産地との関係から東北地方〜新潟の日本海側に集中する^(註424)。秋田県田沢湖町潟前などではアスファルトの入れられた土器が見つかっている。

　北海道南茅部町磨光B（後期後半）では動物の皮で包んだ痕のあるアスファルト塊が出ている。土器に入れて運ぶより楽である。このように北海道南部にもアスファルトの使用例は多いが，北海道内での産地は確認されていない。

　以上のような物資については，化学分析法の発達によって材料の産地と最終的にそれが使われた場所の関係がわかることが多くなった。しかし材料の産地と道具としての加工地，交易を担った中継地や集団との関係は今後の解明に待つところが大きい。

3. 専業的生産

　縄文社会の高度な水準を示すものとして専業的生産がある。縄文の道具の多くは使い手自身によって，あるいは同じ集落に住む身近な人たちによって作られていたのであろう。しかし専門的に特産品を生産し，それを生活の糧の一部にしていた集落が少なくなかったことも明らかになってきた。それら

　の生産を担った集落は，普通原料産地の近くに位置し，その有利性を生かし
たものが多いが，すべてがそうとは限らず，他の集団にはまねできない技能
を獲得した集団が特産品を生産することもあった。そして製品は交易によっ
て各地に運び出されたのであるから，専業生産と交易は不可分の関係にあっ
た。また専業生産は時代が下るほど盛んになる傾向にあった。

　縄文早期末葉～前期初頭の富山湾沿岸地域には，玦状耳飾の製作遺跡が集
中し，代表的遺跡に，富山県極楽寺遺跡（註425），石川県三引遺跡（註426），富山
県立山町の天林南遺跡などがある。これらは近くで入手できる蛇紋岩を利用
したものである。

　特産品の生産がただの片手間の仕事ではなくなったことを思わせるもの
に，山形県米沢市一ノ坂遺跡（註427）がある。前期前半の遺跡で，幅4m弱，
長さは43.5mという極端に細長い建物と，壁を隔てて8つの部屋が続く「連
房状竪穴住居」などはほかの遺跡に類例がなく，とくに前者の周辺には数
百万点もの剥片が堆積し，特殊な遺構で石器の専業生産が行われていたこと
を示す。作られたのは石鏃，石匙，両尖ヒ首，石銛などで，原石は周囲5km
ほどの範囲に露頭がいくつか認められる珪質頁岩が用いられた。

　富山県朝日町境A遺跡（註428）（中期～晩期）では中期から蛇紋岩製の磨製
石斧が集中的に作られ，完成品が千点以上，未成品は3万5千点も出土して
いる。産地が近く，流下した転石が海岸で拾えるヒスイの玉類の加工も行わ
れており，新潟県糸魚川市長者ヶ原（註429），同県寺地（註430）も同じ状況である。

　岐阜県飛騨市島遺跡（中期），塩屋金清遺跡（註431）（後期）は柱状に節理す
る塩屋石を材料にした大型石棒の製作地で，後者では完成品は3点しかなく，
製品の多くが遺跡外へ運び出されたことがわかる。

　神奈川県山北町尾崎遺跡（註432）は中期の，新潟県朝日町元屋敷は後期から
晩期の山深い集落であるが，付近の河原で取れる石を原料とした磨製石斧の
生産が行われていた。

　北海道礼文島船泊のビノス貝を用いた平玉の生産，伊豆諸島から東日本各
地に搬出されたとみられるオオツタノハ製貝輪についてはすでに述べた。

　以上のような自己の集落での使用量をはるかに超える大量生産は，いうま
でもなく交易の存在を前提とするもので，専業的・商品的生産に生活の糧の
一部を依存する生活が成り立ち，道具の種類によっては自作するものではな

く, 専業的生産者から入手するものだという通念も存在したであろう。

　専業に含められるかどうか問題であるが, 製作地の発見により具体的にわかってきたのが土器生産である。特に東京都多摩ニュータウン No245・248 遺跡の成果は大きい[註433]。No248 遺跡は粘土採掘坑が群集する遺跡であり, 隣接する No245 では住居址内から中期後半の未焼成の失敗作の土器がみつかり, しかも No245・248 間で土器や打製石斧に接合するものがあり, 両遺跡の同時性と密接な関係が証明された。各地で粘土採掘坑の発見も相次いでいる。大規模な青森県三内丸山の例は土器が集落内で自給され, 周辺集落にももたらされていたことを思わせる。粘土と混和材の砂は普通別の場所で取られ, 混ぜ合わせられたと見られるが, 山梨県笛吹市前付遺跡では火災にあった中期の住居址内から未焼成の粘土とともに砂をいっぱいにいれた土器が見つかった。砂はその組成からみて約 3km 離れた笛吹川の河原からもたらされたと判断されている[註434]。

　土器は工房の跡が残りにくいので, それと判明している遺跡以外にも未知の製作地が多数あったと思われる。中期には土器製作用と推定されている円盤の下に脚が付く器台形土器があるので, 製作が広く行われたことの証拠になる。縄文土器の場合, 採掘坑が検出されている場合を除き粘土や混和材の入手地がピンポイントで特定しにくい。それで製作地からの運搬や使用地との関係が黒曜石やヒスイの場合よりも曖昧なところがあり, 製品が移動したのか製作者が移動したのかという問題も, 胎土と型式研究両面からアプローチすべき課題となる。

　土器の胎土分析では土器の製作地と消費地の関連が, 手はじめの直接的検討項目となるが, 胎土分析という一つの言葉でくくられても, 手法的に大きく異なる分析方法があり, それぞれに分析できる項目も違っている。

　蛍光 X 線分析装置などで胎土を元素段階にまで還元し, その組成を比較する方法は, 分析機器の発達によって多数資料を短時間で処理することが可能になり, 普及してきた。この方法はもともと古墳時代・古代の須恵器に適用されたもので, 須恵器は粘土採掘坑と生産地である窯跡の位置が限定されるので, 一つの生産地にほぼ 1 種の元素組成を対応させることが可能で, 単純な問題設定ができたが, 縄文土器の場合, 粘土産地を限定することは困難で, 発掘された遺跡の近くの材料で作られた, 近くの材料で作られたのでは

ないという区分から始めなければならない。それでも多数資料をグラフ上に落としていくといくつかの群に分かれる場合があり，とくにそれらの群が土器型式の違いと結びつく場合には型式ごとに生産地域が違っていた可能性が浮上する。

　土器をプレパラートにして胎土中の岩石粒を顕微鏡下で同定する方法は，手仕事ゆえの手間と時間がかかるが，どの岩石がどこに産出するか具体的に検討して重ね合わせることによって産地の可能性を絞っていくことができる。土器型式分布の具体性と同じレベルで扱えることも考古学者には扱いやすい。型式本来の分布地・製作地と出土地の間に介在する可能性として，製品の輸送，製作者の移動，土器つくり情報の授受，場合によっては材料の運搬までさまざまなことがらが想定されるが，これは分析方法の問題というよりも，須恵器にはない縄文土器が本来抱える生産と使用の関係の複雑さなのであり，胎土分析の結果を利用しつつ縄文土器の生産と人間集団そしてその行動の関係を解きほぐしていかなければならない。

　河西学の行った岩石学的分析[註435]とその成果のコンパクトなまとめを参考にして製作地と消費地の関係を見ると，同じ縄文時代の中でも大きく変化したことが知られる。その違いを明確に示すため，ここでは河西のまとめの一部を抜き出して対比してみよう。中部日本の中期後半と前期後半の対比である。

　山梨県地域の中期後半の場合，曾利式と呼ばれる土器が分布するが，胎土はその中の小地域ごとに異なり，それぞれの遺跡地の地質と矛盾しないので，土器の生産から消費地までの移動が小さいのが普通だったといえる。搬入品とみられる胎土も極端な遠方ではない。すでに中期の概観でのべたように，この時期に集落の数が増え，中部日本という視野の中でも土器型式が小地域に分化する状況と調和的であるし，縄文時代の土器作りに対して多くの人が抱いているイメージにも近いであろう。

　ところが前期後半の場合は，出土地の近くの原料で作られた可能性を示す資料もあるが，同じ型式でありながらも相当遠方から運ばれたとみられるものの比率も高く，製品の移動性が高く動きも複雑である。諸磯式の分布が曾利式より広く，分布量に濃淡が強い傾向と一脈の関連がありそうである。

　以上のような問題は輸送や交易にとどまらず，土器つくりの情報がどのよ

うに集団によって維持され，それを担った集団の活動とどう関係するかという考古学上の大きな問題にもつながっていく。実際のところ考古学者は，土器研究が考古学の基礎だと言いながら，製作から使用・廃棄にかけての過程は，ほとんど各研究者の想像に任されているのが実情なのである。自然科学的分析と型式学的研究が緊密に連携して土器つくりの仕組みが解明されることは，考古学の基礎を固めることにつながり，縄文社会を確かで豊かな情報によって解明することにもつながるものである。本書では前書きでものべたように，複雑煩瑣になりやすい土器の記述にページを多く割かない方針であるが，土器研究の課題については『異系統土器の出会い』（2011 年同成社）で具体例に即して論じた。

　専業的に生産された特産品には土器製塩による塩もあり，すでに紹介した東京都中里貝塚では干貝が集中的に作られ，交易品にされていたと考えられており，食料も専業的に生産され，交易品になる場合があったことになる。

　晩期の亀ヶ岡式土器などには工芸品として最高の水準に達したものがあり，すなおに専門家の手になるのではないかと思わせるものがある。特殊な原料に依存しない工芸的技術の高さによる特産品の例として，群馬県千網谷戸遺跡の滑車形耳飾がある（図 110）。薄く繊細な花びらのような造形

図 110　群馬県千網谷戸遺跡で作られた土製耳飾
（第 1 号住居跡出土大型土製耳飾）（写真提供：桐生市教育委員会）

は，土製品とは思えないほどであるが，じつはこれは粘土を積み上げていって作ったのではなく円盤状に成型した粘土塊を生乾きの状態で削っていって作ったもので，その加工の途中で出たおがくずのような薄い粘土が大量に遺跡内に堆積していた。この遺跡に残された多くの未成品からも，ここが工房であったことがわかる。その製品は東京都調布市下布田遺跡でも見つかっている。

　漆製品については第Ⅵ部「縄文人の知恵」で取り上げたが，漆の樹液をとるために筋を彫った木の幹，残った漆を貯蔵した土器が生産地の証拠になる。

　このように特産工芸品までが生活の糧になっていた縄文社会には，もはや「原始的」などという概括的形容は当てはまらないであろう。

〔註〕

416）稲田孝司 2001『先史日本を復元する』1（遊動する旧石器人）岩波書店

417）東京都八丈町教育委員会 1987『東京都八丈町倉輪遺跡』

418）福田友之 2007「津軽海峡を巡る交易の品々」『縄文時代の考古学』6

419）水ノ江和同 2012『九州縄文文化の研究』

420）池谷信之 2009『黒曜石考古学』新泉社；大工原豊 2008『縄文石器研究序論』六一書房

421）長崎元廣 1984「縄文の黒曜石貯蔵例と交易」『中部高地の考古学Ⅲ』長野県考古学会；大工原豊 2007「黒曜石交易システム」『縄文時代の考古学』6巻　同成社

422）橋本康司ほか 1995『秩父合角ダム水没地域埋蔵文化財発掘調査報告書』小鹿野町教育委員会

423）奥義次 2007「朱の生産と供給」『縄文時代の考古学』6巻

424）小笠原正明・阿部千春 2007「天然アスファルトの利用と供給」『縄文時代の考古学』6巻

425）富山県教育委員会 1967『極楽寺遺跡発掘調査報告書』

426）石川県立埋蔵文化財センター 2004『三引遺跡』3　下層編

427）菊地政信 2007「石器製作のムラ――一ノ坂遺跡」『縄文時代の考古学』6巻

428）山本正敏ほか 1990『北陸自動車道遺跡調査報告，朝日町編 5 境 A 遺跡 石器編』富山県教育委員会

429）藤田亮策・清水潤三 1964『長者ヶ原』

430）寺村光晴・青木重孝・関雅之 1987『史跡寺地遺跡』

431）飛彈市教育委員会 2012『島遺跡 2・塩屋金清神社遺跡 3』

432）神奈川県教育委員会 1977『神奈川県埋蔵文化財調査報告：尾崎遺跡—酒匂川総合開発事業にともなう調査』第 13 巻

433）山本孝司 2007「土器製作のムラ－多摩ニュータウン No245・248遺跡を中心として」『縄文時代の考古学』6 巻

434）河西学 2015「前付遺跡出土貯蔵砂・粘土塊・土器の岩石鉱物分析」『山梨県笛吹市前付遺跡・大祥寺遺跡』笛吹市文化財調査報告書第 1 集

435）河西学 2008「胎土分析と産地推定」『縄文時代の考古学』7　同成社

5 信仰と儀礼

　縄文人の信仰や儀礼，さらに世界観や社会構造を反映する可能性がある遺物と遺構については，第Ⅲ部2−5でカタログのようにとりあげた。本章では背景となる思想とその表現型としての儀礼行為を遺物と遺構を総合して見ていく。

　縄文時代における儀礼的な道具の代表が土偶と石棒であることに異論はないであろう。他の儀礼的道具と呼ばれるものに比べて長く広く存在し，数多く作られ，どちらも縄文時代の終焉後ほどなく消えていった。

　縄文土偶はほとんどが女性を象ったものであるが，福島県楢葉町高橋遺跡（後期）などペニスの表現などで確実に男性を象ったものがあることも知られてきた（口絵5）[註436]。しかし土偶の大部分が女性であることは動かず，縄文の信仰における女性重視を象徴する。対する男性の象徴が石棒である。土偶は土器の出現にあまり遅れることなく草創期には出現したことが知られているが（三重県粥見井尻など），石棒の確かなものは大きく遅れて前期に東北地方に出現する。

　女性性と男性性の結合は生命の誕生につながる。その表現として，妊娠を示す腹部のふくらんだ土偶，腹部に土玉を入れ，鈴のようにした土偶（東京都八王子市楢原），赤ん坊を産み落とす瞬間の頭が出ている光景を表現した土偶（山梨県釈迦堂，群馬県藤岡神社），子供を抱く土偶もある[註437]。土偶の中には座産を思わせる体位のものがかなりあるという指摘もある[註438]。顔面把手付深鉢形土器を母親の体に見立て，側面に誕生しつつある子供の顔をつけた土器（口絵3）[註439]は，子供の誕生が待望され祈念される出来事であったことを物語る。

　この生命の誕生と対極をなす縄文の儀礼は死に関するものである。生命の誕生が遺物として表現されるが，遺構の形として残ることがないのとは逆に，死は遺物として表現されることはなく，遺体を安置する墓と墓地という遺構を残した。それを手掛かりに，死者に対する意識と儀礼が年代の進行とととともにどう変化していったかを垣間見ることができる。以下墓地の変遷を見てみよう。

　縄文時代の墓の大部分は地面を掘った穴に遺体を葬る土葬であり，土壙墓と呼ばれる。土壙墓は屈葬に対応する長さ1mほどの楕円形が普通であるが，このような穴が集まっているときには骨が残っていなくても共同墓地と認めることができる。屈葬は母親の胎内にいたときの姿勢であって，再生を願うものという説があるが，確認は難しい。

　集落内の土壙墓群の古い例として函館市垣ノ島A遺跡がある。草創期や早期の墓のありかたがよくわかっていないのは，土壙が群集する共同墓地の形をとらないものが多いことがひとつの理由であろう。縄文前期になると集落の一角に共同墓地として営まれる例が増え，集落の中央に位置することもある。中期には多くの住居が集まる拠点集落の中央に位置する例が増える。

　岩手県西田遺跡は，平等な構成員とリーダー的な人の区別を墓の形で表現したものとして既に紹介したが，墓地全体を取り囲む掘立柱の小屋跡群は，死者に対する儀礼のための施設とみられ，葬送や祖先崇拝の儀礼が重要になったことを示す。死者たちに対する儀礼は，死を悼んだり祖先を崇拝したりするだけではない。父母などかつての保護者たちに向かって黄泉からの庇護を願うものであろう。

　後期になると東北地方や北海道で墓地に環状列石が設置されるものが現れる。秋田県大湯遺跡では墓壙の上に個々の石組みが置かれ，墓標としての役割を担ったらしいが，その外側を，岩手県西田遺跡と同様の掘立柱建物群が取り巻く（図111）。儀礼の場としての印象が強い。環状列石と集落の関係は充分解明されていないが，大湯の環状列石の周囲に竪穴住居群がめぐることはないようで，中期の西田遺跡とは異なり，生者の集落と死者の集落である墓地が分離する傾向にあったらしい。集落中央に営まれた墓地が独立し，生者の集落とは別に営まれた死者の集落となる。墓地の変化は人々の祖先に対する考え方を反映しているといえる。

　晩期の墓地全体の形については不明な点が多い。後期から始まる石棺墓が続くが，晩期の墓地に大規模なものや明確な規格性が認められないのは，晩期の集落自体が少なく，形が明確でないこととも関連するのであろう。東日本では次の弥生前～中期初頭に入ると集落や住居址の検出例がいっそう少なくなる。

　配石の中に石棒が樹立された山梨県金生遺跡のように，墓地と石棒の共存

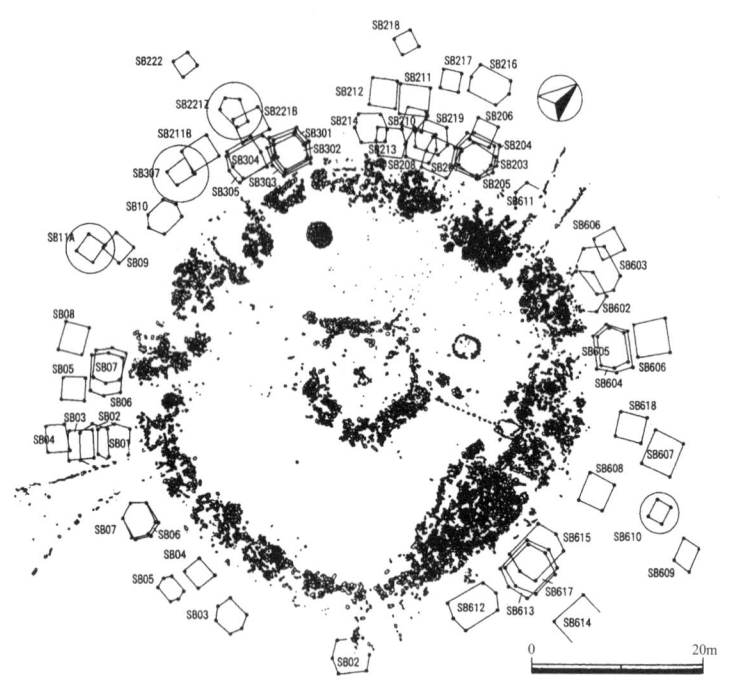

図111 秋田県大湯万座環状列石
（鹿角市教育委員会 2005『特別史跡大湯環状列石（Ⅰ）』）

は死と生の結びつき─再生思想の誕生を思わせる。再葬という死者の骨に対する特別な扱いは，後期に一度現れた後，縄文晩期から再び見られるが，飯田市中村中平遺跡など長野県域晩期には，焼人骨を伴い壺に収めることもある再葬の存在が認められており，東日本の弥生時代再葬墓につながるものとして注目されている[註440]。土器棺に収める再葬は，東日本の弥生時代に普遍的な葬法となるが，蔵骨器として用いられるのは多くが口の狭い壺形土器で，納骨の用途には不向きである。弥生時代の壺形土器は貯蔵用の器であるが，とくに種もみの貯蔵が重要な用途で，美麗な装飾で飾られたのは稲魂の保護を目的とするからであろう。このような器が蔵骨器として用いられたのは，人の再生を稲の再生になぞらえたからであろう。土偶から変化した人形容器も蔵骨器として用いられることがあるが，これもかつて女性・母性を象

徴した儀礼具の土偶から変わったものであり，再生を象徴するものであろう。

　かつて石棒は縄文→弥生へ移行するときに消滅していったとされていたが，弥生早期後半〜前期初頭という農耕拡大期に近畿地方と瀬戸内海沿岸で結晶片岩製の大型品が増加することが指摘され，初期の弥生文化イデオロギーの重要部分を担ったのではないかという説が出されている[註441]。

〔註〕

436）文化庁編 2016『発掘された日本列島 2016』

437）原田昌幸 1995「土偶」『日本の美術』345 号　至文堂

438）藤岡神社例。吉本洋子 2000「座産土偶」『季刊考古学』73 号

439）須玉町教育委員会 1986『津金御所前遺跡』山梨県須玉町御所前須玉町埋蔵文化財報告

440）設楽博己 2007「長野県域の再葬」『縄文時代の考古学』6

441）中村豊 2007「縄文—弥生移行期の大型石棒祭祀」『縄文時代の考古学』11 巻）

VI. 縄文人の知恵

1 食に関する知恵

1. 食物の知識

　縄文時代の食の多様性については第Ⅳ部で詳しく述べたが，食料に関する知恵という点でまず取り上げるべきはフグ（註442）の利用である。周知のようにフグには致命的な猛毒があるので（現在の養殖フグは餌の関係で毒はない），毒のある内臓部位を取り除く知識が不可欠であるが，貝塚の魚骨を見ると，たとえば外洋に近い利根川下流域など，地域によってはもっとも利用頻度の高い魚種（註443）のひとつであり，毒の除去方法を熟知していたはずである。

　キノコにも有毒のものが少なくない。キノコの遺存体の検出例は小樽市忍路土場などごくわずかで，種の同定も進んでいないが，秋には豊かな収穫をもたらすキノコ類は大いに利用されたことであろう。東北地方後期のキノコ形土製品の用途を，食べられるキノコとそうでないものを子供に教えるための道具だとしていたテレビのクイズ番組があった。この正解はいただけないとしても，食べられないものと食べられるもの，食べ方の知識は正確に身につけなければならない生きる知恵そのものであった。

　逆に猛毒を逆手にとって利用した道具としてアカエイの尾刺を利用したヤスが早期以来知られている（註444）。

　トチノ実，ドングリなど，強い渋みがあってそのままでは利用できない植物のアクヌキによる可食化についてはすでに述べた。テンナンショウ，ヒガンバナの根などがどの程度利用されていたのかも今後の問題である。ワラビ根に毒はなく美味であるが，とれるでんぷん量は少ない。

2. 縄文文化の柔軟性

　可食化の技術を保有するからといってもそれがいつでも発揮されていたと考えるべきではない。堅果類でいえばクリ，クルミ，シイなど美味なものは，はじめからその技術を必要としない。当然そのようなものから利用され，食料が不足するときに，必要なアクヌキが行われた。それも，カシのドングリ，トチの実，落葉広葉樹のドングリなど渋みが強くなるほどアクヌキが困難で手間がかかるようになる。本来なら美味なものだけ食べて生活したい。しかしそれが欠乏したときに備えて不味く手間もかかるドングリも貯蔵してお

く。カシワやアベマキなど近代の山村でアクヌキ技術伝承の途絶えたドングリも縄文遺跡で貯蔵穴に貯蔵されている例があるのは，そのような非常時に対する備えの意味が大きかったであろう。遺跡のうちには貯蔵穴のみが発掘され，住居の跡がみつかっていないものもある。住居址がまだ見つかっていないだけの場合もあろうが，集落から離れた場所で集めたドングリを食料不足の場合に備えて備蓄している場合もあったろう(註445)。

　湿式貯蔵穴がアクヌキのためという誤解は今でも根強いが，ただの溜り水に漬けるだけでは不可能で，流水に漬けなければアクヌキはできない。湿式貯蔵穴はむしろ長期保存のためのもので，翌年までの蓄えという意味だけでなく，数年に1回訪れる不作に備えたものであることは，対馬の豆酘で「樫ぼの」と呼ばれた江戸時代の湿式貯蔵穴の実物と記録(註446)が物語るところであるし，その強い貯蔵力は，佐賀県坂ノ下遺跡(註447)の湿式貯蔵穴から発掘されたドングリが発掘後に発芽したことからも明らかである。

　縄文の生活周期は四季の変化に従って変わる食料資源に対応することであり，端境期を乗り越えるための保存技術は必須のものであったが，それはさらに数年ごとにやってくる飢饉を乗り越える手段でもあり，それが起こったとき，さまざまな救荒食についての知識が動員されたことであろう。戦時中に書かれた東方籌の『非常食糧の研究』(1942)は，植物だけで400種類をあげているが，縄文の日常食と思われているものも多く含まれる。動物類については一層その傾向が強いが，カエルやカタツムリを「美味」と書いている。このように日頃は発揮されないような知識や技術が幾重にも重なり，非常時に柔軟に対応できる構造ができあがっていたのが縄文文化である。

〔註〕

442)小宮孟 1983「魚類」『縄文文化の研究』2

443)金子浩昌 1965「貝塚と食料資源」『日本の考古学』2（縄文時代）河出書房新社

444)江坂輝弥・渡辺誠 1988『装身具と骨角製漁具の知識』東京美術

445)瀬口眞司 2009「関西地方の縄文集落と縄文社会」『縄文集落の多様性』Ⅰ　雄山閣

446)立平進 1992「近世堅果類の貯蔵施設『樫ぼの』遺構について—長崎県下県郡厳原町豆酘所在—」『人間・遺跡・遺物　わが考古学論集 2』

447)佐賀県立博物館 1975『坂ノ下遺跡の研究』

② 縄文人の専門知識

1. 地理と資源についての知識

　縄文人は自分たちのテリトリー内部の地形や資源について知り尽くしていたに違いない。石器の材料になる石や接着剤として使える物質がどこにあるか，どこのどの季節にどんな食料資源があるか，また峠を越えて近隣集団と交易するための道や，隣接集団の保有する物資，さらには遠くにいる集団が有する資源についても知っていたことであろう。伊豆諸島神津島は伊豆半島先端の石廊崎から南東 50kmにある。その神津島の沖合の岩礁といってもよい恩馳島には質の良い黒曜石があり，先土器時代から縄文時代に盛んに利用されていた。渡航するのも困難な，はるか沖合の岩礁の資源まで知り尽くしていたことに，縄文人の広く綿密な知識に驚かされる。もちろんそこに渡航する技能は一部の集団だけがマスターしていたものであろうが。

　新潟県姫川で産出するヒスイについては，中期以後の縄文人によく知られており，最高の威信財として北海道・沖縄にまで運ばれた。古墳時代以後忘れられていたヒスイの露頭が再発見されたのは，昭和に入ってからのことであった。

　活動領域や知識の範囲は不変ではなく状況によって大きく変わった。前期末は，中部日本の遺跡数と遺跡規模が急減した時期である。この時期，北陸の人たちの一部は現在の秋田市周辺への往復を繰り返すことを始め，その地へ北陸の土器そのものをもたらしただけでなく，秋田から北陸への帰路には円筒下層 d 式に近似する土器型式をもたらした[註448]。それを象徴するのが東北地方円筒下層式の伝統の中に保持されてきた木目状撚糸文の分布拡大である。この木目状撚糸文を含む北陸の土器に類似したものは，さらに中部高地を通って関東西部に現れ，その製品を携えた人々は神津島よりもさらに南下し，伊豆半島先端から 200km南の八丈島に達した。かれらもまた関東の海岸部との往復を繰り返し，戻るときには恩馳島の黒曜石を関東に運んだ。中期初頭の神奈川県平塚市原口遺跡[註449]では大量の黒曜石が出土したが，80%が神津島産と同定されている。伊豆半島の見高段間遺跡に 1 度陸揚げさ

れたものが運ばれたと考えられている。

　このような移動の盛んな状況と対照的なのが縄文中期中葉で，中部日本は縄文時代の中でももっとも生活が安定し，人口は急増を続けた。土器型式は縄文時代でもっとも小さな分布圏に分かれたが，その背景には移動の必要が小さくなった生活形態があったのであろう。

2. 工芸的知識の代表「漆」

　縄文時代にはガラスや金属の加工は知られていないが，もっとも複雑な工程を必要とするものの代表が漆細工であろう。縄文最古の漆は北海道南茅部町垣ノ島 B 遺跡で発見された早期のもので，9 千年前，世界で見つかった最古の漆といわれる。

　漆塗製品の製作には，漆の木に線状の傷をつけ，滴下する樹液の漆掻きを辛抱強く繰り返し，ごみを取り除く濾過の後，樹液の精製，赤鉄鉱（ベンガラ）・辰砂（朱）などの赤色顔料，木炭など黒色顔料の精製・粉末化と漆への混合，土器・木器・籠など芯になる器物の準備，塗布・乾燥等々の多くの工程が必要で，その製品も垣ノ島 B 遺跡の糸玉から始まり，漆塗土器，籃胎漆器などの容器，櫛をはじめとする装飾品，飾り弓など多種に及ぶ。また東京都東村山市下宅部遺跡 ^(註450)，秋田市漆下遺跡 ^(註451) では使い残しの漆を保存した容器が，川口市石神貝塚などでは漆の漉布 ^(註452) とみられるものも発見されている。下宅部では樹液をとるため傷をつけた漆の木が多数発掘されている。縄文の赤彩土器は，顔料をそのまま塗布しただけでは水で流れ落ちてしまうので，漆や何らかの樹脂と混合することが不可欠であったろう。

3. 専門的知識と皆で共有される知識

　縄文人の間には生きていくために必ず身に着けなければならない共同の知識があった。食べられる物の知識だけでなく，土器つくりなどもその一部であったことは，土器型式の広く均一な広がりが示している。しかしそれらとは別に恩馳島へ渡航するのに必要な知識・技能や漆工芸のための知識や技能などきわめて専門的な一部の人だけが保持した知識もあった。いずれにしても前者が圧倒的に大きく，後者が小さかったのが当時の知識体系の特徴で

ある。現代人の場合，後者がきわめて大きくなり，1人では一つの製品を完成させることすらできない物品が多いが，皆で知識を分かち持つことにより人類全体として高度な技術を保持することができるようになった。その代償として，1人では生きていくこともままならない知識の偏りが生ずることになったが。

4. 災害の記憶 ^(註 453)

2011 年 3 月 11 日に東北地方太平洋側を襲い甚大な被害をもたらした東日本大震災に伴った大津波は，各地の文化財収蔵庫にも大きな被害を与え，文化庁や各地の教育委員会は対応に忙殺されたが，そんな折，文化庁の技官から聞いた話であるが，この津波が弥生時代の遺跡に到達した例はあるが，縄文の遺跡にはどこも到達しなかったという。北陸など日本海側では海抜が非常に低い位置に立地する縄文遺跡も少なくないし，東北地方の太平洋側では津波の堆積物の下から縄文遺跡が発見された例もあるので，偶然的要素もあろうが，縄文集落はある程度の高台に立地していることが普通である。東北地方海岸部の遺跡では漁撈を重要な生業としたものが多い。それでも海から多少離れた高台に集落を構えたのは，50〜100 年ごとにおきる（土器編年で 1 型式期間に 1〜2 回津波が襲った）こと，三陸では M9 クラスの地震に伴う巨大津波が 500 年ごとに起きたという，津波の知識が伝承されていたからではないだろうか？　縄文人は生きていくのに必要な知識を親から子へ子から孫へと語り継いだ。その中には生活のための知識とともに津波その他の自然災害に対する警告も含まれていたのではないだろうか。

〔註〕

448）今村啓爾 2006「縄文前期末における北陸集団の北上と土器系統の動き（上）（下）」『考古学雑誌』90 巻 3 号・4 号

449）池谷信之 2005『黒潮を渡った黒曜石』新泉社

450）東村山市教育委員会 2007『下宅部遺跡』1〜4

451）秋田県埋蔵文化財センター編 2011『森吉山ダム建設事業に係る埋蔵文化財発掘調査報告書』23　秋田県文化財調査報告書 464

452）石神貝塚，亀ヶ岡遺跡（大田区郷土博物館 1998『製作工程の考古学』）

453）相原淳一 2012「巨大津波」『東北歴史博物館研究紀要』13

③ 自然との共生と縄文の教訓

　縄文人の心性を語るものに犬の墓がある。アジア各地の新石器文化で犬は食料として扱われることが多かった。しかし縄文人が犬を食べた形跡は稀である。縄文の遺跡からは前期の横浜市菊名貝塚，晩期の里浜貝塚のように多数の犬が埋葬されている例がある。狩猟のパートナーであり，家族の一員でもあった犬が死ぬと彼らは遺体を手厚く葬ったのである。墓域は犬だけが区別されていることも，人に混じって埋葬された例もあり，人と犬の合葬ではないかと思われるものが宮城県前浜貝塚にある[註454]。縄文人は親からはぐれたイノシシの子，ウリボウを飼うことがあった。生育したら肉として利用するためであったのだろうが，ウリボウが幼いまま死んでしまったときに犬と同じように埋葬することがあった。宮城県田柄貝塚，千葉県下太田遺跡などで知られている。（前出）

　「北日本の縄文遺跡群」を世界文化遺産に推薦するキャッチフレーズのひとつが「自然との共生」である。しかし前近代の文化で自然を無視したり破壊したりしながら長く維持できたものがあるとは思えない。農耕・牧畜ですら与えられた自然条件への最適な適応形態であることが多かったと理解している。

　日本列島の自然が本来的に豊かであったことが，縄文人が周囲の自然を破壊・改変せずに適応していったことの最大の理由であろう。縄文人が自然界全体の仕組みを知っていたわけではない。また意識的に自然を破壊しないように保護したわけでもない。しかし当時の自然は圧倒的に人間の力より大きく，人間はその恵みをほんの一部，しかし環境の隅々にわたって分け与えてもらい利用した。居住地の周りを改変し，自然から得られるものを増やし，利用価値の高い「縄文の里山」を広げていった。それは自然から大きく収奪するようなものではなく，大きく変えるようなものでもなかった。結果として，自然との共生が1万年を超えて続いた。縄文前期にはじまったクリなどの人為的増殖は三内丸山をはじめとする著しい安定をもたらした。中期の東京都北区中里貝塚は専業的に貝を採取し処理する場であったが，おいしいハマグリとカキの成貝ばかりを選択し，小さな貝はとっていない。当然のこと

として資源の保護が行われていた。しかしそれは必ずしも成功だけをもたらしたわけではない。後期に入るとクリからトチの実へ利用対象を変えざるをえなかった。自然環境の変化が原因だったのだろうか？　あるいはクリの純林のような人為的な植生の生成が，クリ害虫の蔓延のような事態を招いたのであろうか。後期から晩期へと続く中部日本における衰退は，自然の変化の前に人間の力が及ばなかったことを物語っている。

　しかし現代人が地球上のあらゆる場面で行っていることの比較においてその意味を学ぶ必要がある。人類が他の類人猿と分かれ，「人類」になってから 500 万年とも 700 万年ともいわれるが，1 万年前まで人類は地球の自然をほんのわずかでも変えることはなかった。1 万年以後になって人類はその居住地の周りの自然を，耕地や牧草地として少しだけ変えるようになった。人類が本格的に地球環境に影響を与えるほどの変化を与え始めたのは近々 100 年のことにすぎない。人類 500 万年の歴史の 5 万分の 1 の長さの中で人類はいかに大きく自然を改変してしまったことか。その速さは加速こそされ，減速されることはない。地球そのものを破壊しうる原子力という途方もない力を得たのもこの時間内である。

　人間は遺伝子操作で地球上にもともといなかった，人間に役立つ新しい生物を創り出すことさえ始めた。世界は変わるものだと皆が思っている。しかしその変化は，変わらなかった長い時間に較べると急速というよりは「突然」，といってもよいほど急激なものであることを我々は認識しなければならない。しかも人間集団間の利害の不一致は，人類が協力してこの危機に対処することを難しくしている。人類が一度手に入れた知識や技術を捨てたり忘れたりすることはできない。危機を克服する知恵を獲得すべく前進することしかない。そこにおいて縄文人のたどった道は，長い時間を通しての教訓を与えてくれるであろう。考古学という学問の一番重要な役割は，人類全体という視野において過去から未来に向かっての教訓を与えることにあると思っている。

〔註〕

454）西本豊弘 1983「イヌ」『縄文文化の研究』2；山崎京美 2007「イヌ」
　　　『縄文文化の研究』5

VII. 世界の中の縄文文化

① 列島外との交流

　縄文時代の概説書には日本列島と列島外の交流を強調するものが少なくない。確かに列島外との交流は興味深く，文化の変化を引き起こした可能性のある重要な出来事である。そもそも縄文文化の成立自体が列島外の文化的影響によって引き起こされた可能性は，この時期の研究が滞っている今でも残されていると言ってよい。しかし縄文時代に列島外との交流が頻繁にあったかのように強調することは，縄文人がいつも列島外から影響を受け，変化し続けていたという印象を与えかねない。縄文文化のありかたの基本は孤立であり，同時に列島内部での緊密な交流である。その基本の上に散発的な列島外との交流の証拠があるにすぎない。

　縄文時代に先行して削片系細石刃が北方から流入し，しばらく北海道に滞留したのち本州を南下した。削片系細石刃の技法は，縄文時代初頭の土器出現期にも残っている。そのころ本州に居住していた人たちの人類学的系統性は資料がなく解明されていないが，削片系細石刃の南下は，それまでの先住民の上に東北アジア大陸からの遺伝的影響をもたらしたことが想像される。

　縄文文化の成立にとってさらに大きな問題は，その最初頭の神子柴文化とそれに伴う土器の系統性の問題である。削片系細石刃に続いて大陸北方から来たと考えたいところであるが，そう断定できるだけの証拠はない。アムール川流域には神子柴文化と同じくらい古い年代が測定されている土器を持つオシポフカ文化がある。そこに大型の石槍はあったが，片刃の磨製石斧など特徴的な石器は見られず，縄文土器の起源をオシポフカ文化と断定するわけにはいかない。本州と比べると北海道では土器の出現や普及が遅いらしいことも気になるところである。

　次に確かな大陸の影響が指摘できるのは，ずっと後の北海道早期中葉の石刃鏃文化 [註455] である。これに伴う女満別式土器 [註456] は明らかに大陸系統の網目文土器（1種の押捺文）で，石器と土器が外来のものであるから，移民があったといってよいが [註457]，より普遍的に伴う浦幌式土器 [註458] は，縄を施文に用い，波状口縁もあることから，縄文系とみるべきであろう。男性渡来者と縄文人女性の婚姻を想定すべきであろうか。

縄文人は太平洋を渡ったか

　縄文土器は間違いなく 200km の海を渡り伊豆八丈島に運ばれている。九州で作られたとみられる後期の市来式は 400km の海を渡り沖縄本島浦添貝塚に運ばれている。ではさらに遠く太平洋を 1 万キロ越えてアメリカやオセアニアに到達することがあったのだろうか。

　根拠があいまいなままに，縄文人が土器を携えて太平洋を渡ったという話が一部の人の間に今でも流布しているらしい。どこからこのような話ができあがってしまったのか，私の知る範囲で整理しておきたい。

　この種の話の嚆矢になったのは，アメリカの J. エヴァンズ・B. メガーズ夫妻による，縄文土器が太平洋を渡って南米エクアドルに行きつき，そこの土器の起源になったという説であろう。彼らが示したヴァルディヴィア文化の土器片で，小さなもののうちには縄文土器の一部と似た文様のものが含まれる。しかし比較対象にされたのは，日本列島各地の年代も異なる土器から個々に似たもの引っ張り出してきたものである。縄文時代のいつのどこの集団が渡航に与ったのかを限定せずに，似たものがあるから人が来たに違いないというのはあまりにおおざっぱな議論である。

　間違いなく縄文土器であるという点では，芹沢長介が注目し，1972 年の『考古学ノート』2 号に紹介した，メラネシアのエファテ島の発掘報告書に載せられた 1 枚の写真がある。13 片の土器が写っているが，細部の見えない 1 片を除きすべて縄文土器である。斜縄文だけでなく，羽状縄文や木目状撚糸文といったきわめて特殊な技法のものもある。問題はこの写真の土器 13 片がすべて縄文土器だという不思議である。仮に縄文時代人が海を渡って土器を運ぶことがあったとしても，運ばれた先で現地の土器と混在せず，縄文土器だけがその集合を保ち続け，一括資料として報告書に収録されるようなことはありえない。

　芹沢の紹介から 4 半世紀たった 1996 年 8 月，バヌアツで開かれた学会で篠遠喜彦らが，この土器を，太平洋を渡った縄文土器だとして発表した。さらに読売新聞でも紹介され，夢のある話として評判になった。私はずいぶん古い話の蒸し返しだと思ったが，少し後で慶応大学教授であった鈴木公雄から次のような話を聞く機会があった。「1964 年にパリ人類博物館のアンリ・ロート氏が慶応大学を表敬訪問されたことがあり，そのときに乞われるままに縄文土器のサンプルを提供したことがある。それが同博物に持ち帰られ，同室のメラネシアの資料と混同されてしまい，そこで仕事をしていたホセ・ジャランジェ氏によるエファテ島の報告書に収録されてしまったに違いない。」すべてを合理的に説明できる話で，私は完全に納得した。移動は縄文時代に起こったのではなく，20 世紀に人類学博物館の「太平洋地域室」内で起こったことであった。その後，鈴木氏を情報源とするとみられる資料の混乱の顛末について読売新聞による解説があったが（2001 年 2 月 14 日大阪版夕刊），篠遠氏自身による撤回，訂正などはなされなかったと認識している。これによってこの話が世上に流布し続けることになったのである。

　南では九州早期末〜前期の轟式と曽畑式がそれぞれ朝鮮の隆起文土器（縄文草創期のものと関係はない）と櫛目文土器に似ている。だが同じ型式と言えるほどの一致は見られない。前期から後期にかけても半島南岸と九州北西岸のリアス式海岸の漁撈民の間には散発的な交流があったようで [註459]，このような交流とも関連するのであろう，佐賀県腰岳産の黒曜石が韓国に，縄文土器が少量，孤立したありかたで韓国にもたらされることもあった。北では北海道白滝産の黒曜石がサハリンにもたらされている [註460]。しかしそのような交流が縄文文化を変化させたとか，日本語の形成などに結び付けて考えたりするべき大きな結果を招いたようにはみえない。

〔註〕
455）杉浦重信 2001「北辺の縄文文化」『新北海道の古代』1　北海道新聞社
456）佐藤達夫 1964「女満別式土器について」『ミュージアム』157 号
457）髙倉純 2001「石刃鏃文化」『新北海道の古代』1　北海道新聞社
458）後藤秀彦ほか 1976『共栄B遺跡』浦幌町教育委員会
459）木村幾太郎 2002「韓国新石器時代結合式釣針考」『古文化談叢』48
460）熊木俊朗 2013「サハリン・千島列島」『講座日本の考古学』3

② 縄文人・弥生人・内地日本人・アイヌ人・琉球人の系統的関係

　弥生文化の成立に大陸からの移住者が関係したことは間違いない。しかしいまのところ弥生早期の人骨には，前期の山口県土井ヶ浜墓地の人骨に混じるような渡来人とみられる特別な形質は認められていないようである。弥生前期には朝鮮無文土器を携えた渡来人が小集団で北九州に渡来したことが確実であるが^(註461)，彼らの残した土器の量からみて，日本側の人口に比較すると小さなものでしかなかったであろう。もちろん優れた生活技術を所有した彼らの遺伝子が列島内で急増した可能性は認めなければならないが。一方で日本の弥生人が韓国沿岸の島に集団で移住したことも認められている^(註462)。弥生文化の基礎にある大陸文化のさまざまな要素を考慮すると，縄文時代の列島内孤立傾向とはかなり異なった交流の姿がある。ただし今のところ，大規模な移民と言えそうなものは見えてこない。

　人種と民族の概念は混同されやすいが，前者は生物学的分類，後者は文化的分類で，特に言語が重要なメルクマールになる。人類学者によると縄文人は北海道から九州まで（沖縄縄文人骨は資料が少ない）形質的な均一性が高かったという^(註463)。宗谷海峡に面する礼文島の縄文後期の遺跡で発掘された保存のよい人骨も本州の縄文人と本質的な違いはないという^(註464)。これは縄文時代の土器型式間に見る長く繰り返された交流の維持を思えば納得できることである。

　ところで現代日本人とアイヌ人の間には骨格などに一定の差があり，遺伝学的相違も見られるという。また現代日本人と沖縄人の間に大きな違いはないものの，かえって沖縄人とアイヌ人の間に，弱いながら，現代日本人を飛び越えるような形態の類似点と遺伝形質の共有があるという^(註465)。

　以上の形質的遺伝的要素とは別に，文化的要素から民族の形成について考えてみよう。1万年近くの間土器の装飾として用いられた縄文は，東日本で弥生時代の終わりの紀元後3世紀まで用いられ，さらに北海道では続縄文土器の末期，7世紀頃まで使われ，内地の古墳時代文化の影響を受けて擦文文化に変わるころに土器表面から失われていった。縄文土器の特徴としてあげた，長い伝統をもつ波状口縁もその直前に姿を消した。第Ⅰ部⑥−2で述べ

た土器の示す言語のようなふるまいを思い出すとき，この縄文や波状口縁の伝統は，言語を含む文化的伝統の継続を意味するに違いない。

　住居や土器など考古学的物質文化を代表する器物は，この縄文が消失する時期に内地文化の大きな影響を受け，ヤマト古代に似た竪穴住居型式と擦文土器になった。このような内地からの強い文化的影響もあったけれど，縄文の人種や民族の系統が，その強い文化的伝統とともに，蝦夷と呼ばれた人々に一定程度受け継がれたことはまちがいない。

　7世紀の「蝦夷」の語が『日本書紀』に見られるが，その範囲は東北地方の北部から先であった。この線こそが律令政府が「城」や「柵」を作って蝦夷と対峙した最前線でもあった。そしてこの線の北の地域に現在まで続く「ベツ」や「ナイ」（ともに川の意味）などアイヌ語地名が多数残った[註466]。蝦夷と呼ばれた人々が，そっくりそのままではないだろうが，アイヌと呼ばれる人々に続いた蓋然性は高く，形質人類学でも縄文人以来アイヌに至る関連を認めている。

　南の沖縄も弥生文化を受け入れなかったが，弥生時代以来貝輪材料の交易などを通して九州との交流を維持したので，ヤマトからの文化的影響も強く，言語は日本語の「琉球方言」と分類されるほどである。さらに沖縄の人々は後に琉球王国という独立国を形成したため，文化的にもヤマト日本人と完全に同化することなく，縄文人の人類学的形質も弱いながら残ったのであろう。

　これらの諸要素を重ねあわせると，次のような理解が成立する。もともと日本列島にはよく混ざり均一性の高かった縄文人がいたが，そこに稲作を伴って朝鮮から別の人種がわたってきた。その数は縄文人に較べ相対的に小さなものであったが，朝鮮よりも温暖湿潤な環境のなかで稲作という生業の成功とともに，それをになう人口が増加し，北九州を起点に南と東に広がってゆき，その過程で混血や文化の融合が起こり，現代日本人の形質の形成に与った。

　しかし弥生文化を受け入れなかった北の続縄文人はヤマト日本人とは別の歩みをたどり，アイヌにつながる遺伝形質と，独自の文化，そしておそらくは言語の独自性もとどめたのではないか。沖縄も弥生文化を受け入れなかった地域として独自の道をたどった。もともと縄文文化として連鎖する文化の南北両端にあった北海道と沖縄の間に，後から現代日本人に続く人々が割っ

て入り，広がったため，日本列島の両端の人々の間に形質的遺伝的な類似性が残った[註467]。

　前書きでも述べたように，本書は土器の記述を抑える方針で書いている。しかし以上の民族概念にかかわる記述の中でも土器の変遷と分布の情報が重要な判断材料を提供していることが垣間見えるであろう。土器研究は縄文以外も含めて考古学の最重要分野であり，その複雑さにひるまず挑戦することが求められる。

〔註〕

461) 後藤直 2011「朝鮮半島無文土器と弥生土器の出会い」『異系統土器の出会い』同成社

462) 同上

463) 山口敏 1982「縄文人骨」『縄文文化の研究』1；中橋孝博 2005『日本人の起源』講談社選書メチエ 318

464) 松村博文 2008「縄文人骨の情報」『縄文時代の考古学』10 巻

465) 埴原和郎 1995『日本人の成り立ち』人文書院

466) 金田一京助 1919「東北の地名とあいぬ語」『土俗と伝説』4 巻 1・2 号

467) 埴原和郎 1995『日本人の成り立ち』人文書院

③ 世界の時代区分と縄文時代

　縄文文化を本当に理解するためには，その細部を極めるのと同時に，人類史全体の中における位置付けという最も大きな問題に対する取り組みが必要である。それが難しい最大の理由は，世界の先史文化がきわめて多様であって，「世界の」などという単純な把握ができないところにある。そしてその難しさは，各地域の研究が進み，各々の個性が解明されるほどに強まっている。それでもユーラシアの大部分の地域で，旧石器時代・中石器時代・新石器時代・青銅器時代・鉄器時代というヨーロッパで創案された時期区分[註468]が，それぞれの地域の事情に合わせて修正されながらも（本当はヨーロッパのほうが変わってしまい，受容した地域のほうに古い定義が残っているというべきであるが），基本的枠組みとして用いられていることは，世界の先史文化の進路に一定の類似性があるからにほかならない。

　ところが日本の先史文化の進路は，このような世界的時期区分に対応させることが非常に難しいほど特殊であり破格である。ただその破格さを代表してきた「世界最古の土器」については，東北アジアに広く同じように古い土器があるという方向で収束に向かいつつある。そこに，日本をまずアジアの中に位置付け，次に世界の中に位置付けるという当たり前の順序の必要性が示されているわけである。しかし日本周辺のアジア諸地域の先史時代が，日本に近い精度で広く解明されるのはまだ先のことであり，多くの場面において，東アジアという中間項を飛び越えて世界各地との比較を行わなければならない状況がある。

　ヨーロッパで始められた先史時代の基本的区分に対し日本の先史時代がどのように対応するかという問題について，私はこれまでにも何度か自分の考えを示してきた[註469]。「磨製石器以前の時代」と定義され，世界のすべての考古学者がそう認めてきた旧石器時代に対し，磨製石器がある日本の先土器時代を対比するのは，無理なことであるし，土器がないことが当然の前提である世界の旧石器時代末期に，それを有する縄文の土器出現期や草創期を，年代の同時性という理由で対応させるのも大変無理なことである。

　弥生時代には青銅器と鉄器がほぼ同時に導入されたので，日本には鉄器以

前の「青銅器時代」は存在しない。だからヨーロッパで創案された時期区分にまったくあてはまらない文化進行の経路が存在したことを日本考古学は示してきたことになる。

　それでも日本の事情をよく知らない外国人に説明するために，むりやり世界標準の言葉に合わせて話そうとすると，先土器時代は「土器以前の旧石器時代」で，縄文時代は，「土器のある旧石器時代」（土器出現期と草創期）と「中石器時代」（縄文早期）と特殊な「新石器時代」（縄文前期〜晩期）の三つの時代にまたがって対比させることにならざるをえないというのが私の考えであるが，第Ⅶ部の目的はそのような用語の対比にとどまるものでなく，縄文文化を人類文化発展のさまざまな経路の中に位置付ける試みにある。

1. 世界的時代区分

　ヨーロッパや西アジアにおける時期区分は，古くからの名称を維持しながらもその内容を変えてきた。旧石器時代は氷河時代（専門的用語では更新世）の終わりまでということになり，以後の完新世からが中石器時代である[註470]。更新世はヤンガードライアス期という最後の寒冷期を以て終わり，完新世初頭の急激な気温上昇に転じる。その年代はきりのいいことに約1万年前とされてきたが，放射性炭素年代が較正されるようになると，約11500年前と半端な数字になってしまった。ともかく世界標準の旧石器時代という言葉は較正11500年前までを指すので，縄文の土器出現期と草創期は旧石器時代となる。旧石器時代の世界的な定義（少なくとも欧米での定義）に従う限り，日本の土器出現期と縄文草創期は旧石器時代の一部とみなさなければならない。中石器時代は11500年以後であるが，農耕・牧畜が無く，磨製石器や土器も無いのが基本である。

　新石器時代は農耕・牧畜の存在で定義されるが，言うまでもなく西アジア・ヨーロッパの広い地域が一斉に農耕・牧畜生活に移行するというようなことはなかったわけで，そのため，中石器と新石器の境界線は，斜めあるいはジグザグの線になる。場所によって新石器への移行時期がずれるわけで，大きく見るとヨーロッパの中でも，東より西，南より北で移行が遅れた。旧石器－中石器間の水平線の境界線と，中石器－新石器間のジグザグの境界線に挟まれた部分が中石器時代ということになる[註471]。

　先進地域である西アジアではほぼ1万年前に農耕・牧畜が始まり新石器時代になったが，まだ土器の無い新石器時代であった。これはPPNAとPPNB（先土器新石器のAとB）に分けられている。次が土器新石器時代になる。西アジアより始まりが少し遅れる東ヨーロッパの新石器時代では，先土器部分の存在がはっきりせず，あったという説と無かったという説があるが，どちらにしても農耕・牧畜の始まりと土器の始まりはほぼ同時であった。ここに土器の存在をもって新石器時代とみなす便法が生まれることになる。新石器時代を農耕・牧畜で定義するといってもその確実な証拠を得ることは必ずしも容易ではないし，西アジアからみて東北方向のロシアに進むほどに農耕があまり行われず，狩猟採集を主とする生活が続いた。そのような地域では新石器時代のメルクマールを土器に置き換え，土器出現以前を中石器，出現以後を新石器と呼ぶことになった。

　この方針も完全に守られているわけではない。北ヨーロッパでは農耕・牧畜の始まりが大きく遅れ，中石器時代とされる文化が遅くまで残った。そこにやがて土器や磨製石器が出現するのは，早く新石器時代に入った南東方面からの影響や搬入と考えるわけで，ここでは土器があっても中石器時代とされる。

　総合すると，西アジアやヨーロッパという西方の地域では，＜旧石器 → 先土器新石器 → 土器新石器＞，または，＜旧石器 → 中石器 → 土器新石器＞の順番で変わったと考えるわけである。

2. 東アジアの時代区分

　ところがロシアの広大な地域を横切って太平洋側に出ると，全く異なる事態が存在する。日本列島やアムール川流域に更新世の中に数千年も食い込む古さの土器があり，中国南部の土器も同じように古くなる可能性がある。それらは確実に農耕・牧畜以前である。西方で土器が新石器時代の指標の一つとされるようになった理由を考えるなら，この極東の土器文化をもって，土器があるから新石器時代だというわけにはいかないはずである。従ってこの地域では，土器の存否にかかわりなく，「更新世」以外に「旧石器時代」の定義として採用できるものがない。西アジアに無土器新石器があるのと反対に，東アジアでは対照的な「有土器旧石器時代」があったことになる。

　次に東アジア世界の中石器時代と新石器時代の区分はどうなるであろうか。中国の黄河流域 (註472) と長江流域 (註473) では，まだ天井が見えたとはいえないが，未較正で一万年に近い古さから農耕・牧畜が始まっており，西方と同じ意味での新石器時代がほぼ同じころから始まっている。土器は現在知られる農耕の最初から伴っており，無土器新石器時代の存在は知られていない。華南では農耕の存否が明確でない洞穴堆積中に土器があるが，これも新石器時代とされる。

　このように現在の東アジアでは，農耕・牧畜を指標として「新石器時代」とする西方地域と同じ定義と，土器をもって「新石器時代」の指標とする定義が混在していることになるが，土器はこの地域では農耕・牧畜とは無関係に出現したと考えられるから新石器時代の従属的指標にはなりえず，完全にダブルスタンダードになってしまっている。ヨーロッパと共通する前者の定義を採用することによって，「新石器時代」は国際的用語でありうるが，後者の定義を採用したら，同じ「新石器時代」という言葉を東アジアでは全く別の意味で使うことになってしまう。迷う必要はないはずである。

　日本では戦前から土器のある縄文時代を「新石器時代」とみなしてきたため，それより前の時代が発見されると「旧石器時代」と呼ばれるようになってしまった。年代の解明によって縄文時代の始まりがヨーロッパの定義による旧石器時代の中にまで遡ってしまっても，この便宜的借用は踏襲されている。日本の「旧石器時代」は縄文時代以前という意味だけだったのに「Palaeolithic」と訳すから国際的に混乱が起きる。どうしても日本の土器以前を「旧石器時代」と呼びたいなら，外国語に訳すときには「Kyusekki-Jidai」と書くべきである。

3. 新大陸の状況

　さらに新大陸にまで視野を広げると，際限なく多様な世界が開ける。南米と中米を中心に紀元前五千年以前からさまざまな有用植物が栽培化されはじめ，有用な野生動物が家畜化されていった。食料としてトウモロコシ，ジャガイモ，サツマイモ，カボチャ，インゲンなどの豆類，トマト，トウガラシなどが重要で，いずれも後に旧大陸の食料にも大きな貢献をする作物である。動物としてはリャマ，アルパカなど比較的大型で，食料・繊維・荷駄用とし

図 112　ペルーのカラル遺跡

て重要なものだけでなく，新大陸独自の鳥類である七面鳥，食用ネズミであるクイまで飼育された。農耕によって生活が安定すると，近年調査され大きな注目を集めているペルーのカラル遺跡（図 112）のように，紀元前 2500 年，土器以前の段階に石積みの巨大なピラミッド群が作られた。食料生産がいかに社会変化に大きく影響したかを示す。この発展にとって土器は必ずしも重要でなかったといえる。アンデスではこの時期から形成期と呼ぶが，新大陸には農耕・牧畜以前と以後を区分する時代区分のシステムはない。

　同じ新大陸でも地域ごとに文化社会の進行はまったく異なる。北アメリカの極北地域と西海岸中～北部では近代でもクローバーとタバコ（これは地球を一回りしてロシアから導入された）[註 474] 以外の栽培はなく，土器を作り，使うこともほとんどなかった。ドングリ食やサケ・マスで知られるカリフォルニア・インディアンがその例であるし，無尽蔵のサケ・マスや海獣の資源を土台とする「階層化社会」が話題になるほど安定複雑化した北西海岸インディアンでさえも土器を作ることはなかった。

〔註〕

468）Thomsen, Ch. J. 1836 *Ledetraad til Nordisk Oldkyndighed, Kjöbenhavn.* で石器時代，青銅器時代，鉄器時代の3時期区分が提案され，Lubbock, J. 1865 *Pre-historic Times* において石器時代が旧石器時代と新石器時代に分けられた。また Morgan, J.de 1909 *Les prémières civilisations.* で中石器時代の語が提案された。

469）今村啓爾 2002『縄文の豊かさと限界』山川出版社；今村啓爾 2004「日本列島の新石器時代」（『日本史講座』1　東京大学出版会）；今村啓爾 2010「ヨーロッパ考古学おける時代区分と縄文時代」（『比較考古学の新地平』同成社）

470）Milisauskas, Sarunas (ed.) 2002 *European Prehistory: A survey.* Springer

471）今村啓爾 2010「ヨーロッパ考古学における時代区分と縄文時代」『比較考古学の新地平』同成社

472）甲元真之 2001『中国新石器時代の生業と文化』中国書店

473）中村慎一 2002『稲の考古学』同成社

474）Taylor, Colin F. and William C. Sturtevan 1995 *The Native Americans.*

④ 森林性新石器時代論

　縄文時代は学史的に長く「新石器時代」として扱われてきた。比較的近年の例では，1984 年に東大出版会の『講座日本歴史』の旧シリーズで，鈴木公雄が「縄文時代」と同じ意味で「日本の新石器時代」を執筆している。それはヨーロッパにおける古い定義と，縄文文化の始まりが一万年前を越えるようなことはないと考えられていたころの古い用語法を無意識のうちに踏襲するものであった。

　東大出版会の新『日本史講座』（2004 年）において，私も「日本列島の新石器時代」というタイトルのもとに縄文時代の概説を行った。このタイトルは，編集委員会から与えられたものであったが，そのまま受諾したのは，鈴木のように縄文時代全体を新石器時代とみなしたからではない。むしろ私は縄文時代が世界の旧石器時代，中石器時代，新石器時代の三つにまたがって対応するものであることを指摘した上で，縄文文化がその長い継続の中で食料生産を行う新石器時代的文化に変わり，その部分にこそもっとも縄文文化の特徴を発揮する部分があると考えたからであり，縄文文化の後半に見られる特殊な新石器時代性を強調するために採用したタイトルであった。

　この私の基本的な発想は 1996 年に英文の日本考古学概説書 Prehistoric Japan の中で「森林性新石器文化」として示されていたが [註475]，前後して青森県三内丸山遺跡の調査が進み，安定した縄文集落の典型例とクリの木の増殖の確実な証拠が得られ，アイデアの段階から確認へと進むことができた。

　これまで普通に新石器文化とされてきた文化は，コムギ，オオムギ，アワ，キビ，コメといった穀物を栽培するものであった。長期の保存が可能な，一年生の草本の種を食料として生産するものである。ところが縄文文化の一部はクリの実，マメ類など森林の植物食資源を増殖するようになった。ヤマイモは残りにくいが，ムカゴの検出はそれが実在したことの証拠である。日本在来植物で現在でも食用にされている数少ない植物食のひとつであるヤマイモが，利用されていなかったとは思えない。ダイズの原種とされるツルマメやヤマイモはつる植物であるから，明るく開けた環境での樹木の存在を前提とする生態である。栽培されたのが穀物でなければ新石器時代といえないな

ら，縄文時代は中石器時代ということになる。狩猟・漁撈が盛んであること
も中石器的と言えよう。しかし縄文時代では森林植物の増殖による生活の安
定を基盤として，次節であげるような，西アジアの新石器時代の始まりにも
一定の共通性を有する社会的現象が見られる。人類史にとっては，自然物の
採集から，人工的な食料増加への移行にこそ新しい時代の意味がある。そこ
に注目するのが新石器時代の定義であるのだから，新石器時代のうちに穀物
の栽培をするものと森林植物の増殖を行うものの 2 種類があったことを認め
るべきであろう。

　時期区分というものは無理やり嵌め込むための枠組みとしてあるわけでは
ない。文化の基本的特徴を大きく区分けし，人類史を大きくわかりやすくま
とめて捉えるためにあると考える。縄文時代の新しい部分を特別な新石器時
代ととらえることによって，縄文文化が人類史の中で占める独特の位置が明
瞭になる。

1. 森林への適応

　以上西洋で作られ変化してきた時代区分にこだわりながら，その遠い延長
線上に縄文時代の位置づけを考えてきた。しかし本当に重要なことは，名称
の整理ではなく，文化そのものの内容と人類の発展史の中での位置づけであ
る。

　較正年代で 15000 年前から 11500 年前頃，地球上でははげしい寒暖の交替
が繰り返された。そして約 11500 年前に最後の寒冷期（ヤンガードライアス
期）が終わり，地球は安定した温暖期を迎えた[註476]。この中で地球上の各
地それぞれに環境変化に対する適応があった。

　西アジアでその草原的自然環境に対する適応として始まったのがムギの栽
培とヒツジの飼育を中心とする農耕・牧畜文化である。中国華北でも草原的
環境のなかでアワ・キビを栽培しブタを飼育する農耕文化が始まり，温暖湿
潤な長江流域ではイネを栽培しブタを飼育する農耕文化が始まった。

　日本の場合に見られたのは，温帯森林に対する適応であった。それは豊か
になった温帯森林の資源の直接的な利用に始まったから，環境の変化に続く
農耕技術開発期間のような遅れの期間がなかった。氷河時代末期に南九州に
温帯森林が広がるのと同時に安定した状況を示し始めたのである。サキタリ

洞穴の釣り針の発見により，先土器時代から海の資源の利用があったことが判明したが，縄文時代初期に漁撈がどのような役割を果たしたのかわかっていない。その証拠が知られるようになるのは，海面上昇によって陸と海が複雑にまじりあう地形が現出する早期になってからである。

　森林の資源に依存する安定生活は，一層の温暖化とともに桜前線のように日本列島を北へ北へと広がり，その後のゆっくりとした長い試行錯誤の期間を経て，森林環境をうまく利用する形での食料生産が開始された。同じ「新石器文化」でも森林環境に適応した形での食料生産である。しかし結局のところ縄文文化は森林に適応する文化として一貫したものであり，自然の植物の利用，狩猟や漁撈による多彩な資源の開発と活用も，生活の安定を支え変化のある食生活を可能にする生業の重要な柱として続いたから，縄文の中石器時代相当部分と新石器時代相当部分はきわめて連続的で，はっきりした切れ目をみつけにくい。それでも縄文文化は以下にあげるようないくつもの新石器時代的な文化的社会的特徴を示し始める。

2.　集落の安定，持続性

　函館市中野 B 遺跡のように，縄文早期にも大きな集落の例は少なくない。しかしその多くは土器型式にすると一，二型式と比較的短期で集落の命を終わっている。しかし前期の東北地方北部では青森県三内丸山，是川一王寺，秋田県池内などきわめて大型でしかも継続的な集落が出現し，その安定傾向はやがて南へ向かって広がる。関東地方でも前期に一定程度安定的な集落が出現するが，継続的で大規模な集落が多数出現するのは中期のことで，この時期にはいわゆる拠点的な環状集落が一定距離を置くように分布し[註477]，活動領域を分割する。拠点集落以外の場所に住居が営まれることは少なく[註478]，領域の分割と，拠点集落への人間の集中，拠点集落の長期継続性が三者一体のものとして続く。

　西アジア新石器時代のテルは，水資源の乏しい地域で水の得られるところに形成され，水の存在を第一の理由として長期に継続したもので，テルとテルの間には生活に不適な土地が広がる。そのような地理的条件ではない日本で集落が長期に継続するのは，豊かな土地を領域として互いに接する形で分割した生業的社会的背景に基づくところが大きいであろう。

3. 精神面の発達

　人間は生存のための条件がある程度確保された後に直接生存にかかわらない精神的活動をさかんに行うと考えられている。縄文時代におけるその現れを示す土偶は、旧石器末の段階（縄文草創期）に先駆的に始まるが、一定量が継続的に生産されるようになるのは上記集落の安定化と同様、東北地方の前期からである。土偶、石棒、その他の儀礼的用具の多様化、多量化は新石器文化的傾向の進行と歩調を合わせる。西アジア・ヨーロッパの土偶も女性像が多く、地母神像とも言われる。両地域でどのような目的や意識のもとに女性像がたくさん作られたのかは容易に答えられない問題であるが、少なくとも表面的比較のレベルにおいて両者には共通するものがある。

4. 大型記念建造物

　建築に大量の労働力投入を必要とする大型建造物は縄文時代にも前期から存在し、中期からの巨木柱列、後期に環状列石や周堤墓が発達する。材料が木や土であり西アジアのレンガ・石によるものとは違いや残り方の差が目立つが、生存のために直接必要でないものに多くの労働力をつぎ込むことにおいて共通し、おそらく儀礼的な用途においても西アジアの神殿に共通する性質があるのだろう。

5. 社会の複雑化

　近年、縄文時代は少なくともその後半において階層化した社会であったとか、双分組織というものがあったというような議論が盛んに行われている。この問題は縄文社会の新石器時代性の評価にもかかわるのであるが、社会形態に関する諸説はまだ仮説というより手探りの段階にあると見ており、複雑抽象的な議論を避けたいことからも深く立ち入ることはしない。

　縄文時代に埋葬された人骨の身につけていた装飾品や埋葬位置において多少の格差が存在し、その程度が時間とともに進行することは認められる。それは晩期の東京都下布田遺跡の大きな配石墓、北日本の晩期から続縄文へと進行する副葬品の格差の進行などに明瞭に認められる。しかしそれは縄文以後の急速な社会変化を引き起こす弥生の農耕とは無縁の世界で起こった現象

であり，縄文の生業の安定も，人間間の格差も，縄文的儀礼的用具の発達も，弥生時代につながるものではなかった。

6. 縄文文化の特殊性

　すでに述べたように，日本の考古学時代区分として縄文時代と呼ばれる時代は，世界の区分に対応させるなら，土器のある旧石器時代・完新世に入る中石器時代・食料生産を始めた新石器時代の三つにまたがって対応する時代ということになる。そしてこの再整理によって縄文時代のいくつかの本質が鮮明にうかびあがってくる。

　第1に縄文文化の先進性である。世界に先がけて，世界の旧石器時代末期に遡って，磨製石器と土器をもつ文化である（ただし磨製石器は先土器時代の3万年前に遡り，土器は縄文文化だけが古いわけではなく，東北アジアに広く世界最古の土器が存在したらしい）。

　第2に縄文文化の驚くべき長さと持続性である。縄文文化も変遷を繰り返したが，そこに石器・土器・住居構造などの器物から，森林・海・河川の資源の利用などにおいて連続性が強く維持されたことは，誰もが認めるところである。年代的に1万年を越えて継続し，世界の時代区分でいう旧石器・中石器・新石器の各時代にまたがってひとつの縄文文化が続いたのである。中石器部分と新石器部分の連続性も著しい。新石器部分に人為的な食料生産が始まったけれど，両方が森林に対する日本列島の自然への高度な適応という点で共通し，はっきり区分できないほど連続的なのである。

　第3に，1と矛盾するようであるが，その保守性である。西アジアや中国の新石器文化は穀物の栽培を基盤にして文明の段階に進んでいった。縄文でも食料の生産が始まり，生活の安定に寄与したけれど，それは結局文化の根本的な変化を生み出さず，文明を生み出す基盤にはならなかった。次に述べるように，日本列島で西アジアの新石器のような穀物栽培と文明への移行が始まるのは弥生時代である。縄文文化の高いレベル，特に居住の安定が穀物栽培の急速な受容を可能にしたことは強調されてよい。しかし文明的な要素の多くは自己の発明ではなく，中国から直接または朝鮮経由で受け入れられ，日本列島で変形されたものである。日本の場合，「新石器時代」への移行は縄文前期と弥生の二段階のステップであったことになる。これを国際的用語

に照らしてどう呼び分けるかが問題になる。

〔註〕

475）Keiji Imamura 1996 *Prehistoric Japan: New perspectives on Insular East Asia.* University College London Press

476）花粉による気候的な時代区分は Godwin, H がイギリスで行った 9 期区分が有名で（1975 *The History of the British Flora.* 2nd edition. Cambridge University Press.），最近では氷床のボーリングコアの酸素同位体変化と較正された放射性炭素年代がこれに重ねられるようになった。

477）谷口康浩 2003「縄文時代中期における拠点集落の分布と領域モデル」（『考古学研究』49 巻 4 号）

478）谷口康浩 2002「セトルメントの地理的変異—港北・多摩ニュータウン地域における縄文時代集落の対照—」（帝京大学山梨文化財研究所編『ムラ研究の方法—遺跡・遺物から何を読み取るか』岩田書院）

5 縄文と弥生

1. 穀物による新石器時代と縄文の森林性新石器時代

　私の森林性新石器時代の発想は，縄文の豊かな様相に注目し，その背景に狩猟採集を超える食料生産が存在したのではないかとした「縄文農耕論」[註479] に共通するところがある。しかし「縄文農耕論」は栽培穀物の検出に期待するところ大で，クリの保護や栽培もあったのではないかと予想しながらも，農耕の内容については不明確なものであった。むしろ弥生の農耕と似たような生業，あるいは焼畑農耕を縄文時代の中にまで遡らせようとした説であるから，縄文の「森林性新石器時代」を穀物による農耕と対置した私の説とはまったく異なる。

　縄文の森林性新石器文化も食料生産という共通項を基盤とし，安定を獲得した点において新石器文化一般と共通性があるが，次のような大きな違いもある。

　まず安定が長く続かなかったことである。集落数の増加やその規模の増大を食料の安定度の現れとみるならば，それは前期から中期へと顕著に発展したが，しばしば厳しい衰退の時期を挟み，繁栄の中心であった東日本でも後期から衰退傾向になる[註480]。とくに関東地方の晩期後半における凋落ぶりと，狩猟が大きな比重を占める生業のありかたは，まるで草創期に戻ってしまったかのようである。工芸的な諸技術の高さや儀礼用具の発達に示されるイデオロギーの累積は維持されるものの，もはや森林性新石器時代と呼べるような生業基盤は失われたように見える。これに対して西日本は安定傾向を強めるように，地域間での違いも大きい。

　ヨーロッパの学界で新石器時代の指標の重点が変わった原因は，食料生産が人類社会の発展にきわめて重要な役割を果たしたという認識にあった。食料生産が文明を生み出す基盤になったと考えるのである[註481]。しかし縄文文化はある種の生産経済に到達し生活の安定に大いに寄与したけれども文明を生み出すことはなかった。森林性の新石器文化は草原性の新石器文化と同等の社会変化の力をもたなかったと言えよう。

　作物の種類が変化の早さに影響した可能性がある。一年生の草本は一年ご

とに更新されるため加速度的な変化を起こしうる。これに対し森林の変化は
たとえ人間が働きかけても変化はゆるやかである。森林の改造に成功しても，
木の実を採集する行為は自然物の採集と大きな違いはなく，生活や社会形態
に大きな変化を強いるものではなかったであろう。

　ニューギニアのクック湿地における穀物によらない農耕の起源は30年も
前から主張されてきたが，近年オーストラリアのデンハムらによる花粉や
微小植物化石の分析によって，6500〜7000年前までにバナナが栽培化され，
タロイモを含む作物の栽培がマウンドや溝を備えた耕地での農耕へ発展した
ことが確認されたという。彼らは農耕が必ずしも大きな社会変化や文明につ
ながるものではないと論じている[註482]。植物学者は東南アジアでタロイモ，
ヤムイモ，バナナ，パンノキなどの栽培化が行われたと古くから想定してき
たが[註483]，考古学的解明は遅れている。ひとつだけ確かなことは，東南ア
ジアの文化と社会を大きく変えたのは稲作であったという事実である。

2. 日本の自然への対照的な適応

　森林性新石器時代と穀物による農耕を対立的にとらえてきたが，日本では
前者の縄文時代と後者の弥生時代が時間的前後関係で存在した。両者が同じ
日本列島の中で継起したことは，両者の背景を自然環境の違いに帰してきた
ことに矛盾するように見えるかもしれない。しかし私は穀物による農耕の中
でも稲の栽培は特別な性質のものと考えている。コムギ，オオムギ，アワ，
キビなどが乾燥傾向の草原的環境で栽培されるのに対し，稲は温暖湿潤な気
候を必要とする。温暖湿潤ということは，自然のまま放置されれば草地が維
持されず，森林に変わっていく気候環境ということである。

　森林環境は植物の生育が旺盛で，それだけ植物どうしの生存競争が激しい。
そのような地域で稲が十分に生育するためには，人間の特別な保護が必要で
あった。森林という自然の基本形を維持して，自然の営為に従う形で森林資
源の増加を行ったのが森林性新石器時代であるのに対し，同じ環境を人為的
に改変して水田にし，除草など労働力の集中的投入によって，いわば労働力
を農耕生産物に転換するのが灌漑・移植による水稲農耕である[註484]。

　縄文時代に食料生産は開始されたが，縄文から弥生への移行は，自然の営
みに従い乗っかる形での適応から，労働力の投入によって他の植物の侵入を

排除し，植物生育の好条件を稲に集中させる形での完全管理的適応への切り替えであった。それは日本という温暖湿潤な不変の自然条件に対する，縄文とは対照的な方向での適応であったといえよう。弥生文化の，大量の労働力投入によってコメを管理的に生産する方式は，人間集団の編成にも影響し，社会に大きな変化をもたらしたのだと理解することができる。

　稲作の開始は日本に与えられた自然の利用のしかたの大きな転換であった。それは生活全体の形の再編成を必要とする困難な転換でもあった。この困難さが，「栽培」「農耕」一般についてまで，乗り越えにくい大変なステップと誤認されることにつながったのではないだろうか。前節で見た南米で行われた実にさまざまな有用植物の栽培化を見ると，人間が有用な植物を増やそうとするのは当然の行為なのではないか，有用な植物といつも接触できる環境にあると，それを保護し増やしていこうと試みるのは人間として普通の行為なのではないかと思われてくる。縄文時代の中での植物の保護・栽培が「ありえないこと」と拒否されたり，逆に「考古学上の大発見」と喧伝されたりしたのは，縄文時代の中での栽培を水稲耕作と肩を並べるほどの大変革ととらえたところに一つの原因があったように思われるのである。

〔註〕

479）藤森栄一 1970『縄文農耕』学生社など多くの研究者による論述がある

480）今村啓爾 1997「縄文時代の住居址数と人口の変動」（『住の考古学』同成社）

481）Childe, V. Gordon 1939 *The Dawn of European Civilization.* 第3版においてこのような概念が提出された。

482）T. P. Denham, S. G. Haberle, C. Lentfer, R. Fullagar, J. Field, M. Therin, N. Porchs, B. Winsboroughs 2002 Origins of Agriculture at Kuk Swamp in the Highlands of New Guinea *Science*, vol. 301 p189-193

483）C. O. Sauer 1952 *Agricultural Origins and Dispersals.* The American Geographical Society.（竹内常行・斉藤晃吉訳 1960年『農業の起源』古今書院）

484）今村啓爾 1995「稲作と日本文化の形成」（『東京大学公開講座　米』東京大学出版会）

6 人類の自己認識のために

　縄文文化も確かに列島外との接触をもった。個々の器物について大陸との接触の可能性が指摘されているものもさまざまに存在するが，確実といえるものは少ない[註485]。すでに述べたように北海道における石刃鏃文化，釜山の東三洞貝塚における縄文土器の出土などは確かな交流の証拠である。十分解明されていないが，そもそも縄文文化誕生の段階で大陸文化の流れを受け入れたのかもしれない。しかし弥生時代の開始に至るまで，縄文文化は全体としては日本列島の中でほぼ孤立的，自律的に変化した。やはり島嶼という地形条件の中で孤立的，自律的な変化を辿ったことが縄文文化の本質であった。日本列島の縄文文化は世界史の基本的で大きな流れからはみ出しがちなものであったのかもしれないが，見方を変えるなら，人類の文化社会の変化を孤立系の中で行ったフラスコの中での実験のような面白さがある。

　いまや考古学の最大の課題は，「人間とは何か」という人類の自己理解であろう。限られた地球環境を滅ぼしかねない力を手に入れ，実際にそれを急激に変化させている人類を，長い時間的スパンの中で理解し，現在起こっていることの異常に気付かせるのが考古学の一大任務になっている。それは考古学だけの仕事ではなく，さまざまな分野の共同作業になるが，考古学は不可欠の部分として存在する。

　人類社会を伝播や相互の交渉で説明するのもひとつの方向であろう。しかし閉ざされた系の中で人類はどのような自律的変化を遂げるのか？　１万年という長い時間の中での人類文化の変化の過程が世界にならぶものがないほど緻密な調査密度で解明されてきた縄文文化は，人類の自己認識に大きく貢献する。

　縄文文化を狩猟採集文化の一つとして，狩猟採集民社会の一般法則なるもので対処しようとする人もいるし[註486]，「部族社会」，「階層化社会」，「双分制」など他分野の用語をあてはめれば縄文社会が説明できたように思うひともいる。しかし縄文研究でしか読み取れない，人類社会の変化の過程の具体的な一例がここにある。

　日本の先史文化は世界の中でも特殊な様相を示している。あまりにも特殊

であるため，せっかくの精密な研究成果が人類史の中で例外扱いされ，視野の外に置かれることのないよう，われわれ自身が世界の中での位置づけを明確に示し，世界の研究者の意見を求めていく必要がある。

　日本の先史文化を位置付けるにあたって，まずアジアの中に位置付け，しかる後に世界の中に位置付ける必要があると述べた。縄文文化は非常に個性的であるが，実際以上に個性的に見せている原因のひとつは，やはり日本における発掘の規模や頻度の高さであろう。この 50 年の日本における発掘がどれほど縄文時代観を変えてきたことか，裏返してみるなら，まだ日本ほど活発な発掘調査のない周辺アジア諸地域も，今後の調査の進展の中でその様相を大きく変えていくに違いない。それがアジア全体をひとつの姿にまとめていくのか，アジアの中にさまざまな個性的様相があるのか，予想は難しいが，縄文の森林性新石器文化の独自性が東アジアの類似諸文化のひとつとして埋もれてしまうことはないであろうと考えている。

〔註〕
485）浅川利一・安孫子昭二 2002 『縄文時代の渡来文化』 雄山閣
486）Junko Habu 2004 *Ancient Jomon of Japan.* Cambridge University Press

〔著者略歴〕

今村啓爾（いまむらけいじ）

1974 年東京大学大学院人文科学研究科博士課程中退

1974 年東京大学理学部人類学教室助手，以後文学部考古学研究室助手，助教授，教授，大学院人文社会系研究科教授を経て 2012 年帝京大学文学部教授

縄文文化を中心に，東南アジアの先史時代，鉱山，貨幣の考古学的研究を合わせて行ってきた。博士（文学）

考古調査ハンドブック⑰

縄 文 文 化

—入門から展望へ—

平成 29 年 10 月 20 日　初版発行

〈図版の転載を禁ず〉

著　者　今　村　啓　爾

発行者　福　田　久　子

発行所　株式会社 ニューサイエンス社

〒153-0051　東京都目黒区上目黒3-17-8
電話03(5720)1163　振替00150-0-550439
http://www.hokuryukan-ns.co.jp/
e-mail：hk-ns2@hokuryukan-ns.co.jp

印刷・製本　倉敷印刷株式会社

© 2017 New Science Co.
ISBN978-4-8216-0529-3 C3021